高速列车牵引电机微弱
故障诊断与溯源研究

尹进田 著

吉林大学出版社
·长春·

图书在版编目（CIP）数据

高速列车牵引电机微弱故障诊断与溯源研究 / 尹进田著. — 长春：吉林大学出版社，2020.5
 ISBN 978-7-5692-6518-7

Ⅰ. ①高… Ⅱ. ①尹… Ⅲ. ①高速列车－牵引电机－故障诊断－研究 Ⅳ. ①U292.91

中国版本图书馆 CIP 数据核字（2020）第 085184 号

书　　　名：高速列车牵引电机微弱故障诊断与溯源研究
　　　　　　GAOSU LIECHE QIANYIN DIANJI WEIRUO GUZHANG ZHENDUAN
　　　　　　YU SUYUAN YANJIU

作　　　者：尹进田　著
策 划 编 辑：李潇潇
责 任 编 辑：刘守秀
责 任 校 对：李潇潇
装 帧 设 计：段润佳
出 版 发 行：吉林大学出版社
社　　　址：长春市人民大街4059号
邮 政 编 码：130021
发 行 电 话：0431-89580028/29/21
网　　　址：http://www.jlup.com.cn
电 子 邮 箱：jdcbs@jlu.edu.cn
印　　　刷：三河市华晨印务有限公司
成 品 尺 寸：170mm×240mm　　　16开
印　　　张：12
字　　　数：170千字
版　　　次：2020年5月第1版
印　　　次：2020年5月第1次
书　　　号：ISBN 978-7-5692-6518-7
定　　　价：49.00元

版权所有　　翻印必究

前 言

牵引传动控制系统是高速列车的关键动力系统，牵引传动控制系统故障也是高速列车常见的系统故障之一。牵引电机是牵引传动控制系统的重要组成部分，是牵引传动控制系统的动力来源，也是故障发生较多、容易危及行车安全的部件之一，它的正常工作关系到整个列车的运行安全，对牵引电机早期微弱故障实行有效监测与诊断能有效防止故障的进一步扩大。因此，对牵引电机进行微弱故障检测与诊断以及对牵引电机进行故障溯源研究具有重要的现实意义。

本书以高速列车牵引传动控制系统为研究对象，重点研究牵引电机微弱故障检测与诊断、牵引电机故障溯源。主要研究工作如下。

1. 对牵引电机微弱故障进行了电流特性分析，揭示了牵引电机微弱故障机理

对牵引电机转子断条微弱故障进行分析，先从导条金属电阻值在疲劳演化过程中的变化规律出发，引入损伤因子，得到单根导条断裂严重程度与牵引电机相电阻间的关系，然后通过迭加原理，将导条故障时的牵引电机看成正常电机在故障导条处迭加反向电流源，得到单根导条断裂时定子电流故障特征分量值，最终建立了定子电流故障特征分量与单根导条故障严重程度之间的关系，从而揭示牵引电机微弱故障机理。通过分析，发生微弱故障时故障特征分量非常小，故障特征频率与定子电流基频非常接近。在仿真及半实物平台上实现了牵引电机转子断条及其他类型微弱故障注入，实验结果验证了其有效性，为后续故障检测、诊断与故障溯源奠定了基础。

2. 提出了一种基于重构变分模态分解的牵引电机微弱故障检测方法

针对牵引电机发生微弱故障时故障特征微弱、特征频率与基频接近等特点，提出一种基于重构变分模态分解（reconsitution variational mode decomposition，RVMD）的牵引电机微弱故障检测方法。该方法针对检测信号构造变分问题，合理选择 RVMD

参数，求解多个模态函数，通过对模态函数进行叠加重构，实现故障检测，有效避免了端点效应与模态混叠。通过转子断条、定子绕组匝间短路、气隙偏心微弱故障实验验证了该方法在牵引电机微弱故障检测中的有效性。

3. 提出了一种基于状态转移自适应随机共振的牵引电机微弱故障诊断方法

针对牵引电机发生微弱故障时故障特征微弱、噪声背景强、信噪比低、故障特征难以准确提取和最佳体现等特点，提出一种基于状态转移自适应随机共振的牵引电机微弱故障诊断方法。利用随机共振能将噪声能量转移到微弱故障信号上，在降低噪声的同时使淹没在噪声中的微弱故障特征信号得到共振加强；采用状态转移算法，以输出最大信噪比为优化目标，实现对随机共振参数的全局优化寻优，寻优后的系统参数实现了最优共振输出。该方法成功用于牵引电机转子断条、定子绕组匝间短路、气隙偏心三种微弱故障的诊断。

4. 提出了一种基于故障传播与因果关系的牵引电机微弱故障溯源方法

针对牵引传动控制系统故障溯源研究少而牵引传动控制系统具有故障传播特性的问题，提出一种基于故障传播与因果关系的牵引电机微弱故障溯源方法。首先，设置牵引传动控制系统观测点，建立具有时空特性的系统正常与故障传播模型，并通过机理分析得到牵引电机不同故障类型时系统不同观测点的故障特征和故障传播时间。其次，使用 Granger 因果关系对不同观测点的运行数据进行分析，判定观测点间信号变化的因果关系，确定所有观测点中适合用于故障诊断的观测点。最后，提取这些适合用于故障诊断观测点的故障特征和故障传播时间，并与故障传播模型中对应观测点的时空特性结果相匹配，最终定位故障类型和故障发生位置，实现故障溯源。

作者

2020 年 3 月

目 录

1 绪 论 ·· 1
  1.1 课题来源、研究背景及意义 ··· 1
  1.2 关于牵引电机微弱故障检测与诊断的国内外研究现状 ··············· 4
  1.3 关于牵引电机故障传播与溯源的国内外研究现状 ····················· 18
  1.4 本书研究内容与结构安排 ·· 21

2 牵引电机故障机理分析 ··· 25
  2.1 引言 ··· 25
  2.2 CRH2 高速列车及牵引传动控制系统 ·· 25
  2.3 牵引电机常见故障类型及故障机理分析 ··································· 30
  2.4 牵引电机微弱故障电流特性分析 ··· 38
  2.5 仿真及实验 ·· 45
  2.6 本章小结 ·· 65

3 基于 RVMD 的牵引电机微弱故障检测 ·· 66
  3.1 引言 ··· 66
  3.2 经验模态分解理论 ·· 67
  3.3 RVMD 方法原理 ·· 70
  3.4 基于 RVMD 的牵引电机微弱故障检测 ····································· 73
  3.5 实验验证 ·· 75
  3.6 本章小结 ·· 102

4 基于状态转移自适应随机共振的牵引电机微弱故障诊断 103
4.1 引言 103
4.2 随机共振与状态转移算法 104
4.3 基于状态转移自适应随机共振的微弱故障诊断 115
4.4 仿真与实验 117
4.5 本章小结 136

5 基于故障传播与因果关系的牵引电机微弱故障溯源 137
5.1 引言 137
5.2 牵引传动控制系统故障传播建模 138
5.3 基于故障传播与因果关系的故障溯源方法 144
5.4 基于故障传播模型与Granger因果关系的牵引电机微弱故障溯源 147
5.5 实验结果及分析 154
5.6 本章小结 163

6 结论与展望 165
6.1 结论 165
6.2 展望 167

参考文献 169

1 绪 论

1.1 课题来源、研究背景及意义

高铁是我国装备制造的一张亮丽名片，高铁、动车体现了中国装备制造业的水平。[1]从 2008 年 8 月 1 日全长 120 km、时速 350 km 的我国第一条高速铁路——京津城际铁路正式运营，至今已"奔跑"超过了 10 年。中国高铁迅猛发展，已经建成"四纵四横"运营网络，"八纵八横"规划也在逐步完善。[2]目前，我国高速列车保有量达到 1 300 多列，世界最多；拥有时速 200～380 km 各个速度等级，种类最全；动车组累计运营里程约 1.6×10^9 km，经验最丰富。伴随"八纵八横"高速铁路网蓝图和"一带一路"倡议，预计到 2020 年我国高速铁路总里程将达到 30 000 km，2025 年达到 38 000 km。[3]

高铁的安全、质量问题是广大人民群众非常关心的话题。快速、舒适与重载已成为高速列车的发展方向，安全运行也早已成为高速铁路发展的重点工作，同时，安全是高速铁路快速发展的根本，一旦高速列车出现事故，将对生命财产造成巨大损失并产生严重的社会影响。纵观世界高速列车历史，相继发生了多起严重的安全事故，如 1998 年德国 Eschede 的脱轨、2000 年欧洲之星的出轨、2002 年法国高速列车失火、2003 年日本与 2011 年韩国都发生过高速列车脱轨等事故，都造成了数量众多的人员伤亡，以及 2011 年 7 月 23 日发生在中国温州的高铁路段重大安全事故也造成

高速列车牵引电机微弱故障诊断与溯源研究

了 35 人死亡、210 人受伤。这也最终导致铁道部（现为国家铁路局、中国铁路总公司）决定降速：将最高设计时速为 350 km 和 250 km 的高铁分别降为时速 300 km 和 200 km 运行。另外，在 2003 年到 2004 年，我国在京沪线、浙赣线累计发生 5 起因机车车轮崩裂与车辆断轴引发的列车脱轨重大事故，造成经济损失 20 多亿元。[4] 类似以上事件世界上还有很多，这些事件都在时刻提醒我们，要想高速列车运行安全、可靠及稳定，必须重视故障诊断领域的研究，这对延长列车全生命周期、提高列车运行寿命及降低维修损失具有重要意义。[5-6]

高速列车运行时将电能转化为机械能，而牵引传动控制系统是这种能量转化的核心设备，同时高速列车主要故障来源之一就是牵引传动控制系统所发生的故障。[7-10]牵引电机是牵引传动控制系统的重要组成部分，是牵引传动控制系统的动力来源，同时牵引电机所处的工作环境可能十分极端、温湿度变化范围大、承担负载波动大且变化频繁、承受振动和冲击大，非常容易导致故障发生。因此，牵引电机也是故障发生较多、容易危及行车安全的部件之一，它能否正常工作直接影响到整个高速列车的运行是否安全。[11] 因此，对牵引电机进行故障研究以及对牵引传动控制系统进行故障溯源研究具有重要的现实意义。[12-13]

牵引电机故障诊断对保障高速列车安全运行意义重大，有关牵引电机故障诊断的基础理论和技术方法都在不断创新并取得了突破性进展。牵引电机故障诊断是先对信号进行采集、分析处理，然后提取故障特征确定故障类型，最后提出解决策略。由于高速列车系统复杂性大、工作环境恶劣、运行速度快，一旦发生故障，后果将特别严重。[14-16] 这就要求：一是对故障发生早期的微弱故障实行有效监测与诊断，防止故障的进一步扩大，然而微弱故障的特征非常微弱且淹没在强背景噪声之中，因此在实现牵引电机故障诊断的过程中，最为关键的就是微弱特征信号的检测与提取；二是开展基于时空特性故障传播模型的牵引传动控制系统故障溯源研究，然而故障传播的时空特性、动态性及故障模式的多样性给牵引传动控制系统故障传播的建模与分析带来了比较大的困难，从而增加了故障溯源的难度。

　　微弱故障是指故障特征信号幅值和强度都很小、特征极其不明显，具有随机性和隐蔽性，易被系统扰动和噪声掩盖。[17-18] 由于检测信号中往往含有很强的干扰噪声，因此微弱故障检测的一个显著特点就是在较低信噪比中检测出微弱故障信号。微弱故障检测的迫切性与广泛性要求广大科研工作者在微弱故障检测道路上要不断前行，找出或研究出适合不同系统、不同对象的微弱故障检测理论与方法。[19] 微弱故障信号的检测方法有很多种[20]，如时域的数字平均法、相关方法、时域平均法、频率的小波变换及数字滤波、功率谱估计法等。以上方法基本原理相似，都是通过抑制噪声实现微弱信号检测，在此过程中，检测信号中的故障信号也不可避免地被削弱了。因此，当前很多微弱故障检测常选择非线性系统，如差分振子、混沌振子及随机共振方法等。其中，差分振子和混沌振子检测微弱故障时存在不足，即需要知道微弱故障信号频率，但往往并不知道运行系统的检测信号频率。随机共振系统具有良好的自适应性，可以成功避免以上方法的不足，从而能够处理上述方法不能处理的微弱信号检测问题。而重构变分模态分解方法则能避免端点效应和模态混叠，可以更好地实现微弱信号检测。

　　故障传播是指发生复杂系统故障时，故障的检测并不完全都在故障位置实现，故障特征可能会通过各个部件单元或子系统间的连接传播到系统的其他部位，在系统其他位置出现故障特征，这种行为被称为故障传播[21-22]。研究故障传播的目的是实现故障溯源，因此对实际系统进行故障传播分析意义重大，通过对系统进行实时测试分析，能判断出系统的安全状况，预防故障发生或者当故障发生时快速定位故障源即实现溯源[23]，从而及时采取相应的抢救措施。通过不断提升与完善故障传播分析与故障诊断技术，研究系统故障传播模型与传播特性，以预测系统安全状态，预防事故的发生，对于系统安全性与稳定性的提升意义重大。

　　因此，本书的研究工作依托国家自然科学基金重大项目"高速列车信息控制系统故障诊断应用验证平台与故障测试技术（项目编号：6149702）"的支持，以实现高速列车牵引电机微弱故障诊断与故障溯源为基本目标，针对发生微弱故障时，系统背景噪声强而故障特征信号非常微弱、信噪比低、故障特征频率同基频接近等特点开展牵引电机微弱故障检测与诊断研究；针对牵引传动控制系统具有故障传播特性，而目前缺乏故障传播机理问题研究，以及当前有关故障传播研究只考虑空间特性并未考虑时间特性等特点，开展牵引电机微弱故障溯源研究。

1.2 关于牵引电机微弱故障检测与诊断的国内外研究现状

随着中国高铁技术的快速发展与全面推进，高速列车牵引传动控制系统正朝着高速化、高精度和智能化发展，建立稳定可靠的状态检测与诊断系统是确保高速列车运行安全的重要保障，通过对列车运行数据的准确、有效利用来实现牵引电机微弱故障的检测与诊断，对于提高牵引传动控制系统运行安全性、可靠性具有重要意义。由于获得的牵引电机运行状态信号中通常包含很强烈的干扰噪声，体现出故障信号微弱、故障信息耦合和故障特征难以提取等特点，而且在高速列车特殊运行环境与特定工况下，无法额外安装传感器[24-25]，因此要实现牵引电机微弱故障检测与准确诊断，还需要解决好以下几个关键技术问题。

（1）强噪声背景下牵引电机微弱故障特征的增强问题。牵引电机内部零部件众多，运行工况多变，故障发生早期时的故障信号往往非常微弱并且伴随着强背景噪声和大量的无关信号，呈现出微弱性和强噪声的特点，传统的特征增强方法或降噪方法对信号信噪比的改善效果有限，难以有效提取牵引电机微弱故障特征。因此，如何在强噪声背景下增强牵引电机的微弱故障特性、准确识别电机故障状态是本书的研究问题之一。

（2）强噪声背景下牵引电机微弱故障特征提取问题。因为受到外界环境和无关信号干扰等的影响，牵引电机微弱故障信号往往体现为强噪声、非平稳和非线性等特点，并且淹没在强背景噪声中。因此，要实现牵引电机微弱故障的准确诊断，需要从强噪声信号中提取有效、敏感的故障特征来表征牵引电机健康状态。由于获得的运行信号具有强噪声背景并伴随强烈的非线性，而传统特征提取方法往往是先去噪，再利用信号处理技术提取故障特征信息，这样容易导致丢失部分故障信息，而且提高了故障检测与诊断系统的计算量。因此，为了有效提取强噪声背景下的微弱故障特征，有必要研究新的特征提取技术。

（3）面向已有传感器条件下的牵引电机故障检测与诊断问题。牵引电机微弱故障检测与诊断通常需要额外安装传感器来获取牵引电机健康状态，但由于高速列车特殊的运行环境与特定工况，无法额外安装传感器，因此有必要研究基于已有传感器的故障检测与诊断方法。

牵引电机微弱故障诊断的难点有以下几个方面。

（1）牵引电机本身结构密封、复杂，可能发生故障的部位及故障类型较多，受外界环境的干扰，利用安装在电机本体上的速度传感器和温度传感器难以完全还原故障信号特征，难以分辨出故障源，尤其是微弱故障。

（2）影响牵引电机微弱故障的因素很多，包括加工制造、装配和运输等多个环节，发生故障时难以判断问题出现在哪个环节。

（3）牵引电机运行状态信号中通常包含强烈干扰噪声，体现出故障信号微弱、故障信息耦合、故障特征难以提取等特点，且在高速列车特殊运行环境与特定工况下，无法额外安装传感器，必须充分利用高速列车已有的传感器。

（4）牵引电机运行工况复杂多变，不同工况下会产生非平稳信号，不适合一些平稳信号处理方法，更加难以提取故障特征。

（5）海量复杂的运行数据涵盖了大量健康状态信息，而且牵引电机零部件多、互相关联，使故障信号的耦合度和复杂度增大，增加了故障特征与故障原因间映射关系的复杂性与不确定性。

电机故障诊断技术始于20世纪60年代，受益于计算机技术、信息技术和传感器技术等高新技术的发展。其基本原理是由电机运行过程中的各种信息判断电机是否正常工作，进而识别电机发生了何种故障。我国开展电机故障检测与诊断研究起步较晚，20世纪80年代开始研制用于测试电机故障的各种仪器，20世纪90年代以后，电机故障在线诊断技术得到了快速发展，如基于振动频谱分析、基于电机转矩与转速信号、基于局部放电、基于轴向漏磁通和轴向电流、基于电机数学模型和基于电流信号分析等各种电机故障检测方法，其中通过电机定子电流信号对电机进行故障监测与诊断的方法最受研究人员的追捧。常见的牵引电机故障有转子断条故障、定子绕组匝间短路故障、气隙偏心故障和轴承故障等。

1.2.1 牵引电机微弱故障检测与诊断常用方法

1. 基于信号的方法

牵引电机微弱故障检测与诊断的主要思想是选择合适的牵引电机或系统信号进行分析，以此来检测或诊断牵引电机状态，该方法可对原始信号进行预处理，找出最合适的能反映牵引电机故障的特征量，如故障特征分量频率。

（1）信号选择。牵引电机具有高度对称性，任何形式的故障都对其对称性产生影响，进而导致定、转子间的磁通发生相应变化，引起定子电压、电流及磁场变化，使电机产生异常振动。[26]通过分析上述信号，能实现对电机健康状态和故障严重程度检测。针对牵引电机不同故障类型，可选择不同的信号进行检测与诊断，如表1-1所示。从表中可看出，电流信号能诊断牵引电机所有类型故障，磁通信号能诊断定子、转子故障和气隙偏心故障，振动信号能诊断定子故障以外的其他类型故障，电压信号则只对牵引电机转子故障诊断有效。其中，电流信号诊断方法是当前使用最多的一种方法。

表1-1 故障信号分类

故障类型	单一信号				复合信号				
	电流	电压	磁通	振动	阻抗	瞬时功率	Hilbert模量	Park矢量	电磁转矩
转子故障	√	√	√	√	×	√	√	√	√
定子故障	√	×	√	×	√	√	×	√	√
气隙偏心故障	√	×	√	√	×	√	√	√	×
轴承故障	√	×	×	√	×	×	×	×	×

定子电流是一种常用分析信号，通常用传感器测量，具有价格便宜、安装简单及非侵入式等特点，而且往往系统本身也会对牵引电机安装定子电流传感器，不需要再加装，如CRH2高速列车也安装有牵引电机定子电流传感器。因此，定子电流信号分析(motor current signal analysis，MCSA)方法已成为牵引电机故障检测与诊断主要方法，如文献[27]分析了感应电机发生断条故障时定子电流中的谐波成分，并以此进行转子断条故障诊断。利用振动信号进行故障诊断是一种传统技术，尤其被广泛应用在机械故障诊断方面，通过在旋转轴上安装压电传感器来反映旋转机械振动信息，如文献[28]提出了一种兆赫-阿特拉斯-马克分布的时频分解方法处理电机振动信号，实现电机故障诊断，但这类传感器存在安装不便、价格昂贵及可靠性较差的特点。

当然，除了定子电流、电压、磁场和振动等信息被用于牵引电机故障检测与诊断，阻抗[29]、瞬时功率[30]、Hilbert模量[31]、Park矢量[32]和电磁转矩[33]等复合物理量也可应用于牵引电机故障检测与诊断。

复合信号被用于牵引电机故障检测与诊断时在一定程度上能解决单一信号的缺陷，但不可否认其自身存在一些问题，如需要同时采集多相电流而增加硬件成本、存在平方运算造成频谱复杂化而增加故障识别难度或需要精确电机参数等，限制了复合信号的应用。

（2）信号处理技术。信号处理技术是通过对检测到的信号进行处理，从而产生故障相关参数或特征值，处理方法通常有时域分析方法、频域分析方法和时频分析方法。

①时域分析。时域分析法在故障检测与诊断中起着非常重要的作用，但对于牵引电机微弱故障检测与诊断存在较大的困难。传统时域分析法基本采用以下特征参数值进行分析。

峰值和有效值。峰值能够体现信号的强度，适合分析牵引电机轴承冲击、突然转子断条等瞬变类故障信号。峰值越高，则冲击力越大，峰值能较好体现检测与诊断对象的实际运行状态，适合评价牵引电机轴承表面损伤类早期故障。

有效值。有效值（RMS）可表征信号平均能量大小，稳定性好，适合分析轴承磨损、定子绕组匝间短路等故障。轴承磨损越严重、短路匝数越多，RMS值越大，RMS值随故障严重程度的增加而增大。

峭度值。峭度值为无量纲参数，对冲击类故障信号灵敏，适合评价牵引电机断条、轴承损伤类故障。

②频域分析。时域分析法适合分析的故障信号类型有限，而且一般只能检测出是不是发生了故障，而不能确定具体故障发生种类及故障严重程度等，如果想知道故障发生种类和故障严重程度则可以采用频域分析。频谱能够表征信号所包含的频率与幅值。

③时频分析。时频分析是时域分析与频域分析的联合函数，为时间－频率域上的分析，能弥补传统的时域分析分析与频域分析法对非线性、非高斯与非平稳信号处理的局限性，通过时频法来解析信号，既可以体现信号在任意时刻的频率与幅值，又能对时频信号与时频滤波有所研究。

2. 基于知识的方法

基于知识的方法随着计算机技术与人工智能的快速发展而产生，该方法不需要被诊断对象有比较精确数学模型，可通过系统结构、工作状态及环境等方面的知识实现故障检测与诊断，诊断的精确性受参考数据的数量、长度及大小限制。主要的基于知识的故障检测与诊断方法有如下几种。

（1）专家系统。专家系统主要通过专家经验实现故障诊断，专家经验在此起主导作用，专家系统故障诊断方法结构如图1-1所示，主要由知识规则库、人机接口、数据库和推理机组成。专家系统的基本思想是利用专家在相应领域的知识和经验进行故障诊断，该方法已成功应用于化工系统等众多领域的故障监测与诊断，但专家知识的获取以及故障诊断系统的自学习能力等是制约专家系统应用的最大问题。

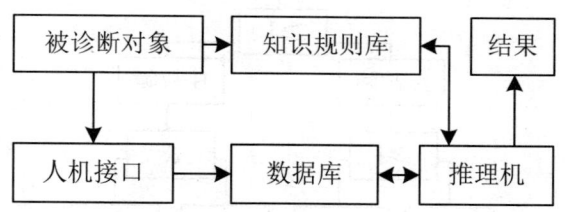

图1-1 专家系统故障诊断结构图

（2）模糊逻辑。由于故障诊断往往要给出故障发生可能性、故障程度和故障位置，而不是简单用"是否有故障"来表达，模糊逻辑则能比较好地解决此类问题。模糊故障向量识别法是模糊逻辑故障诊断的典型方法，诊断过程如图1-2所示。模糊逻辑故障诊断结论明确直观、应用方便、计算简单，但该方法也存在明显的不足，如隶属度函数的选择、特征元素的选择都将对最终的诊断结果产生很大的影响。

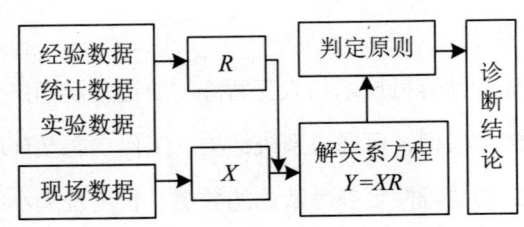

图1-2　模糊逻辑故障诊断过程

（3）故障树。故障树为一种典型定性因果模型，呈倒树状结构，如图1-3所示。故障树的设置直接影响最终的诊断结果，很多的诊断错误都是源于故障树的设置错误，因此它是故障树诊断方法的重中之重。

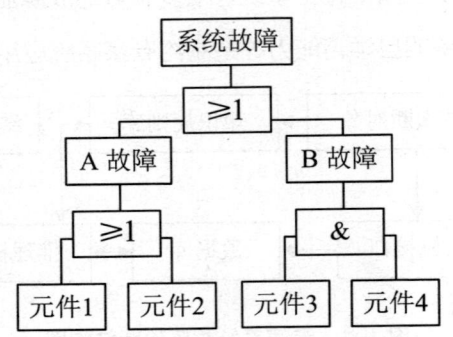

图1-3　简单故障树

（4）神经网络。人工神经网络由于其优良的性能得到了广泛的应用，发展也越来越深入，人工神经网络可以完成很多其他方法所不能完成的任务，并且神经网络在故障诊断方面也具有比较好的应用效果，可将其作为分类器使用，具体过程如图1-4所示。神经网络优势明显，但要使其应用更加广泛深入，训练样本获取和权值的表达式是必须克服的问题。

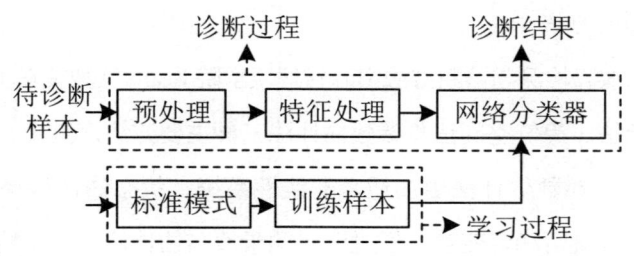

图 1-4 神经网络故障诊断原理

（5）数据融合。数据融合是将来自多传感器的信息进行分析和综合，最终完成所需的判定与决策。常用的数据融合故障诊断方法有 D-S 证据理论方法、神经网络数据融合方法等。其中，D-S 证据针对事件发生后的结果（证据）探求事件发生的原因（假设）；神经网络数据融合通过把神经网络引入数据融合中，与模糊集合理论等相结合进行故障诊断。D-S 证据、神经网络数据融合诊断过程如图 1-5、图 1-6 所示。数据融合方法能很好地提高故障诊断准确率，但也存在局限性，如确定 D-S 证据理论中的故障信度函数存在一定的人为因素，神经网络数据融合存在获取训练样本困难和较难确定故障隶属度值等问题。

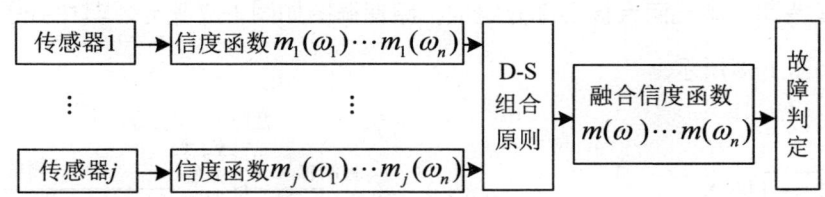

图 1-5 D-S 证据诊断过程

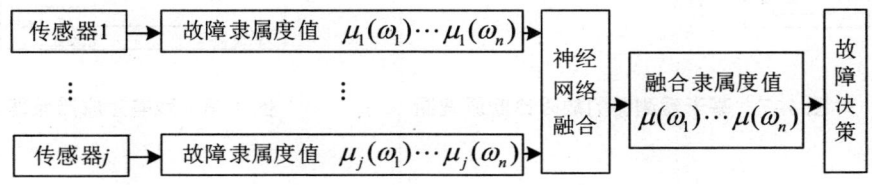

图 1-6 神经网络数据融合诊断过程

3. 基于模型的方法

基于模型的故障检测与诊断方法由麻省理工学院 Beard[34] 教授在 1971 年首次提出，可分为状态估计法、等价空间法与参数估计法三种主要方法。其中，等价空间法主要应用于线性系统，参数估计法更加适合非线性系统。状态估计法是利用测量信号和系统定量模型重构某可测量变量，通过比较测量值与估计值，实现检测与分离系统故障；等价空间法是通过系统实际输入输出测量所得值来检验、分析系统数学模型所具有的等价性，可用来检测与分离故障；参数估计法结合参数辨识和理论建模，其故障检测与诊断是由正常值与参数估计值实现。基于模型的故障检测与诊断方法具有能深入系统本质进行实时故障检测与诊断的优点，缺点是需要已知系统精确模型。基于模型的故障检测与诊断随着人工智能、网络技术等的快速发展，向着网络控制系统、非线性系统及与其他方法相结合的方向发展。

基于模型的故障诊断方法的基本原理可以以观测器法为例进行简要说明。观测器法的基本思想是利用系统数学模型，构造出不同观测器，对观测器输出估计误差进行转换得到残差，故障检测与诊断由残差得到。基于模型的故障诊断方法主要由残差生成器和残差评价单元两大核心部分组成，原理框图如图 1-7 所示，其中残差生成器原理图如图 1-8 所示。

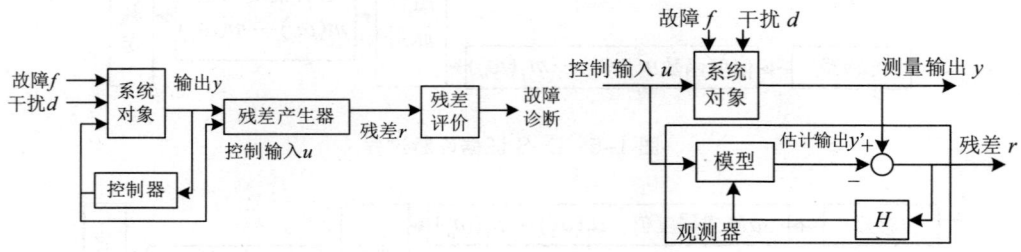

图 1-7　基于观测器的故障诊断原理图　　图 1-8　残差生成器原理图

1.2.2 牵引电机微弱故障检测与诊断研究现状

针对牵引电机转子断条故障诊断，Vinod V. Thoma[35]等人提出一种利用气隙转矩谱辨别鼠笼式异步电机转子故障的方法，通过标准模型估计气隙转矩，而气隙转矩中含有特定故障产生的特定频率。Ignacio Martin-Diaz[36]等人针对破坏性实验检测中获取的大量数据问题，提出一种新的基于自适应增强算法的IM故障监督分类方法，该方法在转子断条等故障检测与分类方面比该领域其他分类器方法具有更高的性能指标。George Georgoulas[37]等人提出一种基于数据驱动的异步电动机故障诊断与分类方法，利用起动瞬态过程，使用多标号分类框架检测断条、气隙偏心混合故障。Kleiton Morais Sousa[38]等人提出使用光纤应变传感器检测感应电机断条故障，利用定子应变谱在不同供电情况下检测转子断条故障，即使在电压存在谐波畸变的情况下，也能检测出转子断条故障。Mohamed Amine Moussa[39]等人针对傅里叶变换需要较长的信号采集时间、增加速度波动的概率会导致故障信号的变化，以及有限的采集时间和采集点会产生不需要的边频泄漏现象，提出利用滑窗离散傅里叶变换方法检测感应电机断条故障。Zhaowen Hou[40]等人提出了一种结合电压和电流的转子断条在线故障诊断方法，该方法能检测和定量分析断条故障，不仅与转速和电流控制器参数无关，而且该方法适合不同的控制策略。Abdi Monfared Omid[41]等人提出一种基于连续小波变换的转子断条故障诊断方法，通过引入指标分析定子电流频谱诊断转子断条故障，该算法可以基于适当的指标来区分健康运动和故障运动，可用于感应电动机不同负载条件下的稳态运行故障诊断。Ojaghi Mansour[42]等人应用多耦合电路建模来实现鼠笼式异步电动机精确分析模型，该模型能够同时或单独呈现可变严重性的转子断条和定子绕组匝间短路故障，通过应用适当的气隙函数、磁饱和效应，以及使用二维绕组函数理论考虑转子断条偏斜效应实现了故障分析，为研究与辨别电机故障提供了解决方案，并提出了基于模型的故障诊断技术。另外，牛发亮[43]、王攀攀[44]等人多年以前也已展开了电机转子断条故障研究。以上针对电机转子断条故障所进行的故障诊断对象都是故障较严重的多根导条断裂情况，鲜有针对单根导条断裂即转子断条这种微弱故障情况进行的研究，而转子断条微弱故障诊断最大的难点在于故障早期，定子电流中的故障特征分量由于非常微弱且故障特征频率与基频非常接近，导致故障特征信息淹没于基波信息中，从而难以辨识。

针对牵引电机定子绕组匝间短路故障诊断，Arun Gandhi[45]等人针对现有电机定子绕组匝间短路故障在线检测与诊断技术进行了综述，介绍了常用的基于信号分析、基于模型及基于知识的常用方法，详细分析了基于电机电流的故障检测与诊断技术。Gulamfaruk N. Surya[46]等人研究发现，与正常情况相比，电流互感器电压谱的均方根、基频、三次谐波和总谐波畸变分析的结果与匝间故障的严重程度有关，提出一种基于径向磁通传感技术的定子绕组匝间短路故障检测。Najla Haje Obeid[47]等人讨论了永磁同步电动机定子绕组中由于绕组机械振动引起的端部绕组匝间短路故障，采用定子端部绕组匝间断续短路来模拟故障，提出一种模式自适应小波检测方法用于检测匝间短路故障的发生。Manuel A. Mazzoletti[48]等人提出了一种基于模型的永磁同步电机匝间短路故障检测与隔离方法，其中故障检测是通过定子测量电流与状态观测器估计的定子电流差产生的剩余电流矢量来实现的，并且该方法还能实现故障严重程度的检测。Mohammad Yousefi[49]等人对双馈异步发电机定子匝间短路故障建模提出一种新的混合模型方法，将定子电流和信号能量的小波分析作为故障检测指标，实现稳定运行时双馈异步发电机定子匝间短路故障检测。Jun Hang[50]等人使用频率跟踪算法检测电机定子绕组匝间短路故障，利用定子电流各相幅值差是否为零进行故障判断。Berzoy Alberto[51]等人提出了一种基于脉冲宽度调制纹波电流的匝间短路故障检测方法，该方法使用开关逆变器产生的纹波电流作为检测匝间短路故障的手段，分析建模健康和故障绕组的高频阻抗行为，并量化由于匝间短路故障引起的纹波电流特征，通过模拟电路设计带通滤波器和均方根检测器，提取PWM（pulse width modulation）纹波电流进行故障检测，该方法还能识别故障相，可用于故障缓解策略。Zhao Weiguo[52]等人提出了一种基于 RVM（相关向量机）的 AdaBoost 方法，用于检测和定位感应电机定子绕组中的匝间短路故障，该方法是通过构建 Adaboost 与基于二叉树的弱 RVM 多分类器相结合来实现的，并通过建立全局定子故障模型，从线电流和感应电机相电压之间的三个相移中提取故障特征。另外，胡为[53]、刘沛津[54]等人对定子绕组匝间短路故障进行了深入研究。同样，上述文献很少研究处于故障早期的定子绕组匝间短路微弱故障，另外匝间短路微弱故障检测与诊断存在的主要问题是故障后定子电流信号中存在大量谐波和噪声掩盖了故障特征信号，且常常忽略电机绕组的先天不平衡问题。

  针对牵引电机气隙偏心故障诊断，Cameron[55]等人从传统磁导波和磁动势出发推导并验证了电机气隙偏心时，定子电流中将出现一些频率特定的电流分量，为检测和研究气隙偏心故障提供了行之有效的方法。Ceban A.[56]等人通过建立气隙偏心情况下定转子重叠面积与气隙变化映射的神经网络，完成了气隙偏心故障监测。Hwang D. H.[57]等人提出了一种利用径向磁通传感器检测气隙偏心的方法，比较健康与偏心状态下的感应电动势波形，并以此作为检测偏心故障的依据。Ceban A.[58]等人利用气隙偏心故障时轴向磁通变化，提出了一种利用外磁场检测电机气隙偏心故障的方法。Seungdeog Choi[59]等人通过对电机电流信号中多个故障特征模式的迭代分析，提出了一种鲁棒诊断技术用于气隙偏心故障检测，在高噪声和非线性机器运行条件下，既能保证较高的监测精度，又能降低误检率和漏检率。Jun-Kyu Park[60]等人针对永磁无刷直流电机定子绕组匝间短路、动态偏心故障和两者的混合故障，提出了一种故障检测算法，利用一个系统矩阵来实现对故障类型的诊断和区分。对于电机气隙偏心故障诊断已形成根据不同诊断系统提出不同检测方法，从故障监测量出发，主要包括电流监测、磁场监测、电压监测和振动监测，其中，电流监测方式最常见。当前对于电机气隙偏心故障诊断的研究同样局限于一定程度后的偏心故障，对于早期的偏心故障诊断由于故障特征的检测与提取较难而研究相对较少。

针对牵引电机轴承故障诊断，Ahmed Hamida Boudinar[61]等人提出了基于求根多重信号分类方法来诊断异步电动机轴承故障，该方法在短时间内具有非常好的频率分辨率。Sukhjeet Singh[62]等人利用连续小波变换从定子电流中有效提取故障分量特征的方法来检测电机轴承外圈故障。Elhoussin Elbouchikhi[63]等人利用 Hilbert-Huang 变换来处理定子电流用于感应电机轴承故障检测，通过 Hilbert 计算固有模态函数的瞬时振幅和瞬时频率来更准确地诊断故障特征。Hossein Hassani[64]等人提出一种提高故障检测精度的支持向量机分类融合模型，该融合模型利用基于 zslice 的通用二型模糊逻辑系统，将不同的支持向量机进行组合，用于有内外圈缺陷的感应电机轴承故障检测。Li Yongbo[65]等人针对滚动轴承故障诊断，提出了一种带宽经验模态分解和自适应多尺度形态学分析的信号处理方案，采用基于带宽的方法来选择最佳的包络插值方法实现轴承故障诊断。Wang Yi[66]等人针对速度变化条件下的旋转机械状态监测和故障诊断，提出了一种基于阶谱图可视化的直接无转速跟踪方法，使用脊提取方法来估计某个旋转频率谐波的瞬时频率，然后对振动信号进行共振解调，得到解调信号的时频分布，构造顺序谱图，抑制由转速波动引入的非平稳干扰，最后识别轴承故障类型。Yang Bin[67]等人提出了一种基于特征的转移神经网络方法，借助实验室电机的诊断知识来识别实际电机的健康状态，采用卷积神经网络来提取来自实验室电机和实际电机的原始振动数据的可转移特征，然后开发多层域自适应和伪标签学习的正则化项以对卷积神经网络的参数施加约束，减少所学习的可传递特征的分布差异和类间距离，最后通过实验对轴承故障进行了诊断。另外，罗忠辉[68]、杨江天[69]等人对轴承故障的研究也有较深的造诣。随着计算机、传感器和数字信号处理等技术的不断发展完善，诊断精度日渐提高，牵引电机轴承故障的诊断研究得到了很好的发展，但对于轴承微弱故障的研究同样存在一定的欠缺。

常见的牵引电机故障检测方法主要有基于快速傅里叶变换（fast fourier

transform，FFT）、希尔伯特黄变换（hilbert-huang transform，HHT）、离散小波变换（discrete wavelet transform，DWT）等。[70-71] 由于牵引电机发生微弱故障时定子电流里的故障特征非常微弱，且故障特征频率可能与定子电流基频非常接近，容易导致频谱混叠，同时考虑各种噪声，往往微弱故障特征信号被强噪声所淹没，受限于以上实际情况，基于上述方法的转子断条微弱故障检测鲜有报道。对检测信号进行分解，从分解信号中提取故障特征是故障检测的一种常用方法，信号分解使用最多的方法是经验模态分解（empirical mode decomposition, EMD）方法，但EMD方法存在端点效应与模态混叠缺陷，限制了其使用。变分模态分解（variational mode decomposition, VMD）[72] 是2014年问世的一种具有很好自适应性的信号处理新方法，该方法具有很好的噪声鲁棒性、算法效率高且不用对信号进行预处理等优点，已有学者将其应用在滚动轴承、地震分析等故障诊断上 [73-74]，但由于牵引电机发生微弱故障时故障特征频率与基频大小接近，使分解后的频率相互影响，还是容易出现频谱混叠，致使故障特征难以显现，直接利用VMD进行故障监测效果不理想。本书针对牵引电机发生微弱故障时故障特征信号微弱且故障特征频率与基频接近导致的检测难问题，提出了一种基于重构变分模态分解（RVMD）的故障检测方法。

　　随机共振是Benzi[75]等提出的一种利用噪声来使微弱特征信号得以增强的方法。与目前常用的通过滤波等方法滤除噪声的方法不同，它将噪声能量转移到微弱故障信号上，在降低噪声的同时使淹没在噪声中的微弱特征信号得到共振加强，从而实现强背景噪声下微弱特征信号的检测，因此近年来被用于微弱特征提取和故障诊断中。随机共振存在于多种包含微弱周期信号与噪声的非线性系统中，广大研究者利用此现象，通过调整系统参数或加入适当的噪声来达到增强微弱信号的目的。随机共振已在物理、生物、机械和电子等众多领域有所应用，并在各个领域不断完善。然而，传统随机共振方法固定系统中两个最重要的参数或固定一个参数只对另一参数进行优化、忽略参数之间交互作用的不足使系统无法达到最优共振状态。本书根据状态转移算法优异的全局搜索能力，以最大信噪比为目标函数，利用状态转移算法对随机共振系统中的参数实现同步寻优，提出一种基于状态转移自适应随机共振的牵引电机微弱故障诊断方法。

1.3　关于牵引电机故障传播与溯源的国内外研究现状

故障诊断是一种重要的复杂系统可靠安全运行监测技术[76]，故障溯源作为故障诊断的重要组成部分被用于判别故障种类和定位故障位置。故障溯源技术在工业过程控制、交通设备管理等方面已有研究[77-78]，由于牵引传动控制系统内部线路复杂、多物理场交织，部件间功能性、电气性的连接耦合度高，某一设备发生的故障会传播至其他位置，故障的这种传播特性导致对其溯源十分困难。但目前针对高速列车牵引传动控制系统故障溯源主要集中在对器件或子系统发生故障时牵引传动控制系统单一位置的诊断研究，缺乏对故障传播机理问题的研究。通过对牵引传动控制系统进行故障特性传播研究，一方面可以追溯故障根源，另一方面可以找出不同故障对相邻子系统位置参量观测值的影响以便监控。

故障传播普遍存在于现实系统中，如交通堵塞、电力系统大规模停电事故、互联网瘫痪和化学化工系统事故等。文献[79]针对瞬态故障在网络控制系统中很难被准确检测到，通过在控制循环中挖掘不同的效应轨迹来研究故障的传播。文献[80]针对供暖、空调等空气处理系统中各部件间的故障传播，利用动态隐马尔可夫模型来识别故障模式，有效提高了故障诊断精度。文献[81]实现了航空发电机的损伤传播建模。文献[82]提出了一种改进的符号传递熵和确定权重阈值方法，探索故障传播规律，然后通过分析节点间信息传递变化和故障传播路径对故障根源进行跟踪。文献[83]提出了一种能够有效地生成双重故障的完整测试集方法，通过分析单次故障的传播路径，选择未发现的双重故障生成新的测试模式，从而覆盖大部分给定电流的双重故障。文献[84]针对永磁同步电机驱动系统机械故障，描述了传动轴上的机械扰动如何从扰动力矩传播到驱动系统供电输入端电流。文献 [85] 提出了一种基于膜计算的电力系统故障传播路径建模方法新框架，采用事件强化神经系统对故障传播路径进行建模，该系统具有图形模型和并行知识推理的能力，能够直观地揭示故障传播路径。通过查阅文献资料，目前对于故障传播的研究主要集中在网络系统、化学化工、电力系统和电子电路等方面，而面向牵引传动控制系统故障传播的研究却很少。

由于牵引传动控制系统内部线路复杂、多物理场交织，部件间功能性、电气性的连接具有高耦合度和大密度等特征，使系统部件单元之间具有故障传播特性。[86] 针对牵引传动控制系统故障传播与溯源的研究少，并且几乎所有故障传播的研究都只是从空间角度出发，并未考虑故障传播的时间特性，而系统故障的发生、扩散、传播和累积具有延时性 [87]，把时间特性引入到故障传播研究中，可以更加符合实际、更加准确地描述系统故障传播方式，在此基础上提出的诸如故障诊断方法或同时间因素有关的传感器布置也将更加合理 [88-89]，因此考虑故障传播的时间特性具有必要性。

另外，动态性及多样性的故障模式是牵引传动控制系统故障传播的显著特点，这给故障传播建模、分析带来了非常大的难度。其中，动态性是指故障发生和传播时牵引传动控制系统运行工况即列车运行速度多变；故障模式多样性是指牵引传动控制系统可能发生的故障种类很多，可分为牵引电机故障、变流器故障、TCU 故障和传感器故障等四大类故障。而每大类故障又可细分为多种故障类型，不同的故障类型可能对应不同的故障起因、同一故障起因可能引起多种故障类型，这都加大了牵引传动控制系统故障分析的难度，本书主要研究牵引电机故障在牵引传动控制系统中的传播。

故障传播建模是进行故障传播分析与溯源的基础，通过故障传播建模能很好地实现故障溯源，国内外学者构建的故障传播模型主要有以下几种。

（1）基于 Petri 网的故障传播模型。Petri 网由 Carl Adam Petri[90] 提出，它模拟能力强大，能研究并发现现象，适合分析大型系统。现在有关 Petri 网的理论非常成熟，在国防建设、国民经济等方面应用较多。同时，Petri 网在故障传播上也有较好的应用[91-92]。基于知识的Petri网故障分析方法通常与专家系统、神经网络等理论相结合，侧重于知识建模；研究系统行为则是基于对象的Petri网故障分析方法的侧重点。

对于一些简单的系统模型，Petri网具有较好的应用效果，但对于复杂的大规模系统则不太适用，原因是大规模复杂系统所构成的模型节点太多。

（2）基于图论的故障传播模型。基于图论的故障传播模型主要有树和图，故障树（fault tree）主要用于故障机理明确、逻辑清晰的复杂系统，为一种有向图，用以描述系统故障传播，表示故障树中的顶层失效与底层事件间关系。[93] Chang提出了一种故障分析方法结合故障树和模糊推理，先利用有向图确定单元故障间的传播次序，再由模糊推理定位故障源，但故障树不具有表示概率的能力。[94] 除了故障树外，应用较多的还有符号有向图（signed directed graph，SDG），SDG非常适合描述变量间的关系，能应用于故障传播规律和行为的研究。但是对于复杂系统，最好先使用其他方法降低推理的复杂度，再使用SDG方法。例如，Maria[95] 利用SDG对渣油催化裂化装置的危险与可操作性（HAZOP）相结合，推理诊断出潜在故障。

该方法适合结构相对简单的系统，当系统结构关系复杂度较高时，因工作量大与工序烦琐，不适合使用基于图论的故障传播建模方法。

（3）基于元胞自动机的故障传播模型。元胞自动机能模拟大型的较复杂系统，由基元与简单规则产生复杂现象，适合处理当单元状态发生演变会对整个系统产生影响时的情况。[96] 例如，S.Sur-Kolay[97] 将元胞自动机用于高频异步电路模拟器；Yih-Lang Li[98] 针对逻辑电路仿真，提出基于二维元胞自动机的故障仿真模型方法。

该方法要求每个元胞遵守一样的规则规律，并且时间离散变量必须等步长取时刻点，而实际系统（如牵引传动控制系统）结构复杂，其中每个元部件的属性并不相同，难以符合上述要求。

（4）基于复杂网络的故障传播模型。复杂网络主要研究系统内部演变及相互间作用，复杂网络模型既能兼顾样本个体属性，又能宏观连接整体与局部。[99-100] 网络特性对传播行为的影响是复杂网络应用特性研究最多的问题，小世界网络模型是各类网络模型中最接近实际网络特性的模型之一，已成功应用于风力发电系统故障[101]、电网系统故障[102]、计算机网络中的病毒传播[103]和城市交通网络堵塞[104]等问题。小世界特性是很多实际网络都具有的性质，小世界网络模型通过网络拓扑结构解释行为产生的原因，因此很多学者从该角度分析复杂系统中的故障传播机理。例如，Peng提出了一种基于复杂网络的电路故障传播分析与建模方法，用于故障诊断与可测试性设计，解决了模拟电路故障诊断时信息不足的问题。[105]

由于网络结构的内外部特性随外界时空变迁而演化，限制了该方法的使用。

（5）基于系统机理的故障传播模型。建立基于系统机理的故障传播模型来反映系统的因果关系及相互联系过程，通过对系统机理和工作过程的深入分析可获得大量的系统定性知识。[106]

此类方法易于理解，更能反映系统特性，本书进行的故障传播分析采用的是基于定性知识模型方法。

本书对牵引电机故障溯源进行研究，提出了一种基于故障传播与因果关系的故障溯源方法。通过设置系统观测点和系统机理分析，建立系统正常运行时观测点信号传播模型和体现时空特性的系统故障传播模型；利用格兰杰因果关系技术判定不同观测点信号间的因果关系，确定适合提取信号故障特征的观测点用于故障诊断；提取系统运行时这些观测点故障特征和故障传播时间；最后同故障传播模型中对应观测点的时空特性相匹配，从而确定故障类型与位置，实现故障溯源。

1.4 本书研究内容与结构安排

本书以高速列车牵引传动控制系统牵引电机微弱故障检测与诊断及牵引电机故障

高速列车牵引电机微弱故障诊断与溯源研究

溯源为研究目标,针对牵引电机运行状态信号中往往包含强烈的噪声干扰、故障信号微弱、故障信息耦合、信噪比低及故障特征难以提取等特点,以及在高速列车特殊的运行环境与特定工况下,无法额外安装传感器等情况,对牵引电机微弱故障检测与诊断方法进行了深入分析与研究。在此基础上提出基于重构变分模态分解(RVMD)的牵引电机微弱故障检测与基于状态转移自适应随机共振的牵引电机微弱故障诊断。由于牵引传动控制系统具有内部复杂线路、多物理场交织,部件间功能性、电气性的连接具有高耦合度与大密度等特点,使系统部件单元之间具有故障传播特性,对此,提出基于故障传播与因果关系的牵引电机故障溯源方法,并通过仿真与实验进行了验证。本书各章节内容如下。

第1章为本书绪论。先介绍了高速列车牵引电机微弱故障检测与诊断及溯源研究的背景与意义,然后从牵引电机微弱故障检测与诊断及牵引电机故障溯源两个方面阐述了国内外研究现状,介绍牵引电机故障检测与诊断的常用方法。

第2章分析牵引电机故障机理。先介绍CRH2高速列车牵引传动控制系统,再分析牵引电机常见故障类型及产生机理,然后针对牵引电机转子断条微弱故障进行电流特性分析,从导条金属电阻值在疲劳演化过程中的变化规律出发,引入损伤因子,得到单根导条断裂严重程度与牵引电机相电阻间的关系。通过迭加原理,将导条故障时的牵引电机看成正常电机在故障导条处迭加反向电流源,得到单根导条断裂时定子电流故障特征分量值,建立定子电流故障特征分量与单根导条故障严重程度之间的关系,最后介绍仿真及实验平台,并在平台上完成牵引电机微弱故障实验。

第3章提出基于RVMD的牵引电机微弱故障检测方法。对于牵引电机常见的转子断条、定子绕组匝间短路和气隙偏心三种微弱故障,针对故障特征频率与基频接近、故障特征微弱导致故障检测难的问题,提出一种基于RVMD的故障检测方法。该方法针对常见的端点效应与模态混叠现象,对检测信号构造变分问题,合理选择RVMD参数,求解多个模态函数,通过对模态函数进行叠加重构,实现故障检测,有效避免端点效应与模态混叠，最后使用该方法进行三种牵引电机微弱故障检测实验。

第 4 章在第 3 章只完成故障检测的基础上，提出基于状态转移自适应随机共振的牵引电机微弱故障诊断方法。主要针对传动系统中牵引电机发生微弱故障时的故障特征信号微弱、噪声背景强信噪比低、故障特征难以准确提取和最佳体现等特点，并考虑电机定子电流信号及故障时谐波信号具有周期、正弦性的特点，以及传统随机共振方法固定两个主要参数或固定一个主要参数寻优另外一个主要参数，无法实现最优输出的特点，提出了一种利用牵引电机定子电流的基于状态转移自适应随机共振的故障诊断方法，利用状态转移算法优异的全局搜索能力，以最大信噪比作为优化目标，采用状态转移算法对随机共振系统参数进行同步优化。对所提方法进行仿真和三种常见牵引电机微弱故障实验，并与已有方法进行对比。

第 5 章提出基于故障传播与因果关系的牵引电机微弱故障溯源方法。高速列车牵引传动控制系统内部线路复杂、元部件间的机械与电气连接耦合度高、多物理场交织等使系统部件单元之间具有故障传播特性的特点，而目前对于高速列车牵引传动控制系统故障诊断主要集中在对器件或子系统发生故障时牵引传动控制系统单一位置的诊断研究，缺乏对故障传播机理问题的研究，并且当前有关故障传播的研究都只是从空间角度对故障传播进行了分析，并未考虑故障传播的时间特性，而系统中故障的发生、扩散、传播和累积具有延时特性，考虑时间特性的故障传播更具有实际意义，因而提出了一种考虑时空特性的基于故障传播与因果关系的牵引电机微弱故障溯源方法，并进行实验验证。

第 6 章对全书进行了总结，并探讨了牵引电机微弱故障检测与诊断及牵引电机微弱故障溯源中需要进一步研究的问题。

本书内容与结构安排如图 1-9 所示。

高速列车牵引电机微弱故障诊断与溯源研究

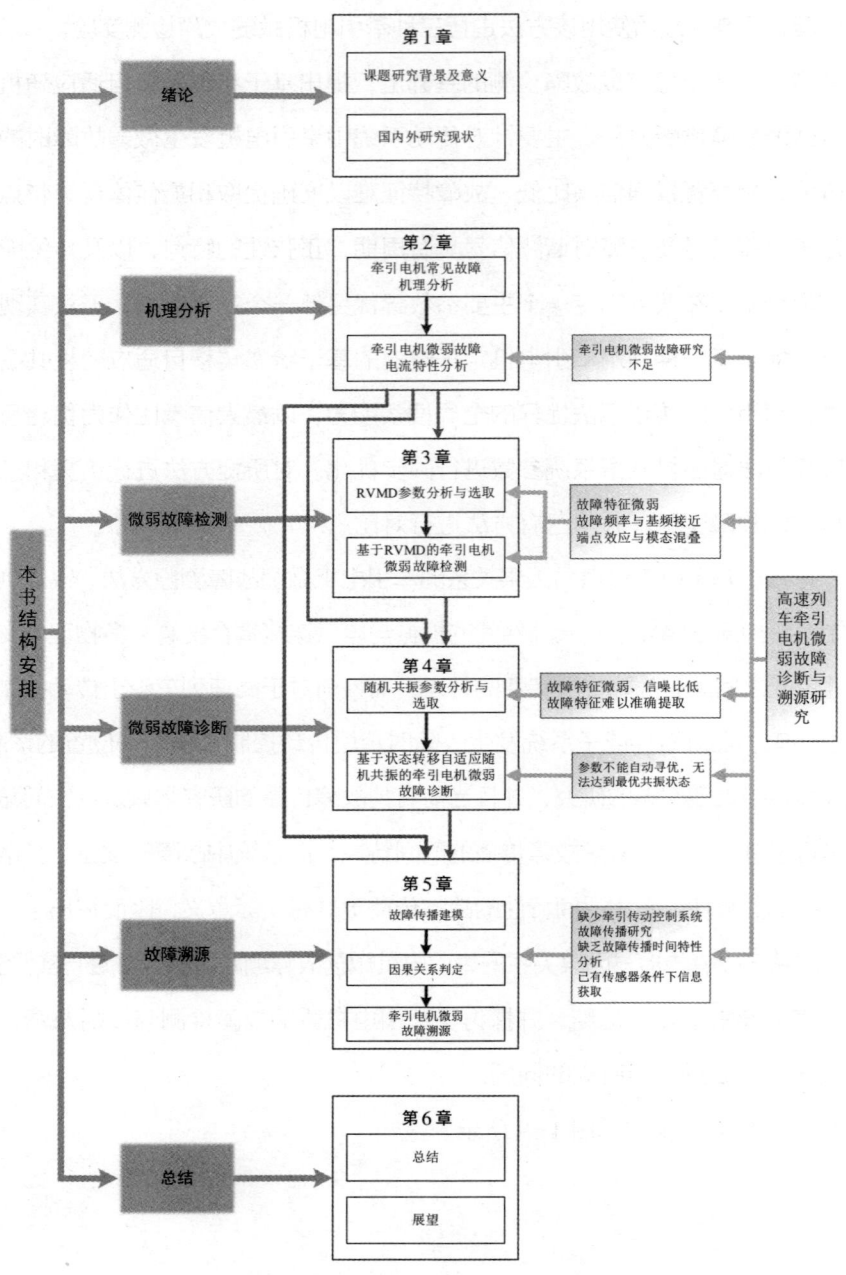

图 1-9　本书内容与结构安排

2 牵引电机故障机理分析

2.1 引言

由于牵引电机本身结构原因和工作性质,在长期运行过程中,内部元部件会逐渐劣化,逐步丧失最初的性能,使牵引电机产生不正常状态,如转子断条、定子绕组匝间短路和气隙偏心等。在电机故障诊断技术中,故障产生的机理和故障特征的分析是故障诊断方法的前提,无论牵引电机发生何种故障,都会按照一定的模式和机理发展,并通过不同的形式反映特征的变化。本章先对 CRH2 高速列车牵引传动控制系统进行介绍,然后对牵引电机常见故障类型及产生机理进行简单介绍,重点对牵引电机发生微弱故障时的电流特性进行了分析,并通过实验进行了验证。

2.2 CRH2 高速列车及牵引传动控制系统

CRH2 型动车组是中国大陆高速列车种类之一,其原型车是日本川崎重工株式会社生产的 E2-1000 型新干线列车。CRH2 型号列车在中国应用广泛,是国内动车组的主力车型,主要为国家干线铁路、区际干线铁路和城际市郊铁路等各种新建高级铁路服务,运行速度在 200～350 km/h。该型号车辆的高速、安全、抗沙、耐寒等性能良好，高速列车、地铁、城际列车和高速综合检测列车等都有其身影，后续众多国产高速列车都以它为基础技术平台进行研制。

CRH2 型动车组牵引传动系统的组成主要包括受电弓、牵引变压器等部分[107]，其组成原理如图 2-1 所示。受电弓将接触网上 AC 25 000 V 送至牵引变压器，经牵引变压器降压后送至脉冲整流器，后者将交流变成直流，再经过中间直流环节到达牵引逆变器，最后逆变器输出交流至牵引电机。其中，中间直流环节为 2 600～3 000 V 直流电，逆变器输出电压为 0～2 300 V、频率为 0～220 Hz 的三相交流电。

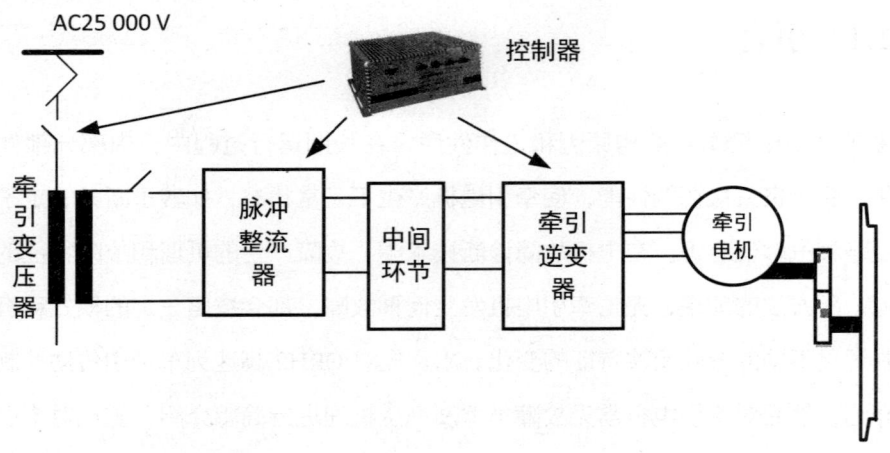

图 2-1　CRH2 牵引传动系统组成原理图

牵引传动控制系统主电路上连有真空主断路器 VCB，用以控制主电路的通断。牵引变压器有两组牵引绕组即二次侧绕组，一次侧与二次侧电压分别为 25 000 V 和 1 500 V。M1、M2 车上的牵引变流器实现牵引电机供电和制动，主电路简图如图 2-2 所示。

2 牵引电机故障机理分析

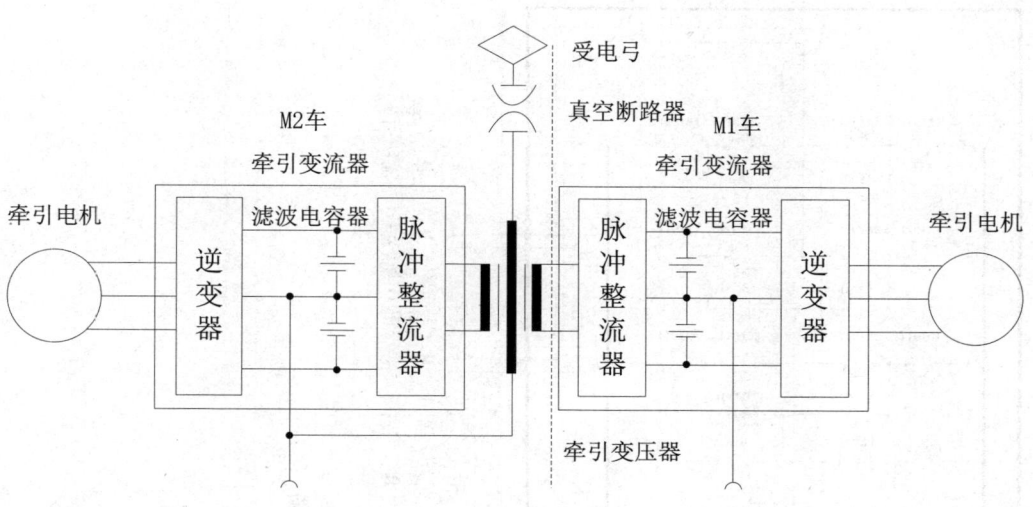

图 2-2　CRH2 主电路简图

　　CRH2 型动车组牵引电机本体上装有速度传感器，出现故障时，可分别使用 M1、M2 车。另外，通过 VCB 可实现整个单元的切除，而其他单元工作不受其影响。主电路结构原理如图 2-3 所示。

高速列车牵引电机微弱故障诊断与溯源研究

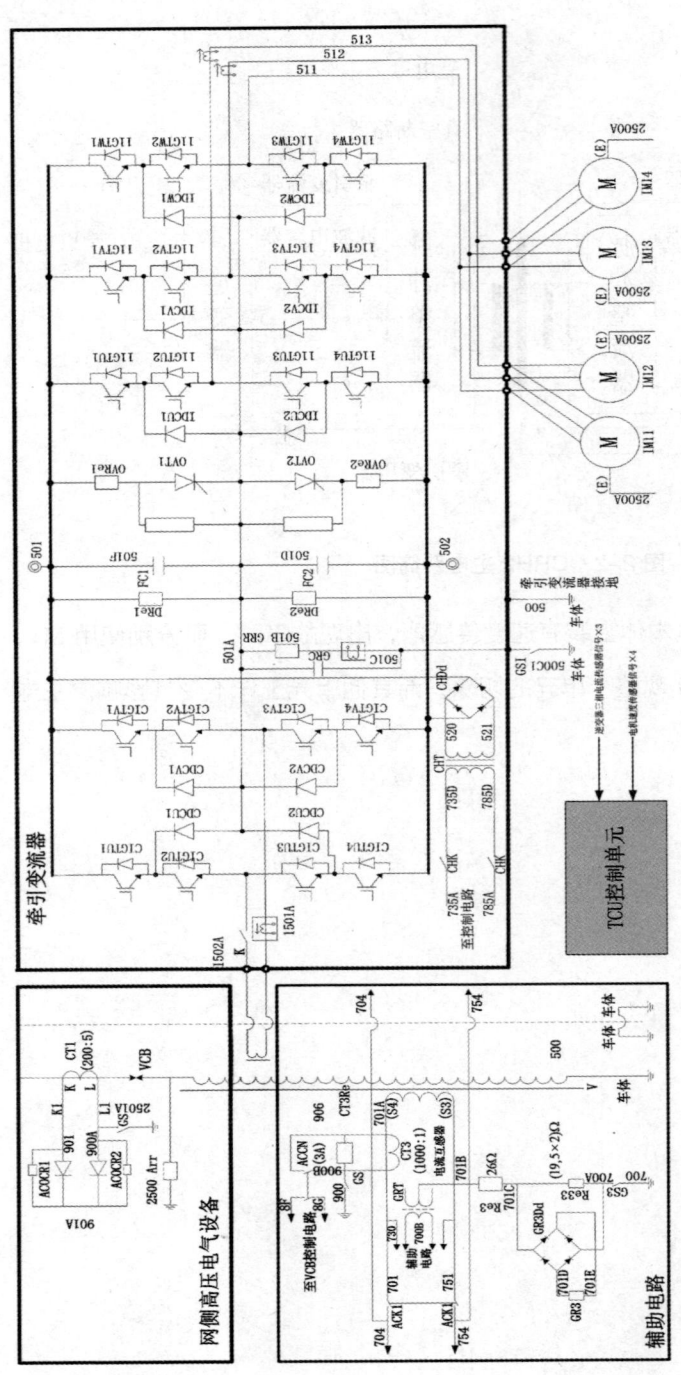

图 2-3 CRH2 主电路结构原理图

牵引传动控制系统技术参数主要包含列车牵引特性、供电方式、牵引传动系统主要参数、牵引传动系统额定效率和网侧性能指标。

2.2.1 列车车组牵引特性参数

最高试验时速 250 km；最高运营时速 200 km；以最高运营时速运行时的剩余加速度大于等于 0.1 m/s^2；定员载荷时的启动加速度为 0.406 m/s^2；损失 1/4 动力时的平衡速度可大于 200 km/h；列车紧急制动距离小于等于 1 800 m；列车在 15 m/s 逆风风速下能正常运行。

2.2.2 供电方式

AC25 kV/50 Hz，最低与最高电压分别为 17 500 V 和 31 000 V；电网电压为 29 000～31 000 V 时设备正常工作；电网电压在 22 500～29 000 V 时发挥额定功率；电网电压为 19 000～22 500 V 时牵引功率下降至额定功率的 84%；电网电压为 17 500～19 000 V 时功率下降到零，辅助设备工作正常。

2.2.3 牵引传动系统主要参数

（1）牵引变压器：一次侧绕组，额定电压 25 000 V，电流 122 A，频率 50 Hz，额定容量 3 060 kVA；二次侧绕组（牵引绕组）2 个，1 500 V，2×1 285 kVA；辅助绕组 1 个，400 V，490 kVA。

（2）牵引变流器：单相电压三点式 PWM 整流器电压 1 500 V，875 A，频率 50 Hz；中间直流环节电压 2 600～3 000 V；三相电压三点式 PWM 逆变器输入直流 3 000 V，432 A，输出电压 0～2 300 V，频率 0～220 Hz。主控元件为高耐压 IPM/IGBT，3 300 V，1 200 A，ISP4 A；钳位二极管为高耐压二极管，3 300 V，1 200 A，ISP2 A；支撑电容器 2 125 μF±10%。

（3）牵引电机：额定电压 2 000 V，额定电流 106 A，额定功率 300 kW。

2.2.4 牵引传动系统额定效率

牵引电机、牵引变压器和牵引变流器的额定效率分别不低于94%、95%与96%。

2.2.5 网侧性能指标

满足电磁兼容性要求；额定负载且不考虑辅助绕组时网侧总功率因素大于等于97%；牵引变压器一次侧电流畸变率小于10%；基本动力单元额定功率时等效干扰电流小于2 A。

2.3 牵引电机常见故障类型及故障机理分析

2.3.1 故障类型

CRH2型高速列车牵引电机采用的是三相鼠笼式异步电机，其外形及安装位置如图2-4所示。随着高速列车的不断运行，牵引电机的内部结构和部件会逐渐退化，导致原有性能慢慢降低，当退化到一定程度后会出现异常工作状态，从而发生故障。牵引电机主要故障类型有以下几种[108-109]。

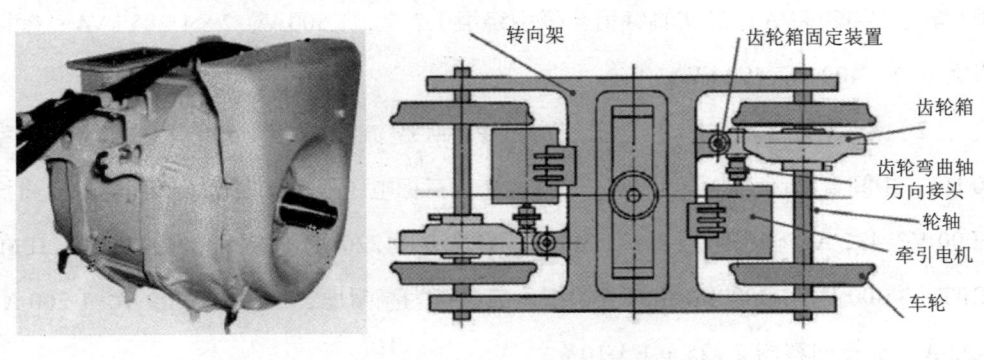

（a）外形图　　　　　　　　　　（b）安装位置图

图2-4　CRH2牵引电机

（1）转子故障。大约占牵引电机故障的10%，主要有转子本体和转子绕组故障。其中，转子本体故障主要包括转子偏心与失衡，转子绕组故障主要包括转子断条、端环开裂。[110] 这些故障会使牵引电机运行时发热，将进一步加剧导条和端环故障的扩大，当转子故障严重时可能出现电机停机甚至转子扫膛现象，从而损坏电机。

（2）定子故障。主要有定子绕组匝间短路、相间短路及接地等故障[111]，大约占牵引电机故障的30%。牵引电机工作环境中的水分、尘土、磨损和长期运行于高温状态会使绝缘击穿或老化，以及运行时产生的各种电磁力与机械冲击力作用会使绝缘发生损坏，从而产生短路。故障发生时绕组将出现相电流不对称、电机内部局部过热，以及电机振动加强等，从而使电机性能降低甚至损毁。[112]

（3）气隙偏心故障。主要存在静态偏心与动态偏心两种偏心形式，其中，静态偏心主要由装配不正确或定子铁心非圆形引起；动态偏心主要由轴径椭圆、转轴弯曲及机械振动和轴承磨损造成。偏心位置与旋转频率、转子位置有关，在空间上动态变化。

（4）轴承故障。主要有内环、外环、保持架和滚动体故障，大约占牵引电机故障的40%。其中，外环和内环分别安装在电机机座和转轴上，过载、安装不正、轴电流、润滑不良及异物进入等都可能引发电机轴承故障，高速列车重载及高速运行也容易导致牵引电机轴承发生故障。故障发生时电机振动会加强，它是牵引电机常见振动源。

2.3.2 故障机理

1. 转子断条故障

转子断条故障的产生与电机导条自身结构、运行特点及工作环境有关。其中，导条和端环在焊接位置相对较弱、电机在启动或重载时，转子内将有非常大的电流流过，从而在转子上产生非常大的机械应力与热应力，当达到一定程度时导条产生裂缝，最终导致断裂发生。若不能及时更换或维修断裂的导条，在电机继续启动时，出现裂缝或断裂故障导条的相邻部位导条将通过更大的电流,产生更大的机械应力与热应力,从而造成相邻的更多导条发生断裂。牵引电机转子构造及导条如图 2-5 所示。

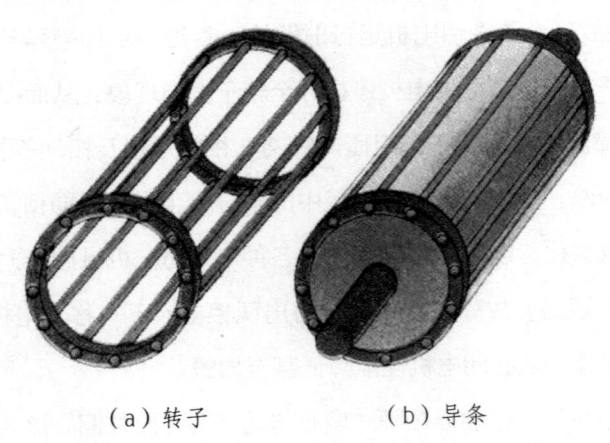

（a）转子　　　　（b）导条

图 2-5　牵引电机转子构造及导条

正常电机定子电流中只有加载在电机定子上的电源频率,但是当电机转子断条故障发生时,定子电流频谱将在上述电源频率的左右两侧产生 2 倍于转差率（±2sf_1）的边频。[113]

当牵引传动系统对牵引电机的供电频率为 f_1 时,定子绕组将在电机内部产生磁动势 F_1,表达式为

$$F_1 = K_1 N_1 I_1 \sin(\omega_1 t - p\theta) \quad (2-1)$$

其中,K_1 表示常数;θ 表示初相角;N_1 表示定子绕组相串联匝数;ω_1 为定子电流角频率,$\omega_1 = 2\pi f_1$;t 表示时间;I_1 表示定子电流;p 表示电机极对数（如已知 CRH2 型牵引电机 $p=2$）。

令 $\varphi = 2\theta - \omega_r t$,$\omega_r$ 为旋转角频率,则:

$$F_1 = K_1 N_1 I_1 \sin[(\omega_1 - \omega_r)t - \varphi] \quad (2-2)$$

F_2 为转子磁动势,是在定子磁动势的感应下产生,它的大小与定子绕组产生的

磁动势大小相等、方向相反，其表达式为

$$F_2 = K_2 N_2 I_2 \sin[(\omega_1 - \omega_r)t - \varphi] \tag{2-3}$$

其中，K_2 表示常数；I_2 表示转子电流；N_2 表示转子绕组相串联匝数。

一旦转子断条故障发生，转子磁动势因为被 $\sin 2\varphi$ 调制而产生变化，使 F_2 的表达式变为

$$F_2 = K_2 N_2 I_2 \sin[(\omega_1 - \omega_r)t - \varphi]\sin 2\varphi \tag{2-4}$$

转差率的计算公式可用角速度进行表示，$s = \dfrac{\omega_1 - \omega_r}{\omega_1}$，变换可得 $\omega_r = (1-s)\omega_1$。同理，不管电机处在正常还是故障情况，其内部转子磁势与定子磁势大小相等、方向相反，因此可得

$$\begin{aligned}F_1 = F_2 &= K_2 N_2 I_2 \sin(\omega_1 t - 2\theta)\sin[2(1-s)\omega_1 t - 4\theta] \\ &= \dfrac{K_2 N_2 I_2}{2}\{\cos[(3-2s)\omega_1 t - 6\theta] - \cos[(1-2s)\omega_1 t - 2\theta]\}\end{aligned} \tag{2-5}$$

此磁动势表达式中包含 $(3-2s)f_1$ 和 $(1-2s)f_1$ 两个频率分量，根据磁生电原理，磁动势中的 $(1-2s)f_1$ 分量同定子绕组相互作用，将在电机定子绕组中产生电动势，考虑电机定子绕组实际为闭环电路，电动势又将在绕组中产生电流，并且电动势与电流的频率都为 $(1-2s)f_1$，又由于定子磁动势与转子磁动势之间的相互作用，频率 $(1+2s)f_1$ 的电动势和电流也会在定子绕组中产生，从而使电机定子绕组电流中除了含有基波分量外还含有两种谐波分量，基波分量频率为 f_1，谐波分量频率大小分别为 $(1-2s)f_1$ 和 $(1+2s)f_1$，因此 $(1\pm 2s)f_1$ 被称为转子断条故障特征频率。牵引电机定子电流中的 $(1\pm 2s)f_1$ 边频分量产生的磁通将与基波磁通互相作用产生脉振转矩，最终使转子转速也产生波动。

2. 匝间短路故障

匝间短路是牵引电机的主要故障形式之一，可通过分析得出匝间短路故障时转子与定子绕组中的谐波电流情况。[114] 假设三相定子绕组连接方式为星形连接，并且匝

间短路发生在 A 相绕组，如图 2-6 所示。

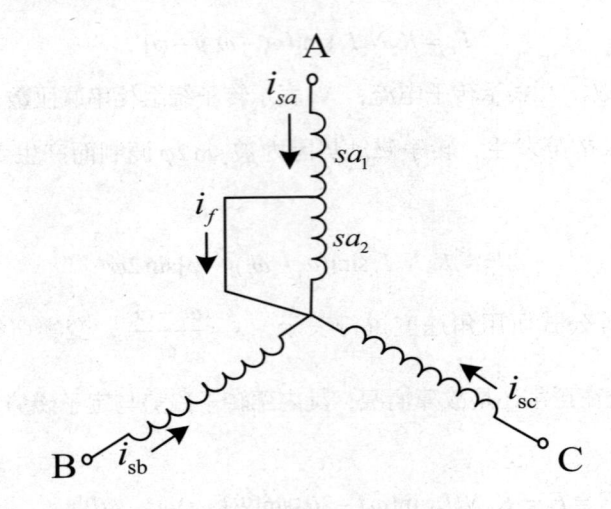

图 2-6　定子绕组匝间短路故障示意图

根据多回路理论建立定子绕组匝间短路故障时的牵引电机定、转子电压方程并推导出此时的电流特征频率。匝间短路故障时，电机内部绕组电感与正常时的绕组电感不同，由磁链与电流间的关系，得到定、转子感应电流，电流中的故障谐波分量在电机内部不断映射从而产生固定特征谐波电流。定、转子间互相匝链过程如下。

定子（ω_1）→ 转子（$\omega_1 \pm k\omega_p$）→ 定子（$\omega_1 \pm (k \pm k')\omega_p$）→ 转子（$\omega_1(k \pm k' \pm k'')\omega_p$）→ …

其中，$k, k', k'' = 1, 3, 5 \cdots$；$\omega_1 = 2\pi f_1$；$\omega_p = (1-s)\omega_1$，为相对角速度；$f_1$ 为电源基频；s 为转差率。

因此，定子电流谐波频率为

$$f_s = [n \pm 2k(1-s)]f_1 \tag{2-6}$$

式中：$n = 1, 2, 3, \cdots$；$k = 0, 1, 2, 3, \cdots$。

考虑电机绕组的对称结构，定子电流中只含有 $n = 1, 3, 5, 7, 11 \cdots$ 的谐波成分。

3. 气隙偏心故障

牵引电机长期运行将对定、转子及轴承产生磨损，或者由于本身的制造误差，电机转子旋转时与定子之间存在一定偏心。电机气隙偏心类型主要包括静态偏心和动态偏心（见图 2-7），气隙偏心时会使电机发生电磁振动。静态偏心时，很大的单边磁拉力在气隙中产生，当偏心严重时，甚至发生定、转子相互接触摩擦现象。因为通过最小气隙点的旋转磁场频率为 f_1/p，转子每旋转一周，不平衡磁拉力都将变化 $2p$ 次，因而由于静态偏心产生的振动频率和不平衡磁拉力频率均为 $(f_1/p) \times 2p = 2f_1$，其频率是电源频率的 2 倍；动态偏心时，电机内部将同时产生不平衡的机械力和电磁力，并且机械振动还会进一步对不平衡电磁力产生不利影响，转子速度与旋转磁场频率分别为 $(1-s)f_1/p$ 和 f_1/p，电磁振动频率为 f_1/p，并且以周期 $1/2sf_1$ 脉动，当电机负载增大时，电机转速将下降，转差率增大，脉动也加快。[115-116]

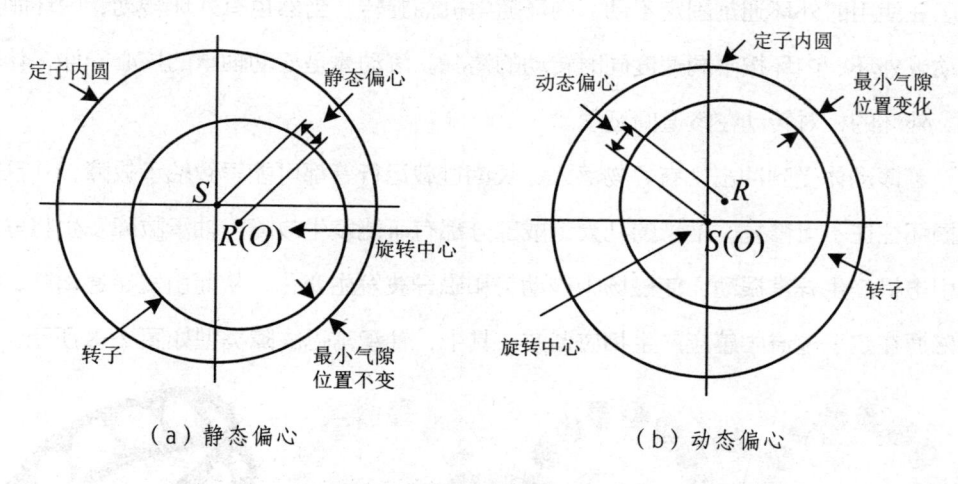

（a）静态偏心 （b）动态偏心

图 2-7 气隙偏心几何模型

偏心故障机理分析的一般步骤如下：先求得气隙磁势，然后计算气隙磁通，最后分析定子电流中的各种谐波。

气隙偏心故障时定子电流中的谐波频率可用下式来计算[117]：

$$f_{ag} = [(n_z z_2 \pm n_d)\frac{(1-s)}{p} \pm n_s]f_1 \tag{2-7}$$

式中，f_1 为电源基频；n_z 为任一整数；z_2 为转子槽数；n_d 为任一整数（$n_d = 0$ 时静态偏心，$n_d = 1, 2, 3\cdots$ 时动态偏心）；p 为电机极对数；s 为转差率；n_s 为奇整数。

可通过电场分析，建立气隙偏心故障的特征频率公式：

$$f_{ag} = [n \pm k(1-s)]f \tag{2-8}$$

式中，$n = 1, 2, 3, \cdots$；$k = 1/p, 2/p, \cdots$。该式是式（2-7）的特殊情况。

4. 轴承故障

轴承是电机的重要组成部分之一，牵引电机轴承主要由内环、外环、滚动体及保持架构成。[118]内、外环间装有不同类型的滚动体，通过保持架将滚动体均匀隔开，保持架有效避免了滚动体间接触与摩擦，使其圆滑滚动，并减少了发热与磨损。滚动轴承在使用时外环通常固定不动，内环随电机轴旋转，当然也有外环转动、内环固定不动或外环、内环按不同速度同时转动的情况。滚动体是滚动轴承的核心元件，伴随内、外环的相对转动在滚道间运动。

若滚动体受到冲击、有异物落入、长期过载运行等都可能导致轴承故障，并且轴承损坏往往不可修复。轴承的几大组成部分都有可能发生故障，轴承故障发生将导致牵引电机产生异常振动，使磁场中磁动势和磁导波发生变化，从而引发磁通调制，调制磁通在定子电流中感应产生相应谐波。其中，轴承常见故障类型如图 2-8 所示。

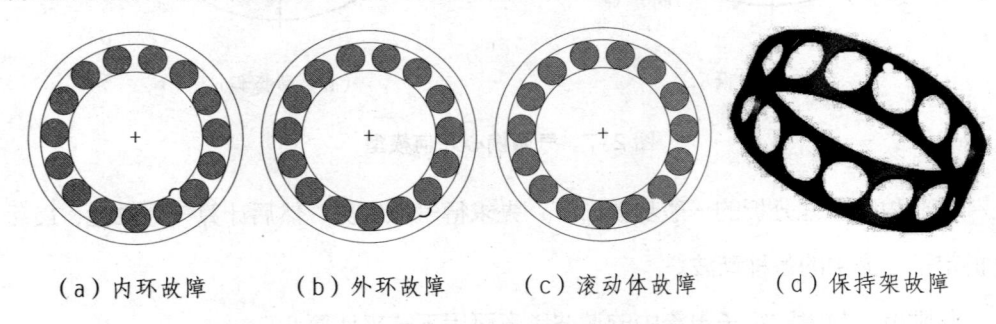

（a）内环故障　　（b）外环故障　　（c）滚动体故障　　（d）保持架故障

图 2-8　轴承故障常见类型

2 牵引电机故障机理分析

轴承故障时振动故障特征频率计算公式如下。[119-120]

（1）内环故障特征频率：

$$f_i = \frac{Z}{2} f_r \left(1 + \frac{d}{B} \cos\alpha\right) \qquad (2-9)$$

（2）外环故障特征频率：

$$f_o = \frac{Z}{2} f_r \left(1 - \frac{d}{B} \cos\alpha\right) \qquad (2-10)$$

（3）滚动体故障特征频率：

$$f_b = \frac{B}{d} f_r \left(1 - \frac{d^2}{B^2} \cos^2\alpha\right) \qquad (2-11)$$

（4）保持架故障特征频率

$$f_c = \frac{1}{2} f_r \left(1 - \frac{d}{B} \cos\alpha\right) \qquad (2-12)$$

上述式中，Z 为轴承滚动体数；f_r 为电机轴承转频；d 为轴承滚动体直径；B 为轴承节径；α 为接触角。

转化为定子电流中故障特征频率计算公式如下[121]

（1）内环故障特征频率：

$$f_{eccir} = f_1 \pm f_r \pm kf_i \qquad (2-13)$$

（2）外环故障特征频率：

$$f_{eccor} = f_1 \pm kf_o \qquad (2-14)$$

（3）滚动体缺损特征频率：

$$f_{eccball} = f_1 \pm f_{cage} \pm kf_b \qquad (2-15)$$

（4）保持架故障特征频率：

$$f_{cage} = f_1 \pm f_r \pm kf_c \qquad (2-16)$$

2.4 牵引电机微弱故障电流特性分析

牵引电机是高速列车将电能转化为机械动能的核心设备之一，是高速列车的动力来源，也是故障发生较多、容易危及行车安全的部件之一。本章对牵引电机微弱故障电流特性分析的重点为转子导条断裂微弱故障分析，其他类型的微弱故障分析方法与电流特性分析方法类似。转子导条断裂即转子断条，它是牵引电机的常见故障[122-124]，按故障严重程度划分，电机转子断条故障主要分为转子断条微弱故障和转子断条严重故障。在本书中，将早期的单根导条还未完全断裂时的转子断条故障称为转子断条微弱故障。[125] 也就是说，转子断条微弱故障是指电机从正常到一根导条完全断裂的状态。目前，大量文献集中在对转子断条严重故障即整数根断条故障的研究。故障早期，转子断条微弱故障对电机正常运行影响微弱，不易察觉，但若此时不进行维修或更换，将使故障程度进一步加大，危及行车安全。此外，转子断条故障很可能进一步导致更严重的电机故障，如扫膛、绕组接地和短路等，从而引发意外停机等事故的发生。因此，研究牵引电机转子断条微弱故障检测对预防恶性事故发生具有重要意义。

2.4.1 转子相电阻阻值解析

设牵引电机转子导条总数为 N 根，每根导条电阻为 R_B，与该导条对应的两部分端环电阻均为 R_E，将端环电阻折算到导条里，则折算后的导条电阻 $R_0 = R_B + 2R_E$，因为 $R_B \gg R_E$，因此 $R_0 \approx R_B$。

图 2-9 为牵引电机转子三相绕组等效示意图，每相绕组导条数为 $N/3$，相内导条为并联关系，导条正常时转子相电阻值为

$$R_r = \frac{R_0}{N/3} = \frac{3R_0}{N} \tag{2-17}$$

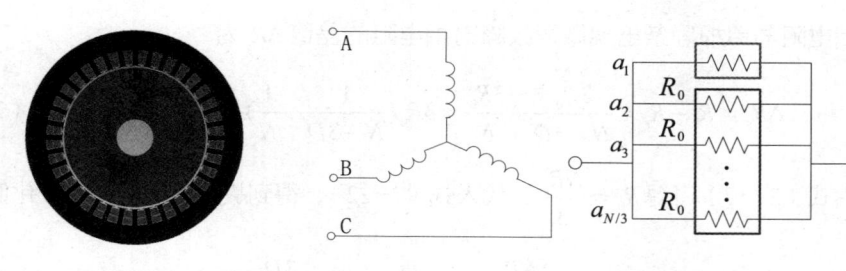

(a)一根导条断裂时的电机模型　　　　　　（b）等效转子绕组

图 2-9　牵引电机转子断条模型及等效绕组

当牵引电机单根导条出现早期微弱故障时，引入损伤因子 D，D 是导条金属材料内部承载面由于出现缺陷而失去的正常流过电子的面积比，且 $0 \leqslant D \leqslant 1$，当 $D=0$ 时表示导条完好，当 $D=1$ 时表示导条完全断裂。设正常金属导条流过电子的截面积为 A_0，则受损后的金属导条有效流过电子的截面积为 $A=A_0(1-D)$，相应的单根金属导条受损前后电阻值 R_0 和 R_0' 分别为

$$R_0 = \rho \frac{L}{A_0} \tag{2-18}$$

$$R_0' = \rho \frac{L}{A_0(1-D)} \tag{2-19}$$

式中：ρ 为导条电阻率；L 为导条长度。

由式（2-18）、（2-19）可得

$$R_0' = \frac{R_0}{(1-D)} \tag{2-20}$$

此时，图 2-9 中并联电路的其中一个电阻值将由 R_0 变为 R_0'，对应相电阻值由 R_r 变为 R_r'

$$R_r' = \frac{R_0}{\frac{N}{3}-1} \| R_0' = \frac{\frac{3R_0}{N-3} \times \frac{R_0}{1-D}}{\frac{3R_0}{N-3} + \frac{R_0}{1-D}} = \frac{3R_0}{(N-3)(1-D)} \times \frac{(N-3)(1-D)}{N-3D} = \frac{3R_0}{N-3D} \tag{2-21}$$

则正常相电阻与单根导条出现微弱故障时相电阻的差值 ΔR_r 为

$$\Delta R_r = R_r' - R_r = \frac{3R_0}{N-3D} - \frac{3R_0}{N} = 3R_0\left(\frac{1}{N-3D} - \frac{1}{N}\right) = 9R_0\frac{D}{N(N-3D)} \quad (2-22)$$

又由式（2-17）可得 $R_0 = \frac{NR_r}{3}$，代入式（2-22），得到故障前后相电阻变化值：

$$\Delta R_r = 9 \times \frac{NR_r}{3} \times \frac{D}{N(N-3D)} = \frac{3D}{N-3D}R_r \quad (2-23)$$

当 $D = 0$ 时，$\Delta R_r = 0$；当 $D = 1$ 时，$\Delta R_r = \frac{3}{N-3}R_r$。

损伤因子 D 可由 Wang 疲劳损伤模型获得[126]：

$$D = 1 - (1 - N_c/N_f)^{\frac{1}{n(r)+1}} \quad (2-24)$$

式中：N_c 为已使用寿命对应循环次数；N_f 为总寿命对应循环次数，可通过材料的反复弯曲实验得到；$n(r)$ 为材料常数，可根据导条金属材料查表得到。

2.4.2 定子电流解析

根据上一节牵引电机常见故障机理分析，当牵引电机发生转子断条故障时，牵引电机内部对称性被破坏，转子电流被调制，而由于转子磁动势与定子磁动势相平衡的关系，使定子绕组中含有 $(1-2s)f_1$ 的电势和电流分量，又由于转子磁动势与定子磁动势的相互作用，使定子绕组中还将产生 $(1+2s)f_1$ 的电势和电流分量，从而得出当转子断条发生故障时，牵引电机定子电流中将含有 $(1-2s)f_1$ 和 $(1+2s)f_1$ 的电流分量，该电流分量就是转子断条故障特征电流分量，电流分量频率 $(1\pm 2s)f_1$ 就为转子断条故障特征频率。

由式（2-20）可得，导条正常时的电阻是故障时电阻的 $(1-D)$ 倍，因为电机工作时导条电压基本不变（$e = BLV$，V 表示速度），因此导条出现微弱故障时该导条流过的电流为正常时的 $(1-D)$ 倍。电机导条正常时电流分别为 i_{r1}，i_{r2}，$i_{r3}\cdots i_{rN}$，假设第一根导条出现微弱故障，此时导条流过电流 $i'_{r1}=i_{r1}(1-D)$。利用迭加原理，将导条故障时的牵引电机看成正常电机在故障导条处添加了反向电流源，即在原有电流 i_{r1} 的基础上迭加了反向电流 $i_{add}=-Di_{r1}$，导条完全断裂时 $D=1$，此时附加电流为 $i_{add}=-i_{r1}$。

电流 i_{add} 建立脉振磁动势，可将其分解为正向与反向两个旋转分量，幅值大小都为 $0.9\dfrac{\left(i_{add}/2\right)\times 1/2}{P}$。[127] 其中，正向旋转分量在定子绕组中感应出的电势和电流，且频率为 f_1，该电流值比较基波电流值很小，因此忽略不计；反向旋转分量在定子绕组中感应出的 $(1-2s)f_1$ 电流分量是需要计算的。将单根导条迭加电流 i_{add} 产生的反向旋转磁场等效表示成正常 N 根导条流过电流 i_r 产生：

$$0.9\dfrac{\left(i_{add}/2\right)\times 1/2}{P}=0.9\dfrac{Ni_r\times 1/2}{2P} \quad (2-25)$$

得到等效电流：

$$\dot{I}_r=\dfrac{\dot{I}_{add}}{N}=\dfrac{D\dot{I}_{r1}}{N} \quad (2-26)$$

将该电流折算到定子侧，可得

$$\dot{I}'_r=\dfrac{\dot{I}_r}{k_i}=\dfrac{D\dot{I}_{r1}}{Nk_i} \quad (2-27)$$

式中，k_i 为电流折算系数，同一台电机 k_i 值不变。

将 $\dot{I}'_r$ 视为电流源，根据电机 T 型等效电路即可得到 $\dot{I}_{(1-2s)}$，等效电路如图 2-10 所示。

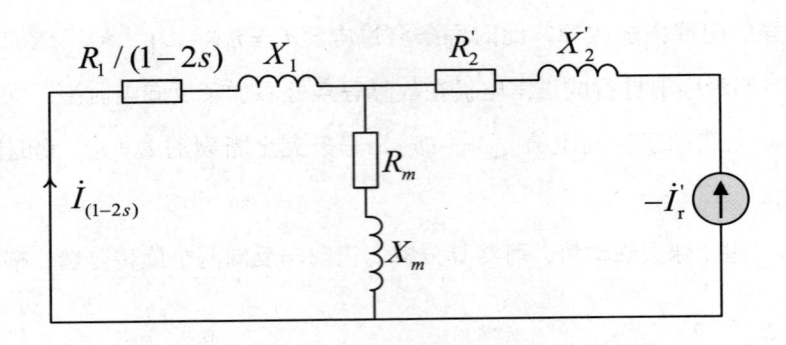

高速列车牵引电机微弱故障诊断与溯源研究

图 2-10 计算 $\dot{I}_{(1-2s)}$ 分量的等效电路图

$$\dot{I}_{(1-2s)}=\dot{I}_r'\frac{R_m+jX_m}{(R_m+jX_m)+[R_1/(1-2s)+jX_1]} \quad (2-28)$$

式中：j 是虚部；X_m 表示电抗。

从式（2-27）可以看出，微弱故障时 $\dot{I}_r'$ 是单根导条完全断裂时的 D 倍，结合式（2-28）得出，微弱故障时边频电流 $\dot{I}_{(1-2s)}$ 的幅值大小是单根导条完全断裂时的 D 倍。

综合以上分析，转子断条发生微弱故障时定子电流中含有频率为 $(1-2s)f_1$ 的故障特征电流分量，该故障特征分量通过同电机内部气隙磁场的作用，导致电磁转矩产生波动，从而引起电机转速波动，最后产生 $f_b=(1\pm 2ks)f_1$ 的故障特征分量。微弱故障时边频电流（故障特征分量）的幅值大小为完全断裂时的 D 倍。

因此，考虑牵引电机发生断条故障时定子电流中含有的故障特征分量，以及实际牵引传动系统中牵引电机存在频谱分布很广的白噪声，断条故障时定子电流表示为

$$i_s = A_1\cos(2\pi f_1 t+\theta_1)+A_2\cos[2\pi(1-2ks)f_1 t+\theta_2]+A_3\cos[2\pi(1+2ks)f_1 t+\theta_3]+\omega(t) \quad (2-29)$$

i_s 由四部分构成，第一部分 $A_1\cos(2\pi f_1 t+\theta_1)$ 为正常电流信号，该电流称为基频电流；第二、三部分 $A_2\cos[2\pi(1-2ks)f_1 t+\theta_2]$ 和 $A_3\cos[2\pi(1+2ks)f_1 t$ 为断条故障特征电流信号；第四部分 $\omega(t)$ 为噪声信号。式中，A_1 为基频电流信号幅值；A_2 和 A_3 为故障特征电流信号幅值，其大小反映故障严重程度；k 为故障电流阶次，$k=1,2,3,\cdots$；θ_1、θ_2、θ_3 为故障电流相位角；$\omega(t)$ 为白噪声。

2.4.3 不同故障程度下的定子电流

故障特征电流与基波电流的幅值比的大小取决于牵引电机转子导条断裂严重程度，转子断条数目可由下式进行估计[128-129]：

$$n \approx 2N/(I_1/I_{1\pm 2s} + 2P) \quad (2-30)$$

式中，n 为断条数目；I_1 和 $I_{1\pm 2s}$ 分别表示基频 f_1 和故障特征电流频率 $(1\pm 2s)f_1$ 相对应的幅值；P 为电机极对数。当 $n=1$ 时，$2N/(I_1/I_{1\pm 2s} + 2P) \approx 1$，即

$$I_{1\pm 2s} \approx I_1/2(N-P) \quad (2-31)$$

式（2-27）、（2-28）已得出导条微弱故障时，边频电流幅值大小为单根导条完全断裂时幅值大小的 D 倍，因此导条微弱故障时，可得

$$I_{1\pm 2s} \approx DI_1/2(N-P) \quad (2-32)$$

式（2-29）中，A_1 为基频电流，A_2 和 A_3 为故障特征电流幅值且 $A_2 \approx A_3$。因此，I_1、$I_{1\pm 2s}$ 可用 A_1、A_2（A_3）代替，即

$$A_2 \approx A_3 \approx \frac{1}{2} \cdot \frac{D}{N-P} A_1 \quad (2-33)$$

因此，式（2-29）可表示为

$$i_s = A_1\cos(2\pi f_1 t + \theta_1) + \frac{1}{2} \cdot \frac{D}{N-P} A_1 \cos[2\pi(1-2ks)f_1 t + \theta_2] \\ + \frac{1}{2} \cdot \frac{D}{N-P} A_1 \cos[2\pi(1+2ks)f_1 t + \theta_3] + \omega(t) \quad (2-34)$$

由式（2-34）可得以下结论。

（1）由于电机转差率 s 往往非常小，使转子断条故障特征频率 $(1\pm 2s)f_1$ 与基频 f_1 的大小十分接近。

（2）通过式（2-33），结合系统实际参数，可知微弱故障时故障特征分量幅值小，且系统运行时伴随强烈的噪声干扰，造成微弱故障时的检测与诊断困难。

这也是本书对牵引电机微弱故障进行检测、诊断及溯源的意义所在。

同样，可以得出牵引电机定子绕组匝间短路微弱故障、气隙偏心微弱故障与轴承微弱故障时的定子电流。

（1）定子绕组匝间短路微弱故障，A_2、A_3同A_1的比值代表故障程度，均小于0.1。

$$\begin{aligned} i_s = &A_1\cos(2\pi f_1 t + \theta_1) + A_2\cos\{2\pi[n+2k(1-2s)]f_1 t + \theta_1\} \\ &+ A_3\cos\{2\pi[n-2k(1-2s)]f_1 t + \theta_2\} + \omega(t) \end{aligned} \quad (2-35)$$

（2）气隙偏心微弱故障，A_2、A_3同A_1的比值代表故障程度，均小于0.1。

$$\begin{aligned} i_s = &A_1\cos(2\pi f_1 t + \theta_1) + A_2\cos\{2\pi[n+k(1-s)]f_1 t + \theta_1\} \\ &+ A_3\cos\{2\pi[n-k(1-s)]f_1 t + \theta_2\} + \omega(t) \end{aligned} \quad (2-36)$$

（3）轴承微弱故障有以下三种。

①外圈故障，A_2、A_3同A_1的比值代表故障程度，均小于0.1。

$$\begin{aligned} i_s = &A_1\cos(2\pi f_1 t + \theta_1) + A_2\cos\left\{2\pi\left[f_1 + k\frac{Z}{2}f_r\left(1-\frac{d}{B}\cos\alpha\right)\right]t + \theta_1\right\} \\ &+ A_3\cos\left\{2\pi\left[f_1 - k\frac{Z}{2}f_r\left(1-\frac{d}{B}\cos\alpha\right)\right]t + \theta_2\right\} + \omega(t) \end{aligned} \quad (2-37)$$

②内圈故障，A_2、A_3、A_4、A_5同A_1的比值代表故障程度，均小于0.1。

$$\begin{aligned} i_s = &A_1\cos(2\pi f_1 t + \theta_1) + A_2\cos\left\{2\pi\left[f_1 + f_r + k\frac{Z}{2}f_r\left(1+\frac{d}{B}\cos\alpha\right)\right]t + \theta_1\right\} \\ &+ A_3\cos\left\{2\pi\left[f_1 - f_r + k\frac{Z}{2}f_r\left(1+\frac{d}{B}\cos\alpha\right)\right]t + \theta_2\right\} \\ &+ A_4\cos\left\{2\pi\left[f_1 + f_r - k\frac{Z}{2}f_r\left(1+\frac{d}{B}\cos\alpha\right)\right]t + \theta_3\right\} \\ &+ A_5\cos\left\{2\pi\left[f_1 - f_r - k\frac{Z}{2}f_r\left(1+\frac{d}{B}\cos\alpha\right)\right]t + \theta_4\right\} + \omega(t) \end{aligned} \quad (2-38)$$

③滚动体故障，A_2、A_3、A_4、A_5同A_1的比值代表故障程度，均小于0.1。

$$\begin{aligned}i_{s} =\ & A_{1}\cos(2\pi f_{1}t+\theta_{1}) + A_{2}\cos\left\{2\pi\left[f_{1}+f_{\text{cage}}+k\frac{B}{d}f_{r}\left(1-\frac{d^{2}}{B^{2}}\cos^{2}\alpha\right)\right]t+\theta_{1}\right\} \\ & +A_{3}\cos\left\{2\pi\left[f_{1}-f_{\text{cage}}+k\frac{B}{d}f_{r}\left(1-\frac{d^{2}}{B^{2}}\cos^{2}\alpha\right)\right]t+\theta_{2}\right\} \\ & +A_{4}\cos\left\{2\pi\left[f_{1}+f_{\text{cage}}-k\frac{B}{d}f_{r}\left(1-\frac{d^{2}}{B^{2}}\cos^{2}\alpha\right)\right]t+\theta_{3}\right\} \\ & +A_{5}\cos\left\{2\pi\left[f_{1}-f_{\text{cage}}-k\frac{B}{d}f_{r}\left(1-\frac{d^{2}}{B^{2}}\cos^{2}\alpha\right)\right]t+\theta_{4}\right\} + \omega(t)\end{aligned}$$

（2-39）

2.5 仿真及实验

2.5.1 平台介绍

通过 Matlab/Simpower 工具箱搭建出的 CRH2 牵引传动控制系统，可以在 Simulink 环境中进行离线仿真和系统模型验证。但 Simpower 工具箱中的模型是封闭且不开源的模型，无法直接下载至 dSPACE 仿真平台中进行虚拟/半实物实时仿真，故需要构建对象系统基于机理的 Simulink 模型和 FPGA 模型。

1. 虚拟仿真平台构建

按照最终实现 CRH2 牵引传动控制系统基于 dSPACE 的控制器硬件在环半实物平台的目标，制定总体思路，先搭建基于 Simpower 的牵引传动控制系统虚拟仿真平台，然后搭建基于 Simulink 的牵引传动控制系统虚拟仿真平台，CRH2 型高速列车牵引传动控制系统组成结构如图 2-11 所示。CRH2 型高速列车牵引传动控制系统分为两部分。一是牵引传动系统主电路，由单相三电平脉冲整流器、中间直流电路、三电平逆变器和牵引电机组成；二是牵引控制器（TCU），接收车载传感器反馈信号，按照给定的控制策略输出控制指令，控制脉冲整流器、逆变器等设备器件的工作状态。系统基于 dSPACE 的控制器硬件在环半实物平台总体思路如图 2-12 所示。

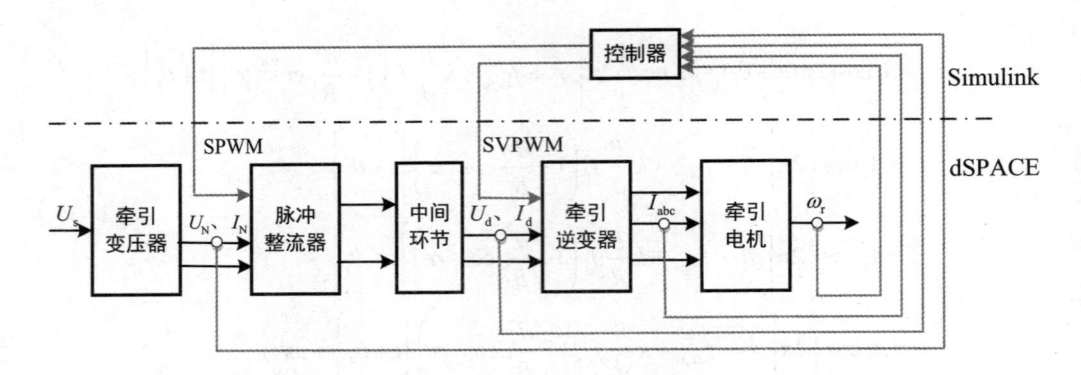

图 2-11 牵引电机转子断条故障 dSPACE 实时仿真

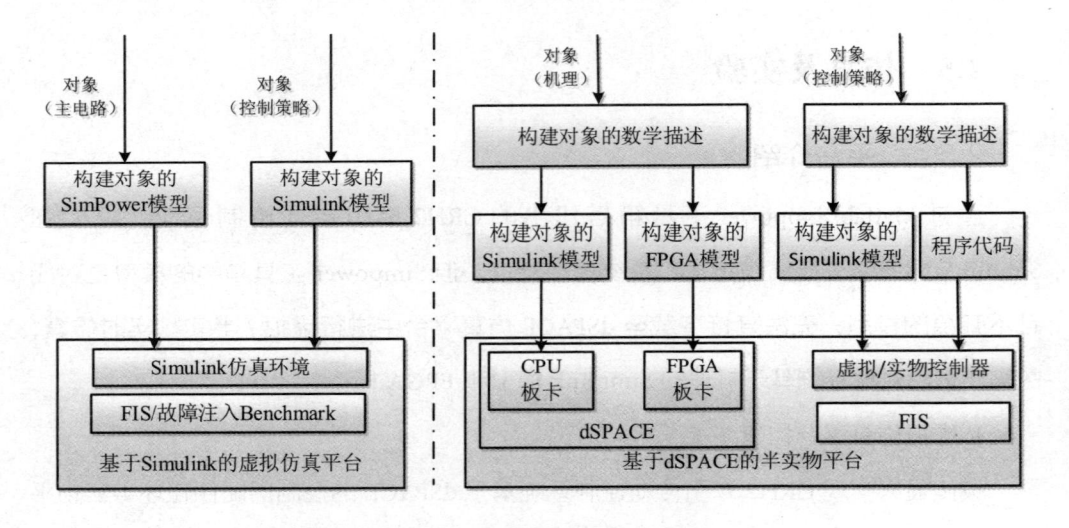

图 2-12 基于 dSPACE 的控制器硬件在环半实物平台总体思路

（1）Simpower 仿真平台。如 2.1 中 CRH2 高速列车及牵引传动控制系统所述，根据 CRH2 型高速列车牵引传动控制系统的主电路拓扑结构和控制器策略，采用 Simulink 环境下的 Simpower-system 工具箱和 Simulink 基本单元库，分别构建牵引传动控制系统主电路拓扑结构和控制器，搭建出基于 Simpower 的 CRH2 牵引传动控制系统仿真平台，如图 2-13 所示，其控制框图如图 2-14 所示，基于 Simulink 的 SVPWM 矢量控制策略如图 2-15 所示。

2 牵引电机故障机理分析

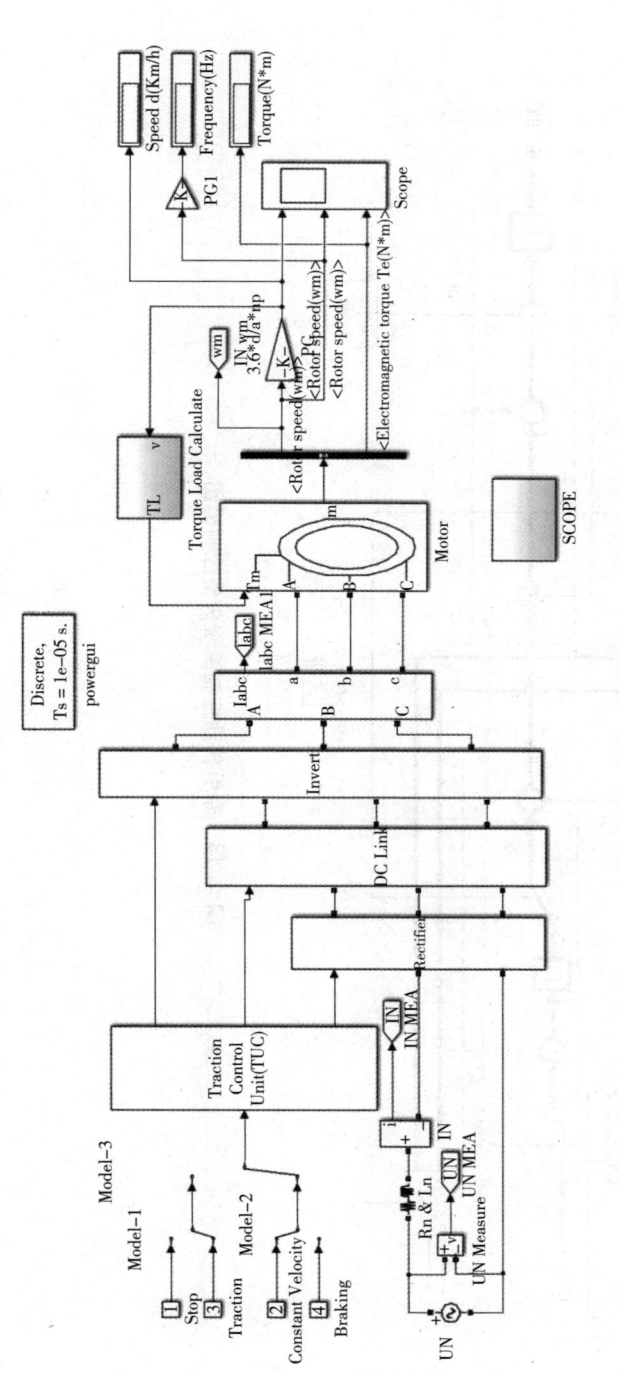

图 2-13 CRH2牵引传动控制系统 Simpower 仿真平台

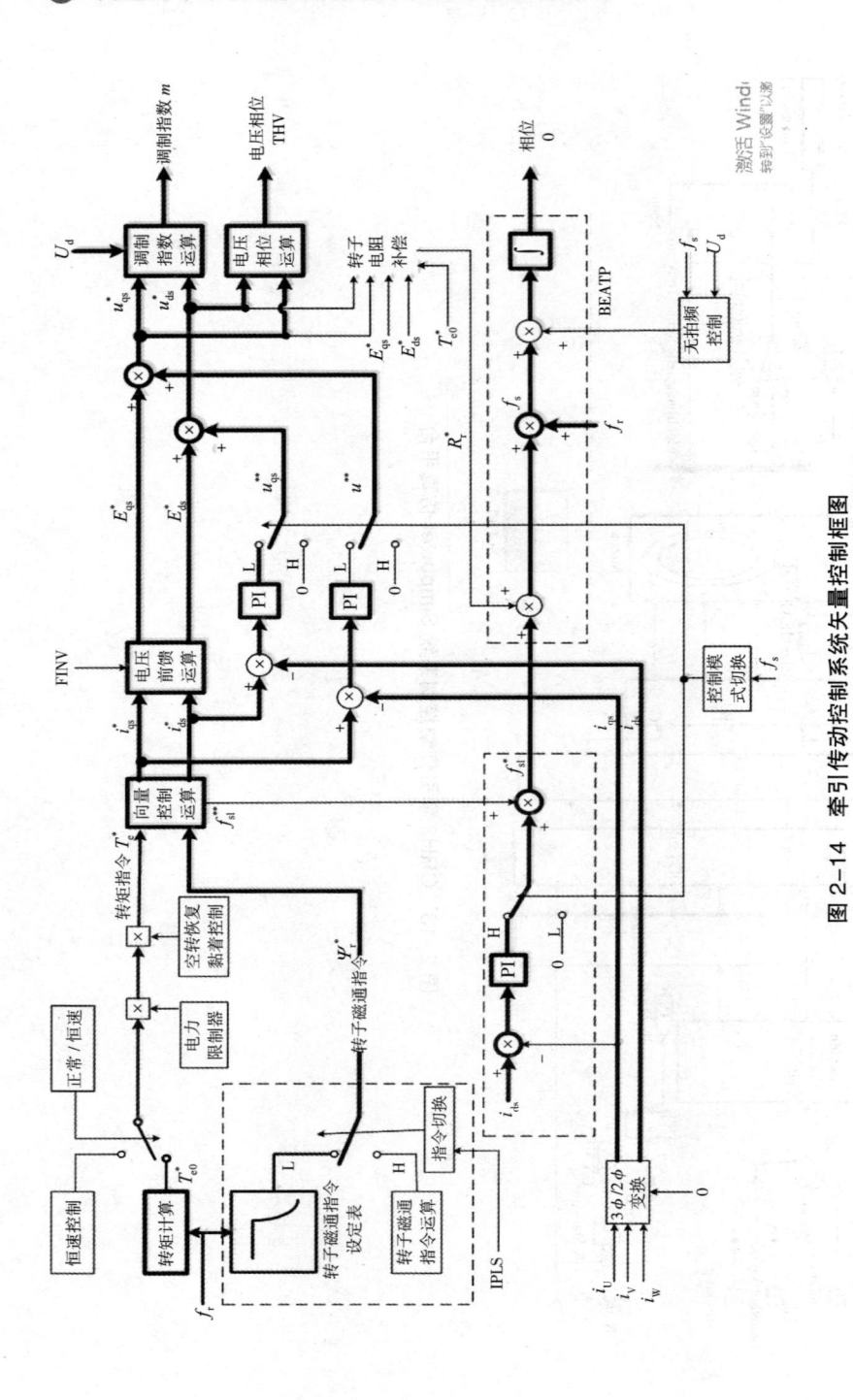

图 2-14 牵引传动控制系统矢量控制框图

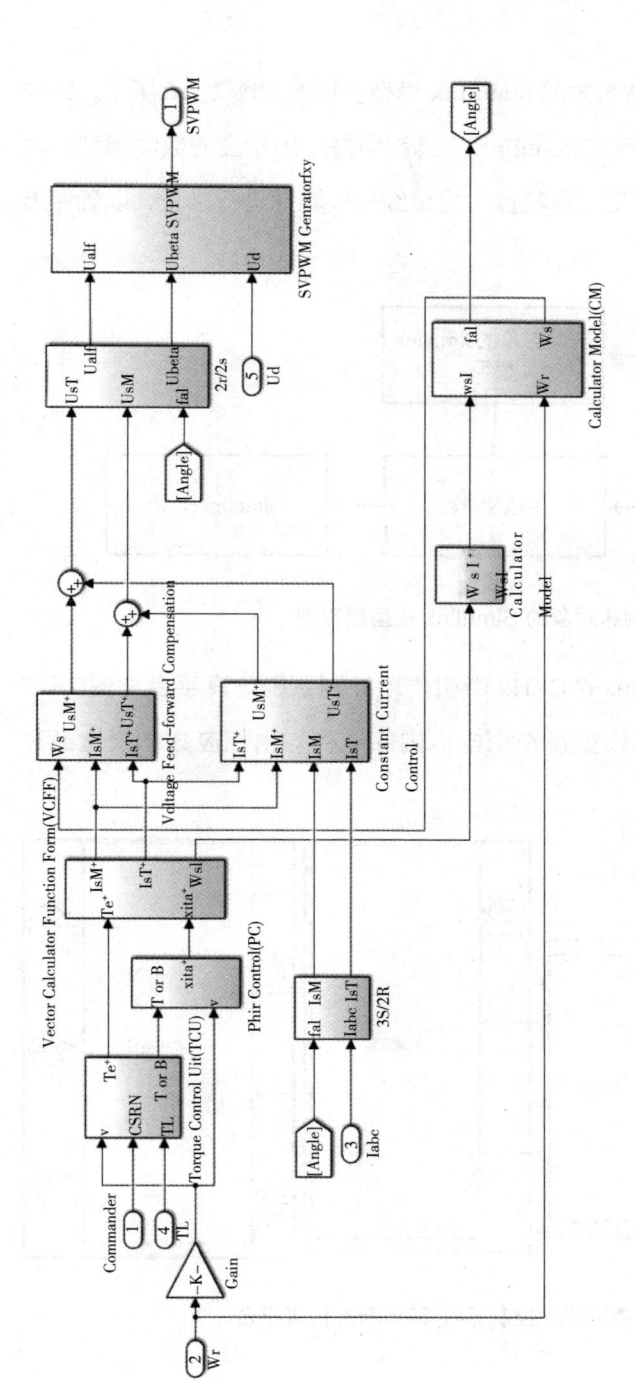

图 2-15 基于 Simulink 的 SVPWM 矢量控制策略

（2）Simulink 仿真平台。构建对象的 Simulink 模型流程图如图 2-16 所示，先建立对象基于机理的数学描述，然后在 Simulink 工具箱中搭建出相应的数学模型，再与 Simpower 工具箱搭建的对象模型进行精度对比，经过校验并进行修正，以确保最终输出正确的 Simulink 模型。

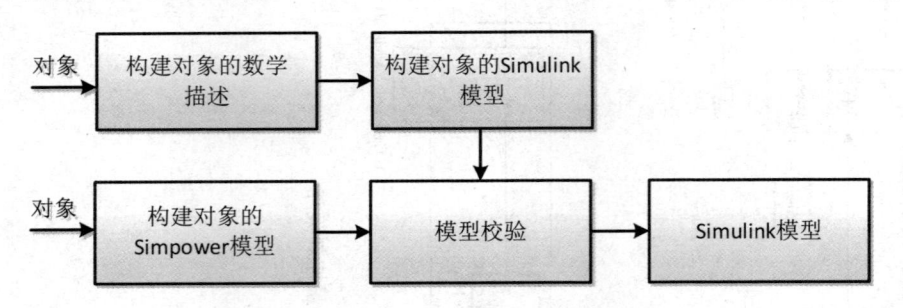

图 2-16　构建对象的 Simulink 模型流程图

据此思路搭建的基于 Simulink 的 CRH2 牵引传动控制系统仿真平台如图 2-17 所示，其中整流器模型、逆变器模型及牵引电机内部结构均由相应数学模型通过 Simulink 模块构建。

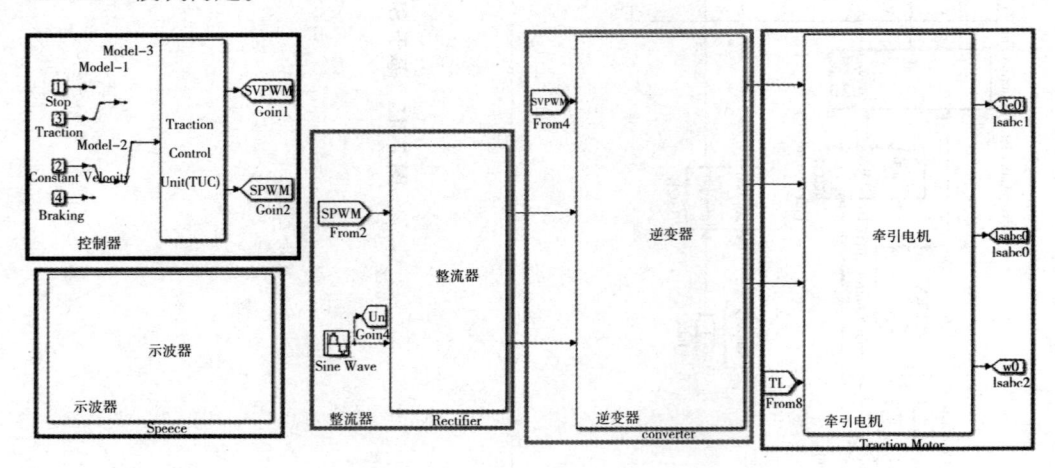

图 2-17　CRH2 牵引传动控制系统 Simulink 仿真平台

在仿真平台上实现牵引传动控制系统常见类型故障的故障注入 Benchmark 的基本原理及构成在文献 [130-132] 做了较详细的介绍。

2. 控制器硬件在环半实物平台构建

为实现控制器硬件在环半实物平台的"实时仿真",通常针对对象系统中响应速度和运算精度要求不高的子系统/模块,建立 Simulink 模型,再下载至 dSPACE 仿真器的 CPU 板卡中(不能直接下载至 FPGA 板卡)进行虚拟/半实物实时仿真。针对对象系统中响应速度和运算精度要求高的子系统/模块,则应建立 FPGA 模型,再下载至 dSPACE 仿真器的 FPGA 板卡中,进行虚拟/半实物实时仿真。

此外,针对对象系统中的控制策略,因为半实物平台采用的是实物控制器,则应先编译程序代码,再下载至实物控制器的控制芯片中,进行半实物实时仿真。

构建对象的 FPGA 模型流程图如图 2-18 所示,通过搭建的对象数学描述的 Simulink 模型,借由 System Generator 基本运算单元库,搭建出基于对象数学描述的 FPGA 模型,再将上述搭建的两个模型进行精度对比,以确保构建的 FPGA 模型具有较高的精确度。

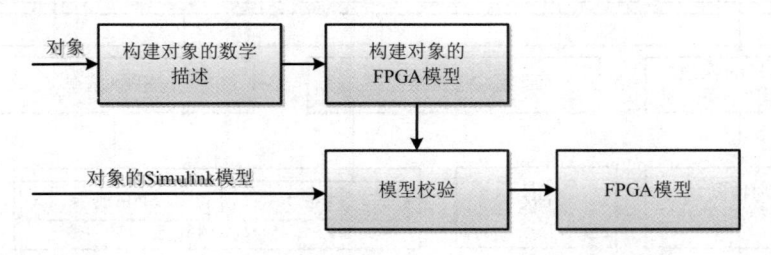

图 2-18 构建对象的 FPGA 模型流程图

将对象数学描述的 Simulink 模型,使用 dSPACE 上位机中的 ControlDesk 软件,下载至 dSPACE 仿真器的 CPU 板卡中,进行虚拟实时仿真。将 FPGA 模型进行离线仿真时序分析,以满足 FPGA 模型并行运算时对时序的要求;将通过时序分析后的 FPGA 模型进行 Xillinx 编译,生成 FPGA 芯片可以读取的语言;使用 dSPACE 上位机中的 ControlDesk 软件，将经 Xillinx 编译后的 FPGA 模型下载至 dSPACE 仿真器的 FPGA 板卡中，进行半实物实时仿真。对于实物控制器则先编译程序代码，再下载至实物控制器的控制芯片中，进行半实物实时仿真。

CRH2 高速列车牵引传动控制系统 dSPACE 半实物平台架构如图 2-19 所示。牵引传动控制系统主电路由网侧部分、变压器、变流器和牵引电机构成。其中，牵引电机和变流器对运算速度和计算精度要求较高，通常将这两部分的数学描述转换成 FPGA 模型，下载至 dSPACE 仿真器的 FPGA 板卡中进行并行运算。而网侧部分和变压器对运算速度要求较低，通常只需建立其 Simulink 模型，下载至 dSPACE 仿真器的 CPU 板卡中进行串行运算。

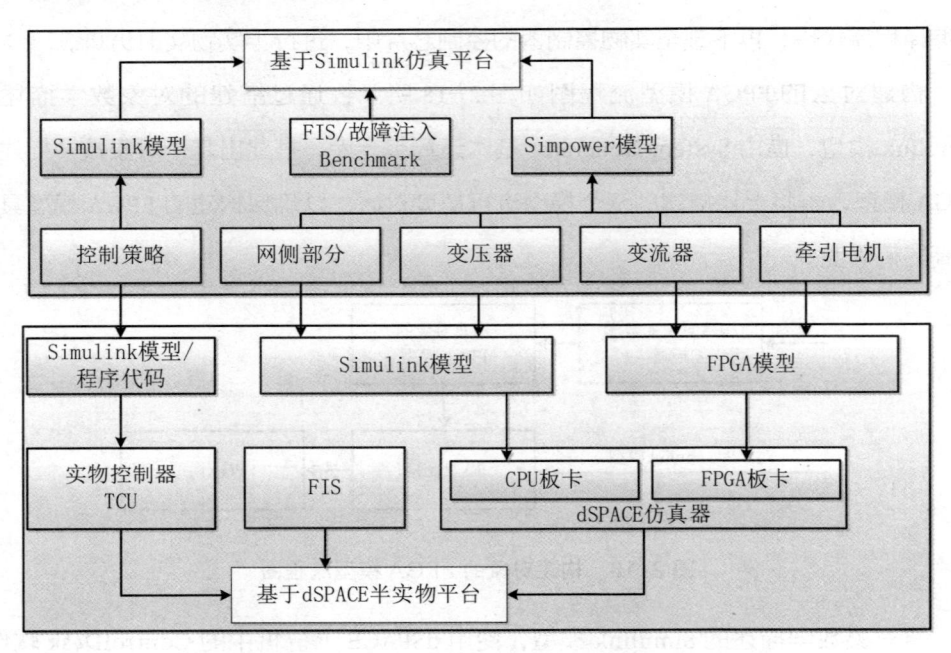

图 2-19　CRH2 型高速列车牵引传动控制系统半实物仿真平台架构

CRH2 型高速列车牵引传动控制系统控制器硬件在环半实物平台（dSPACE+ 实物 TCU+ 主电路模型 + 牵引电机模型）可用于实现 CRH2 高速列车动车组牵引传动

控制系统正常运行与故障注入后运行行为的实时仿真。

该控制器硬件在环半实物平台中实物 TCU 与接口电路部分的总体设计思路如下：通过 DSP 芯片负责调制算法和控制算法的实现，并将计算得到的 PWM 波占空比传输给 FPGA 芯片；FPGA 芯片再将占空比进行计算，并通过接口板将数字脉冲信号传输给 dSPACE 中的 CRH2 牵引传动控制模型；最后将牵引电机反馈的模拟信号传回 DSP 芯片中进行计算，形成一个闭环控制。

主控板（实物 TCU）由 DSP、FPGA 两块主芯片及外围电路组成，接口板则用于实现数字信号以及模拟信号的传输。CRH2 型高速列车动车组牵引传动系统半实物平台硬件原理图如图 2-20 所示，平台实物图如图 2-21 所示。

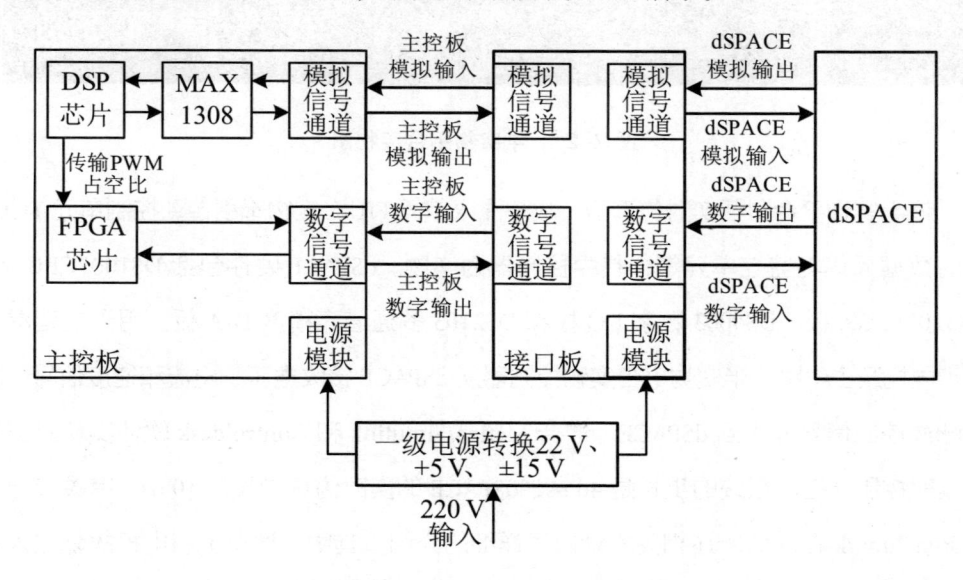

图 2-20 半实物平台硬件原理图

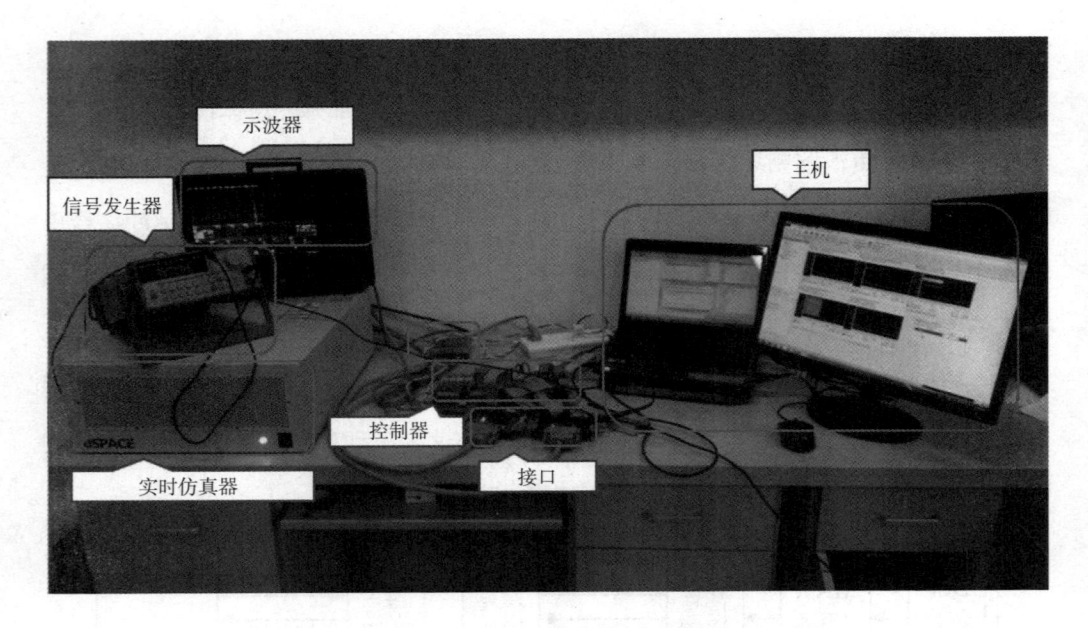

图 2-21 半实物平台实物图

该半实物平台包括实时仿真器、故障注入单元 FIU、实物牵引传动控制单元 TCU、实时数据采集与监控单元等，其中控制器为实物。dSPACE 硬件包括 DS1007CPU 板、DS5203FPGA 板、DS4003 数字 I/O 板和 DS2103 多通道高精度 D/A 板，用于搭建牵引异步电机及主电路。半实物平台实物控制器从 dSPACE 接收电压、电流和速度信号，发出脉冲控制信号输入到 dSPACE。结合 Matlab/Simulink 和 Controldesk 软件实现对仿真的实时控制，控制系统的步长是 40 us，dSPACE 的实时仿真步长是 10 ns。有关故障注入 Benchmark 在前面所述相关文献做了详细的介绍。其中，通过牵引电机故障注入单元实现了对牵引传动控制系统中牵引电机转子断条微弱故障注入。基本原理如下：对牵引电机转子断条故障进行机理分析，得到牵引电机转子断条微弱故障时定子电流的特征特点，其中包含故障特征分量，然后生成故障特征分量，再将该分量注入牵引电机正常运行时的定子电流上，实现牵引电机转子断条微弱故障注入。

CRH2 动车组牵引传动控制系统主要参数如表 2-1 所示，列车时速与牵引电机转速可调，牵引电机负载转矩大小与列车运行速度及列车本身参数有关。

表 2-1 系统仿真平台的电气参数

参　数	电压 /V	电阻 /Ω	电感 /H	电容 /F	频率 /Hz
牵引变压器二次侧	0～1 500	0.2	0.002	—	50
中间直流电路	2 600	6 000	—	0.016	—
牵引电机	0～2 000	定子 0.144	转子 0.146	漏感 1.294	互感 32.848	—	0～140

3. 平台实验结果

对牵引电机不同故障类型在平台上进行实验，测量牵引电机电气与机械参数，以及中间直流环节上下侧支撑电容的电压值、变压器二次侧电压及电流。以牵引电机转子断条故障为例，设置运行时间为 6 s，时间步长为 $1e^{-6}$，故障注入时间为 1 s，注入故障程度为 0.3 的较严重转子断条故障，验证故障注入的正确性。实验结果如图 2-22 所示。

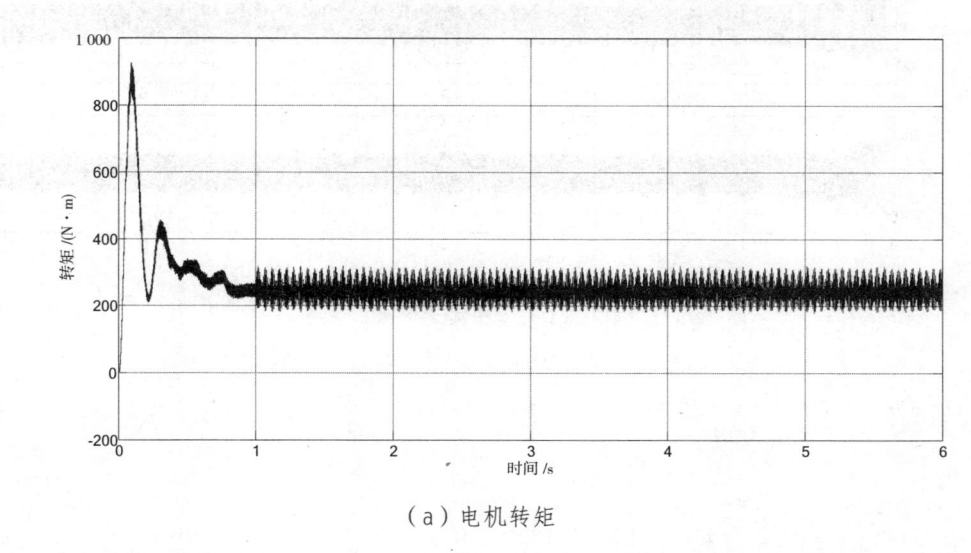

（a）电机转矩

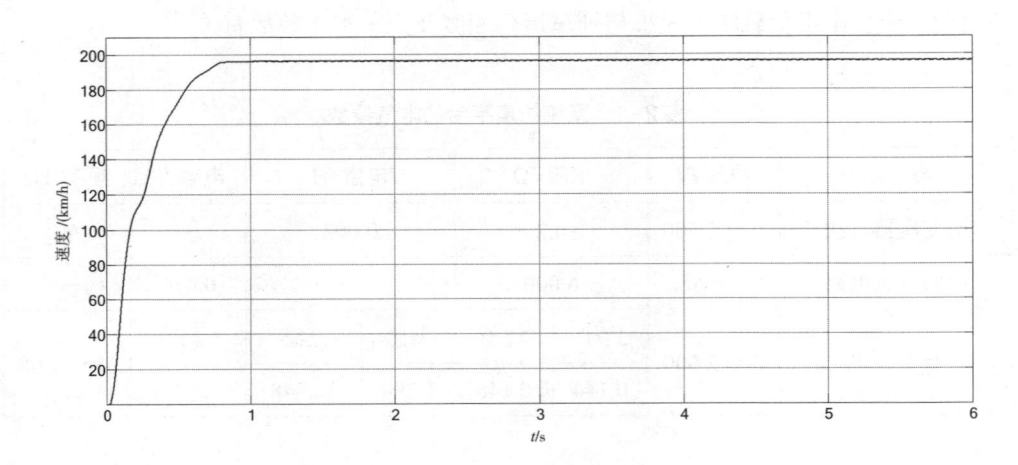

(b)列车速度

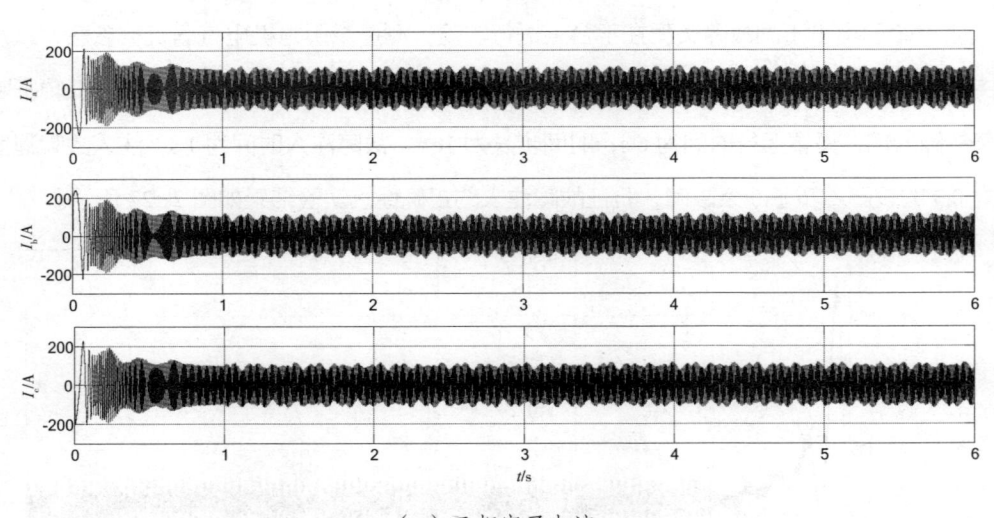

(c)三相定子电流

2 牵引电机故障机理分析

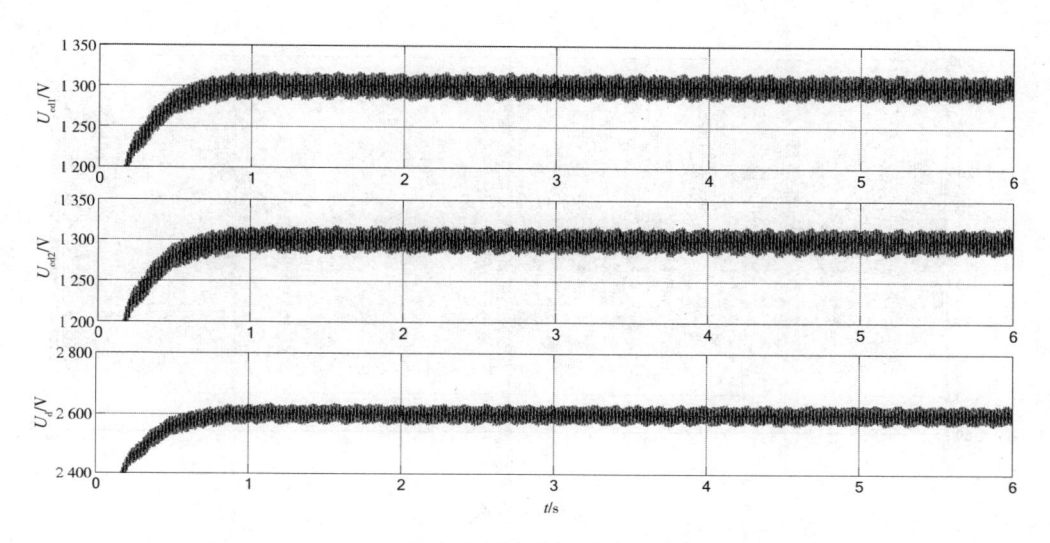

（d）中间直流环节电压

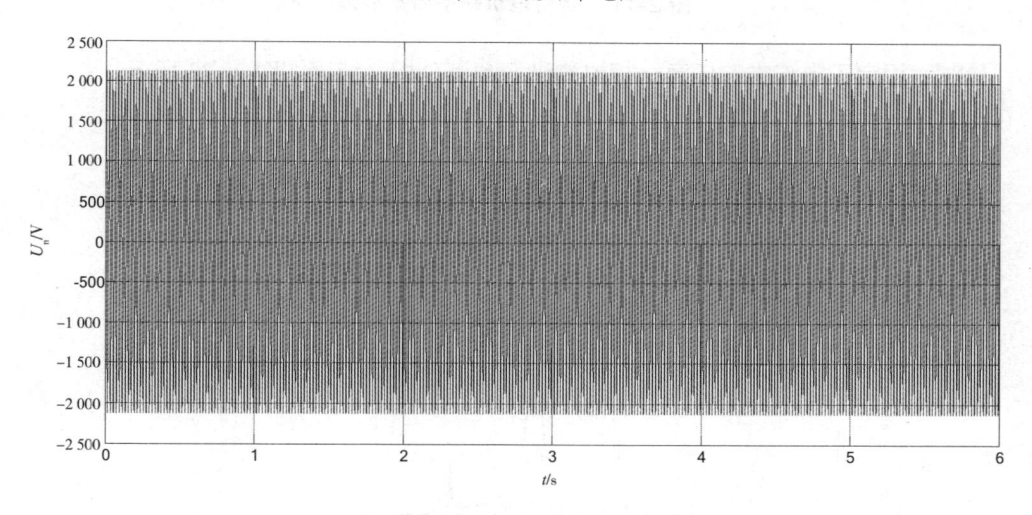

（e）变压器二次侧电压

（f）变压器二次侧电流

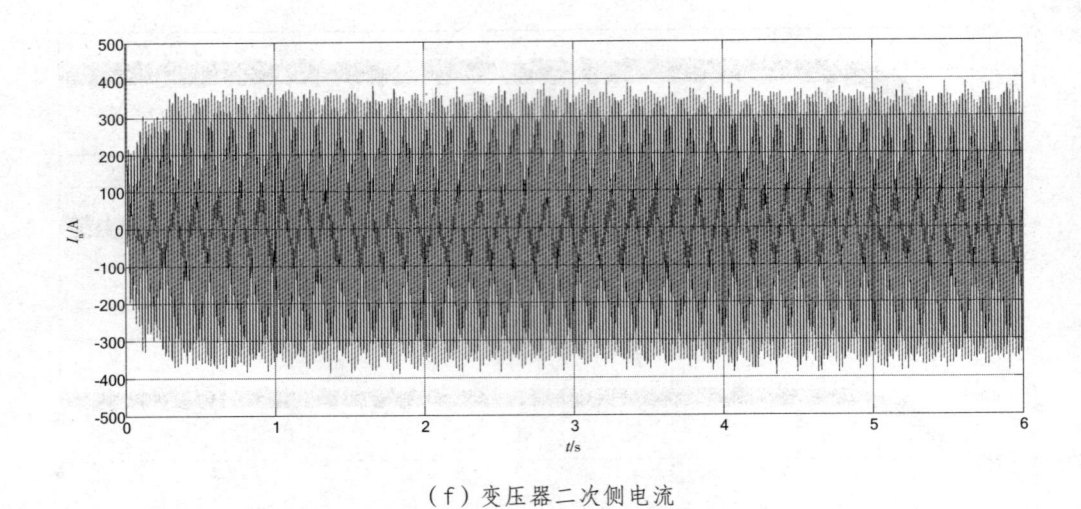

图 2-22　牵引电机转子断条故障

对三相定子电流中的任意一相电流进行频谱分析，结果如图 2-23 所示。

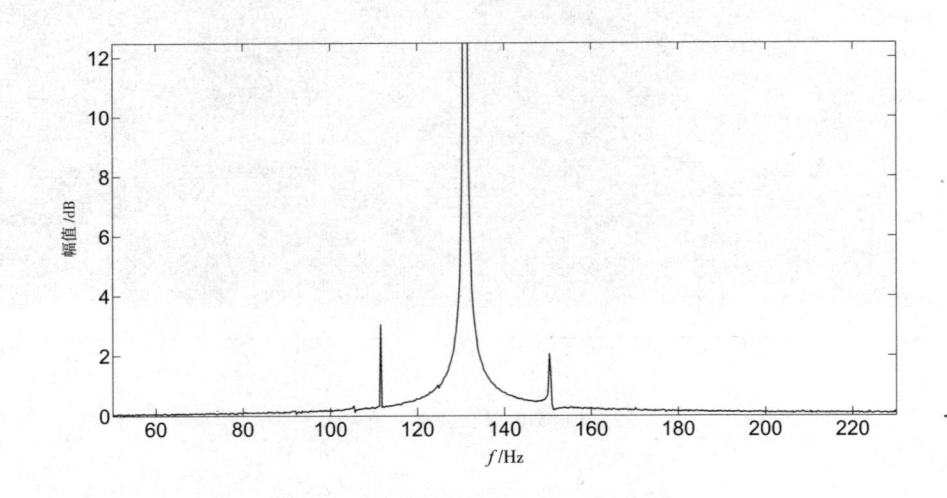

图 2-23　转子断条故障定子电流频谱

从图 2-23 看出，当牵引电机发生转子断条故障时，基频两侧存在明显的故障特

征频率 $(1\pm 2s)f_1$，与转子断条故障理论分析相符，反映了仿真及实验平台故障注入的正确性，通过该平台注入其他牵引电机故障类型也是可行的。

4. 微弱故障模拟与注入实现

搭建故障注入模块，在图 2-21 所示的平台上实现转子断条、定子绕组匝间短路、气隙偏心及轴承故障等微弱故障模拟与注入，含故障注入的牵引传动控制系统原理框图如图 2-24 所示。

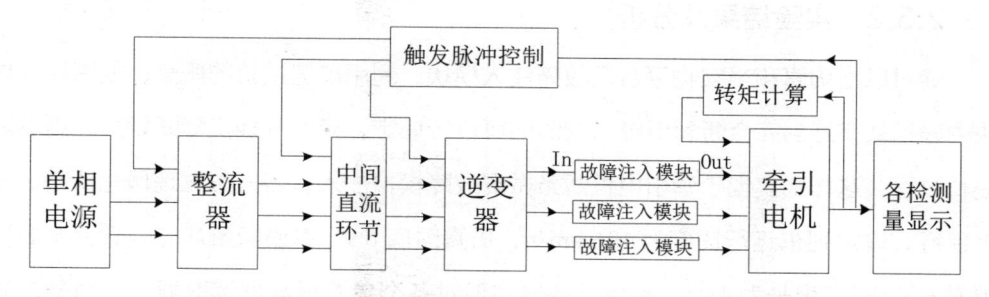

图 2-24　含故障注入模块的牵引传动控制系统原理框图

其中，转子断条微弱故障注入模块内部组成如图 2-25 所示。

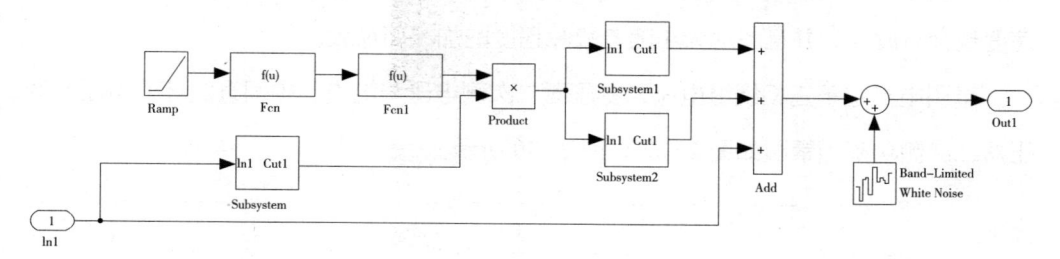

图 2-25　故障注入模块

该注入模块实现式（2-34）所表示的定子电流。Ramp 为 N_c/N_f 的值；Fcn 描述的为式（2-24）；Fcn1 描述的为式（2-33）中的 $\dfrac{1}{2}\cdot\dfrac{D}{N-P}$；Subsystem 测取基波电流幅值 A_1；Subsystem1、Subsystem2 和 White Noise 分别为式（2-34）第二、三、四

部分。

同理，当牵引电机发生如第 2 章所述的定子绕组匝间短路、气隙偏心和轴承故障等其他类型故障时[133-134]，定子电流同样会产生相对应的故障特征频率电流。因此，通过改变式（2-34）的第二、三部分及修改图 2-24 的故障注入模块即可实现其他故障类型或多故障（多个故障同时发生）的故障注入。

2.5.2 实验结果及分析

通过以上仿真和半实物平台及故障注入模块，利用加速试验的概念，故障注入模块中导条从完好到完全断裂所经历的时间可自行设定，模拟导条实际断裂所经历的较漫长过程，这样即实现了牵引电机断条微弱故障模拟注入。该方法物理概念清楚、简单易行。设定列车运行速度为 196 km/h，仿真时间 6 s，单根导条从完好到完全断裂用时 6 s，时间步长为 $1e^{-6}$，利用示波器实现对各个参考量数据读取显示。断条故障时列车行驶速度、牵引电机角速度和转矩曲线如图 2-26 所示。从图 2-26 中能看出牵引电机发生断条故障时，其牵引电机转矩和转速均会发生波动，从而导致列车行驶速度也会有波动，并且波动大小随着故障程度的加深而加大。

牵引电机定子三相绕组电流、变压器二次侧电压与电流、中间直流环节电压及变压器二次侧功率因素图如图 2-27～图 2-30 所示。

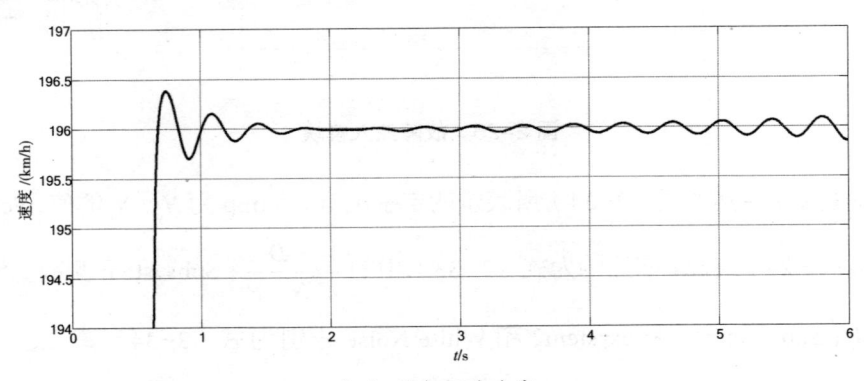

（a）列车行驶速度

2　牵引电机故障机理分析

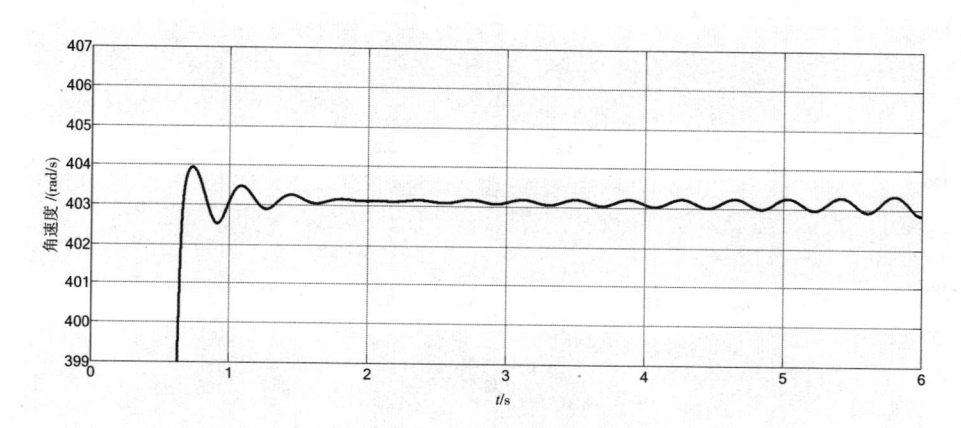

（b）牵引电机角速度

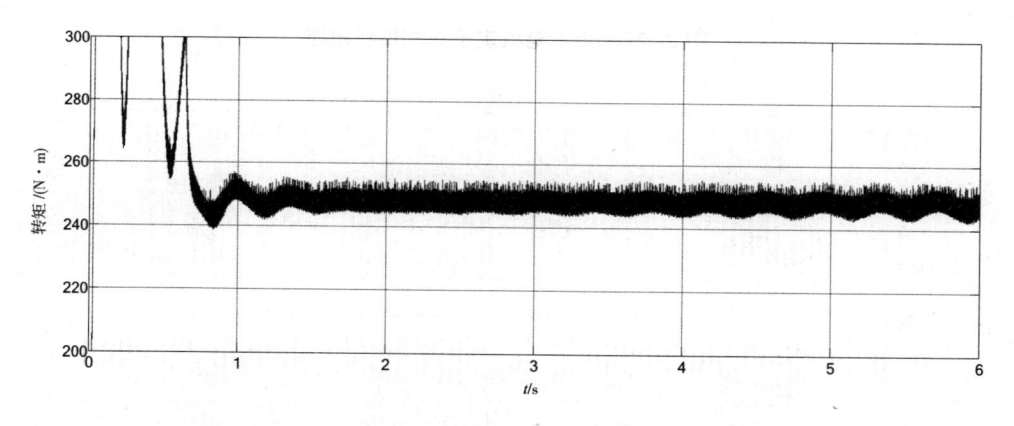

（c）牵引电机电磁转矩

图 2-26　列车行驶速度及牵引电机机械特性

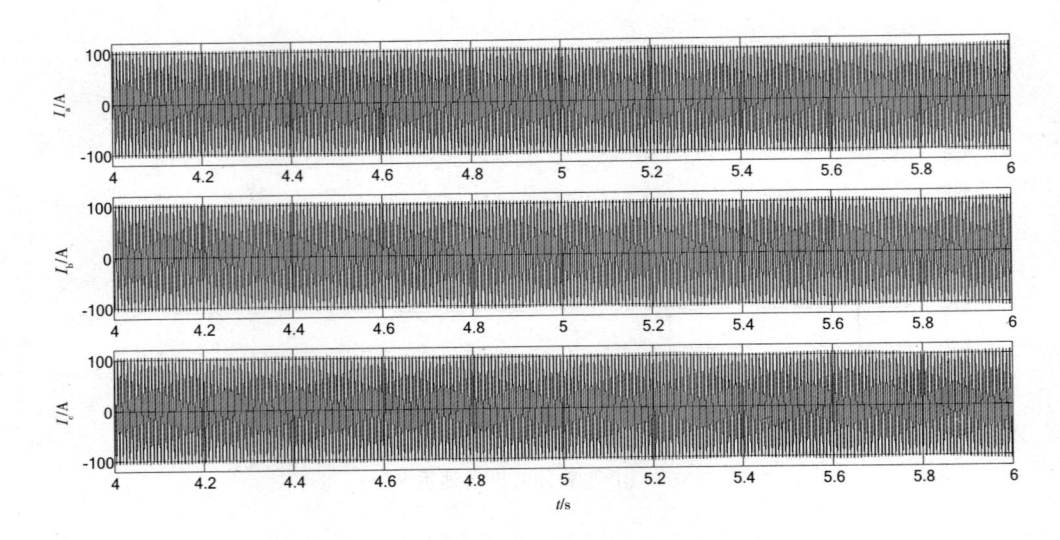

图 2-27 牵引电机定子三相绕组电流

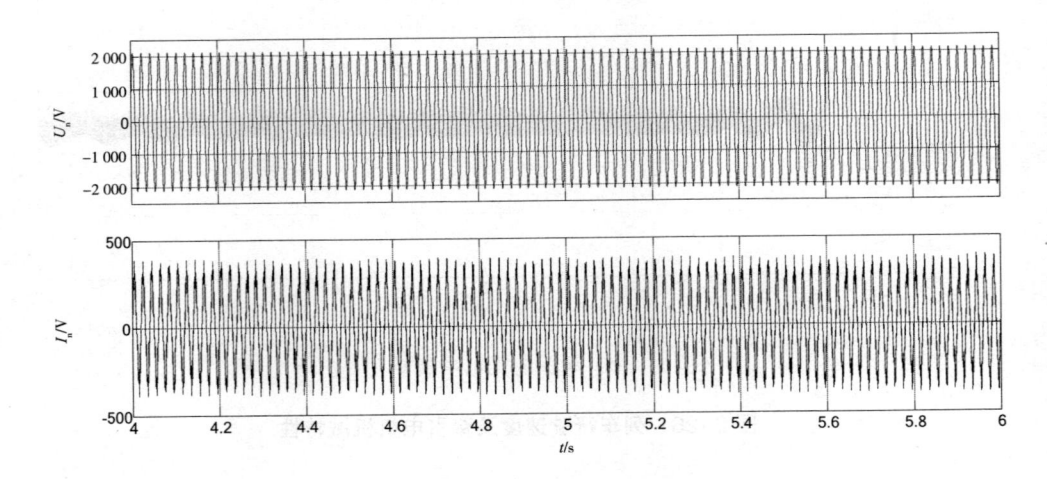

图 2-28 变压器二次侧电压与电流

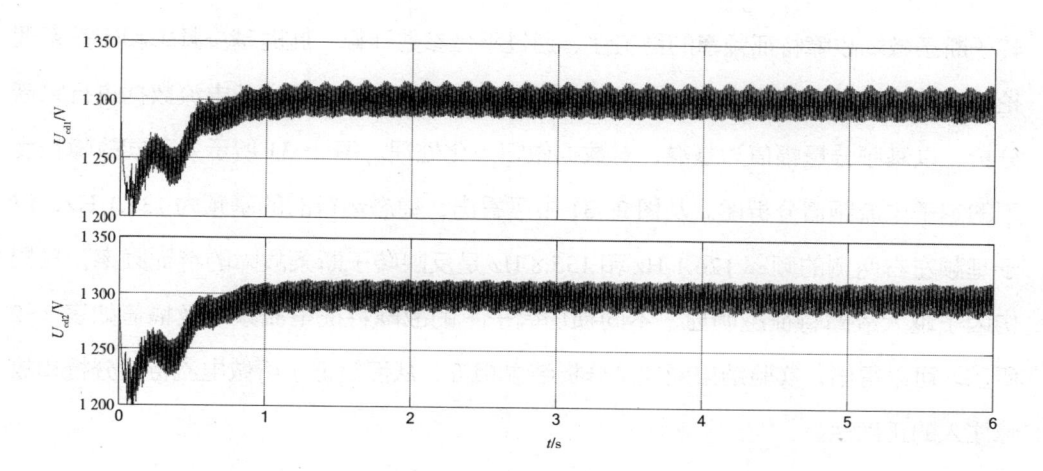

图 2-29 中间直流环节电压

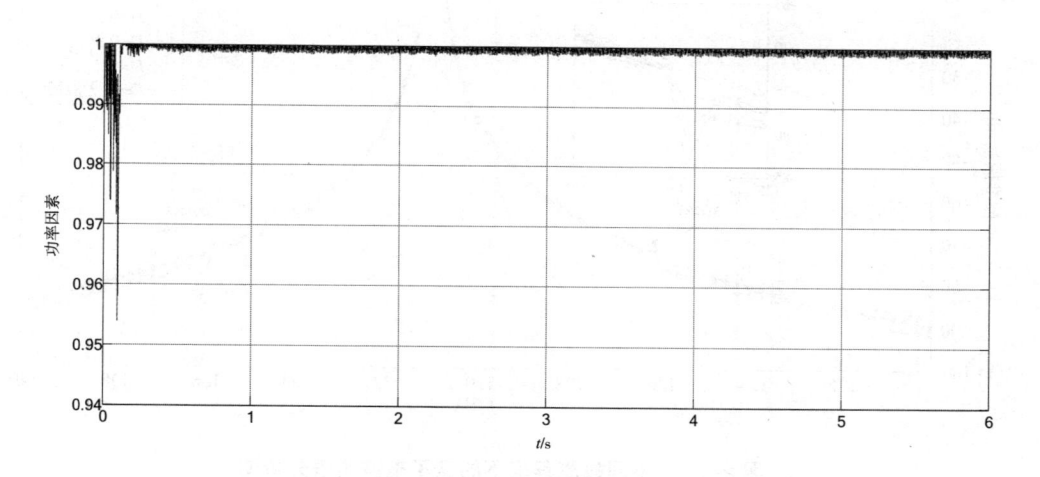

图 2-30 变压器二次侧功率因素

仅根据图 2-26～图 2-30 所示无法判断牵引电机发生的是否是断条故障，对定子电流进行频谱分析来实现断条故障特征 $(1\pm 2s)f_1$ 提取。

牵引电机在损伤因子 D 分别为 $1,0.8,0.5,0.3,0.2$ 和 0（无故障）情况下进行测试，以此验证在不同故障程度下该故障注入方法的有效性，以及对定子电流频谱分析提取转子断条微弱故障特征频率的稳定性。通过平台参数计算,此时基波频率和转差率理论值分别为 131.1 Hz 和 0.019。对仿真平台稳态运行下的电机定子电流数据进行频谱分析,以基频分量幅值为基准,对数据做归一化处理。图 2-31 所示为不同故障程度下的定子电流频谱分析图。从图 2-31 中可看出,稳态运行时的基频为 131.1 Hz,位于基频左右两侧的频率 126.1 Hz 和 135.8 Hz 是反映转子断条故障的特征频率,且损伤因子越大故障特征越明显。不同损伤因子下的故障特征电流频率及幅值如表 2-2 所示。可以得出,实验结果同理论分析结果相符,从而验证了所做电流特性分析和故障注入的正确性。

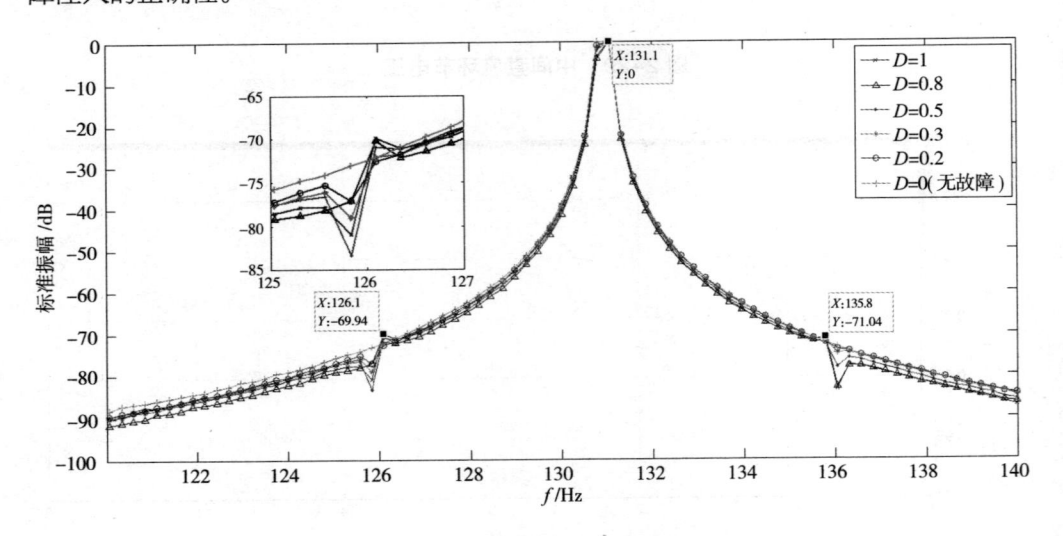

图 2-31 不同故障程度下的定子电流频谱分析图

表 2-2 不同损伤因子下的故障特征电流频率及幅值

基频 /Hz	故障特征频率 /Hz		不同损伤因子下的故障特征电流幅值 /dB(归一化 FFT)					
f_1	f_{b1}	f_{b2}	$D=1$	$D=0.8$	$D=0.5$	$D=0.3$	$D=0.2$	$D=0$
131.1	126.1	135.8	−69.94	−70.26	−70.98	−72.14	−72.62	无

2 牵引电机故障机理分析

2.6 本章小结

本章介绍了 CRH2 高速列车及牵引传动控制系统、牵引电机常见故障类型及其产生机理、仿真及实验平台。对牵引电机转子断条微弱故障进行了分析，先从导条金属电阻值在疲劳演化过程中的变化规律出发，引入损伤因子，得到单根导条断裂严重程度与牵引电机相电阻间的关系，然后通过迭加原理，将导条故障时的牵引电机看成正常电机在故障导条处迭加反向电流源，得到单根导条断裂时定子电流故障特征分量值。由整数根导条断裂时定子电流故障特征分量幅值与单根导条不同程度故障时定子电流故障特征分量幅值关系，最终建立了定子电流故障特征分量与单根导条故障严重程度之间的关系，从而揭示牵引电机微弱故障机理。通过分析，发生微弱故障时故障特征分量非常小，故障特征频率与定子电流基频非常接近。在仿真及半实物平台上实现了牵引电机转子断条及其他类型的微弱故障注入，实验结果验证了其有效性。

3 基于 RVMD 的牵引电机微弱故障检测

3.1 引言

牵引电机微弱故障检测对保障高速列车安全运行意义重大，通过对早期发生的微弱故障实行有效监测与诊断，能防止故障的进一步扩大，预防重大事故的发生。

牵引电机微弱故障检测中最为关键的就是微弱特征信号的检测。第 2 章对牵引电机常见微弱故障电流特性进行了分析，通过分析得到牵引电机发生微弱故障时的故障特征电流非常微弱，往往淹没在系统运行时的噪声中，且故障特征频率与定子电流基频非常接近，因此使用常规检测方法往往难以很好地实现检测。

本章在牵引电机微弱故障电流特性分析基础上针对微弱故障定子电流特点，提出了基于重构变分模态分解的微弱故障检测方法，通过对定子电流信号进行变分问题构造和求解，寻找最佳分解数，得到多个模态函数，实现信号各分量的有效分离与频率剖分，但考虑到故障特征频率与定子电流基频接近影响了故障特征体现，随后将分解所得到的具有不同频率和不同幅值的模态函数分量在保持分解后的位置不变的情况下，进行叠加重构形成新的频谱，从而很好地实现了微弱故障检测。

3.2　经验模态分解理论

牵引电机故障检测主要有基于气隙磁通、转矩、振动、中心电压及定子电流等电机信号的方法。因为电流信号具有获取方便、成本低廉且较易构造非侵入式检测系统的特点，因此电机电流信号分析方法是目前使用最多的故障检测方法[135-136]，本书的检测与诊断方法也采用电流信号分析法，而且结合 CRH2 高速列车已有传感器的情况，选择电流信号为定子电流。

常见的牵引电机故障检测方法主要有基于快速傅里叶变换、希尔伯特黄变换和离散小波变换等。由于牵引电机发生微弱故障时定子电流里的故障特征非常微弱，且存在故障特征频率与定子电流基频非常接近的情况，容易导致频谱混叠，同时考虑到还有各种噪声，因此往往微弱故障特征信号会被强噪声所淹没。受限于以上实际情况，基于上述方法的牵引电机微弱故障检测鲜有报道。文献 [137] 提出基于高分辨率谱估计的早期转子断条故障诊断方法，利用离散小波变换和 Hilbert 变换对定子电流信号进行预处理，然后采用扩展 Prony 算法对预处理后的信号进行分析，虽然效果优于 FFT 方法，但是在实施扩展 Prony 算法之前需要对数据进行预处理，而不同的预处理方法对频率估计精度及诊断实时性都会有所影响。

对检测信号进行分解，从分解信号中提取故障特征是故障检测的一种常用方法，在 VMD 方法问世之前，用于信号分解使用最多的方法是 EMD 方法。

3.2.1　经验模态分解基本原理

EMD 方法由 N.E.Huang[138] 等人提出，对于非线性与非平稳信号的处理效果良好，能够将复杂信号分成含有原始信号特征的若干个本征模态函数（intrinsic mode function，IMF），步骤如下。

（1）获取原始信号 $x(t)$ 的最小值与最大值点，将极值点拟合为上包络线 $x_{\max}(t)$ 与下包络线 $x_{\min}(t)$，原始信号信息通过包络线得以显现。

（2）计算包络均值与绘制包络均值曲线 $m_i(t)$：

$$m_i(t) = [x_{\max}(t) + x_{\min}(t)]/2 \qquad (3-1)$$

（3）将原信号 $x(t)$ 减去 $m_i(t)$ 得到新信号 $h_1(t)$，$h_1(t)$ 称为候选本征模态分量。为使曲线波形更具有对称性，并且避免骑行波出现，对 $h_1(t)$ 进行筛分。若 $h_1(t)$ 满足筛分条件，则 $h_1(t)$ 就是 IMF 分量，否则重复上述步骤。

（4）重复 k 次后，当满足起始信号 $x(t)$ 的 IMF 分量终止条件，得到 h_{1k}，记 $c_1 = h_{1k}$，即为原始信号 IMF 分量。

$$c_1 = h_{1k} = h_{1(k-1)} - m_{1k} \qquad (3-2)$$

（5）将起始信号减去 c_1，得到一个新信号 r_1，此时，该信号已除去高频成分。

$$r_1 = x(t) - c_1 \qquad (3-3)$$

视 r_1 为更新后的原始数据，重复步骤（1）～（5），获得 i 个 IMF 分量，当 r_i 满足常数或单调函数则结束重复。

得到原始信号表达式为

$$x(t) = \sum_{i=1}^{n-1} c_i + r_i \qquad (3-4)$$

式中，$x(t)$ 为 IMF 函数 c_i（$i=1,2,3,\cdots,n-1$）与冗余分量 r_i 之和，可实现原始信号的还原。因此，EMD 分解流程如图 3-1 所示。

3 基于 RVMD 的牵引电机微弱故障检测

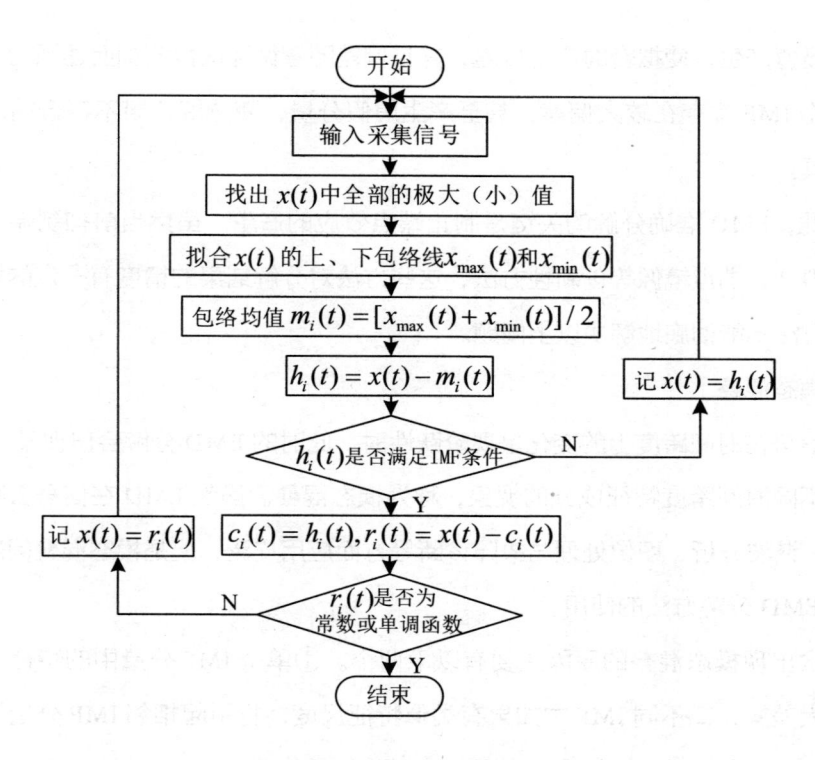

```
开始
  ↓
输入采集信号
  ↓
找出 x(t) 中全部的极大（小）值
  ↓
拟合 x(t) 的上、下包络线 x_max(t) 和 x_min(t)
  ↓
包络均值 m_i(t) = [x_max(t) + x_min(t)] / 2
  ↓
h_i(t) = x(t) - m_i(t)
  ↓
h_i(t) 是否满足 IMF 条件 ─N→ 记 x(t) = h_i(t) ─↑
  ↓Y
c_i(t) = h_i(t), r_i(t) = x(t) - c_i(t)
  ↓
r_i(t) 是否为常数或单调函数 ─N→ 记 x(t) = r_i(t) ─↑
  ↓Y
结束
```

图 3-1 EMD 分解流程图

3.2.2 经验模态分解存在的不足

不同的信号分解后所得的 IMF 分量是不一样的，也就是说 EMD 信号分解所得 IMF 随着信号本身的变化而变化。一般情况下，EMD 分解后的前几个高频 IMF 分量体现了原始信号中最重要、最明显的特征。EMD 方法本身存在端点效应与模态混叠缺陷，而牵引电机发生微弱故障时定子电流中的故障特征频率与基频接近，更进一步加剧了上述缺陷。

1. 端点效应

对原始信号进行 EMD 分解后，所得 IMF 分量会存在端点效应缺陷。这是由于在步骤（1）通过极小与极大点采用三次样条采样拟合包络线时，起始信号两端点很有

69

可能无极值产生，使拟合时产生偏差，并且偏差随着循环次数增加而逐渐增大，最终造成每个 IMF 都存在较大偏差，甚至产生虚假分量，使分解结果不符合精度要求或产生失真。

因此，EMD 准确分解的关键是制止端点效应的产生。虽然当前抑制端点效应有多项式拟合、端点镜像等创新性方法，这些方法对分解结果的精度有一定的帮助，但是这些方法不能彻底地解决以上问题。

2. 模态混叠

当信号在时间跨度上的变化呈现阶跃性时，此时的 EMD 分解会出现某一 IMF 分量含有不同时间跨度特征成分的现象，称为模态混叠。虽然 EMD 在信号去噪、建模与预测、谐波分析、图像处理与故障诊断等方面应用广泛，但是模态混叠问题的存在限制了 EMD 分解方法的使用。

导致出现模态混叠的原因主要有以下两个。①单个 IMF 分量中的特征尺度可能存在很大差异；②不同 IMF 中如果有类似特征尺度，将引起相邻 IMF 分量波形出现重叠现象，导致难以区分的情况出现。

模态混叠的出现使 EMD 分解效果大大降低，导致信号失真现象发生，此现象应予以避免。

3.3 RVMD 方法原理

变分模态分解方法具有噪声鲁棒性良好、算法效率高且无需对信号进行预处理等优点，它是 2014 年问世的一种具有很好自适应性的信号处理新方法。尽管 VMD 具备去噪效果好且无需对信号进行预处理等优点，但由于牵引电机微弱故障时，故障特征频率与基频大小接近，使分解后的频率相互影响，容易出现频谱混叠，致使故障特

3 基于 RVMD 的牵引电机微弱故障检测

征难以显现,因此直接利用 VMD 进行故障监测效果不理想。本章针对牵引电机发生转子断条等微弱故障时,特征信号微弱且故障特征频率与基频接近导致的检测难等问题,提出了一种基于 RVMD 的故障检测方法。该方法针对检测信号构造变分问题,并求解多个模态函数,通过对模态函数进行叠加重构,实现了对牵引电机转子断条、定子绕组匝间短路及气隙偏心等微弱故障的检测。

RVMD 是以 VMD 为基础,对信号进行分解,求得模态函数,随后在频域对模态函数进行叠加重构,得到重构信号的一种方法。

模态函数的获取分成两步,一是构造出变分问题,二是求解所构的变分问题。

构造变分问题是找寻多个模态函数 $u_k(t)$,使每个模态的估计带宽和最小,约束条件是各模态之和等于原始输入信号 y,即

$$\begin{cases} \min\limits_{\{u_k\},\{\omega_k\}} \left\{ \sum_k \| \partial_t \left[\left(\delta(t) + \frac{\mathrm{j}}{\pi t} \right) * u_k(t) \right] \mathrm{e}^{-\mathrm{j}\omega_k t} \|_2^2 \right\} \\ \mathrm{s.t.} \sum_k u_k = y \end{cases} \quad (3-5)$$

式中,$\{u_k\} = \{u_1,\cdots,u_k\}$ 为各模态函数集;$\{\omega_k\} = \{\omega_1,\cdots,\omega_k\}$ 为各模态 u_k 对应的中心频率集;∂_t 是对函数求时间 t 的偏导数;$\delta(t)$ 为单位脉冲函数;j 为虚数单位;* 表示卷积;"." 表示的是 L2 范数中的平方。变分问题求解,通过增广拉格朗日函数的引入,将约束性变分问题变成非约束性变分问题,有

$$L(\{u_k\},\{\omega_k\},\lambda) := \alpha \sum_k \| \partial_t \left[\left(\delta(t) + \frac{\mathrm{j}}{\pi t} \right) * u_k(t) \right] \mathrm{e}^{-\mathrm{j}\omega_k t} \|_2^2 + \| f(t) - \sum_k u_k(t) \|_2^2 + \langle \lambda(t), f(t) - \sum_k u_k(t) \rangle$$

$$(3-6)$$

式中,α 表示二次惩罚因子;λ 表示拉格朗日乘法算子;$L(\cdot)$ 表示拉格朗日函数;$\langle \cdot \rangle$ 表示内积运算。

通过乘法算子交替方向法,不断地更新各分量和中心频率,求取上述拉格朗日函数的鞍点(最优解),把原始输入信号分解成 K 个窄带本征模态函数分量。其中,u_k^{n+1} 的取值可表述为

$$u_k^{n+1} = \underset{u_k \in X}{\arg\min} \left\{ \alpha \| \partial_t \left[\left(\delta(t) + \frac{j}{\pi t} \right) * u_k(t) \right] e^{-j\omega_k t} \|_2^2 + \| f(t) - \sum_i u_i(t) + \frac{\lambda(t)}{2} \|_2^2 \right\} \quad (3-7)$$

其中，$\omega_k = \omega_k^{n+1}$，$\sum_i u_i(t) = \sum_{i \neq k} u_i(t)^{n+1}$。利用 Parseval / Plancherel 傅里叶等距变换将式（3-7）变换到频域，有

$$\hat{u}_k^{n+1} = \underset{\hat{u}_k, u_k \in X}{\arg\min} \left\{ \alpha \| j\omega[(1 + \mathrm{sgn}(\omega + \omega_k)) * \hat{u}_k(\omega + \omega_k)] \|_2^2 + \| \hat{f}(\omega) - \sum_i \hat{u}_i(\omega) + \frac{\hat{\lambda}(\omega)}{2} \|_2^2 \right\} \quad (3-8)$$

将式（3-8）中第一项的 ω 换成 $(\omega - \omega_k)$，将其变为非负频率区间的积分形式

$$\hat{u}_k^{n+1} = \underset{\hat{u}_k, u_k \in X}{\arg\min} \left\{ \int_0^\infty 4\alpha(\omega - \omega_k)^2 |\hat{u}_k(\omega)|^2 + 2 \left| \hat{f}(\omega) - \sum_i \hat{u}_i(\omega) + \frac{\hat{\lambda}(\omega)}{2} \right|^2 \mathrm{d}\omega \right\} \quad (3-9)$$

求得二次优化问题的解

$$\hat{u}_k^{n+1}(\omega) = \frac{\hat{f}(\omega) - \sum_{i \neq k} \hat{u}_i(\omega) + \frac{\hat{\lambda}(\omega)}{2}}{1 + 2\alpha(\omega - \omega_k)^2} \quad (3-10)$$

同样可将中心频率的取值问题转换到频域

$$\omega_k^{n+1} = \underset{\omega_k}{\arg\min} \left\{ \int_0^\infty (\omega - \omega_k)^2 |\hat{u}_k(\omega)|^2 \mathrm{d}\omega \right\} \quad (3-11)$$

中心频率计算结果如式（3-12）所示

$$\omega_k^{n+1} = \frac{\int_0^\infty \omega |\hat{u}_k(\omega)|^2 \mathrm{d}\omega}{\int_0^\infty |\hat{u}_k(\omega)|^2 \mathrm{d}\omega} \quad (3-12)$$

其中，$\hat{\omega}_k^{n+1}(\omega)$ 等效为 $\left[\hat{f}(\omega) - \sum_{i \neq k} \hat{u}_i(\omega) \right]$ 的维纳滤波；ω_k^{n+1} 为当前模态函数功率谱重心；对 $\{\hat{u}_k(\omega)\}$ 进行傅里叶逆变换，其实部为 $\{u_k(t)\}$。

通过上述步骤找寻了最佳分解数，也获得了各分量的具体参数，实现了信号各分量的有效分离与频率剖分，但牵引电机微弱故障时的故障特征频率与基频非常接近，使分解后的分量频率会出现频谱混叠现象，影响了故障特征的呈现。因此，接下来就是将分解所得到的具有不同频率和不同幅值的模态函数分量保持分解后的位置不变，

将它们按式（3-13）进行叠加重构形成新的频谱。

$$f_{\text{rec}} = \sum_{i=1}^{K} u_i + r_K \quad (3-13)$$

其中，u_i 和 r_K 分别为模态函数分量和余项，新频谱中滤去了噪声成分。

3.4 基于 RVMD 的牵引电机微弱故障检测

基于 RVMD 的牵引电机微弱故障检测方法由变分问题构造、模态函数求解、模态函数分量叠加重构及故障检测决策四部分组成。具体实现流程如下。

（1）载入原始定子电流信号 y，进行变分问题构造，y 含基频量、故障分量及噪声；

（2）初始化 $\{u_k^1\}$、$\{\omega_k^1\}$、λ^1，n 为 0；

（3）$n = n+1$，执行整个循环；

（4）根据式（3-10）更新 u_k，执行内层第一个循环；

（5）$k = k+1$，重复步骤（4），直到 $k = K$，结束内层第一个循环；

（6）根据式（3-12）更新 ω_k，执行内层第二个循环；

（7）$k = k+1$，重复步骤（6），直到 $k = K$，结束内层第二个循环；

（8）根据 $\hat{\lambda}^{n+1}(\omega) = \hat{\lambda}^n(\omega) + \tau[\hat{f}(\omega) - \sum_k \hat{u}_k^{n+1}(\omega)]$ 更新 λ；

（9）重复步骤（3）～（8），对于给定判别精度 $\varepsilon > 0$，若 $\sum_k \|\hat{u}_k^{n+1} - \hat{u}_k^n\|_2^2 / \|\hat{u}_k^n\|_2^2 < \varepsilon$，则结束整个循环，输出 K 个 IMF 分量，否则返回步骤（3）；

（10）将输出 K 个模态函数分量频域内按式（3-13）进行叠加重构，实现牵引电机微弱故障检测；

（11）根据重构信号做出相应的故障检测决策。

其中，步骤（1）为变分问题构造；步骤（2）～（9）为根据变分问题求解模态函数；步骤（10）为模态函数分量叠加重构；步骤（11）为故障检测决策。基于

RVMD 的故障检测流程图如图 3-2 所示。

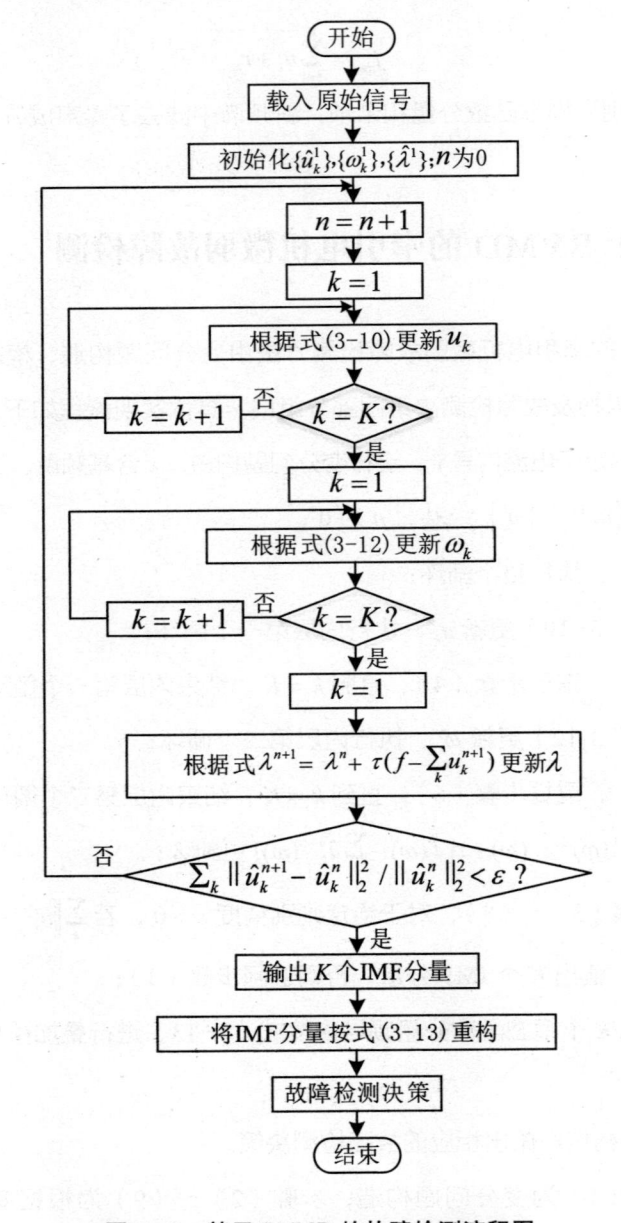

图 3-2 基于 RVMD 的故障检测流程图

3 基于 RVMD 的牵引电机微弱故障检测

RVMD 算法中包含的主要参数有判别精度 ε、噪声容限 τ、分解尺度 K 和惩罚因子 α，其中，判别精度和噪声容限相对于分解尺度和惩罚因子而言，对 RVMD 输出结果的影响较小。因此，下面主要研究分解尺度 K 和惩罚因子 α 的选取，而判别精度和噪声容限往往采用标准 VMD 分解默认值。

（1）分解尺度 K 的选取。在分解前就要确定分解尺度 K 的值，如果 K 值选择小，则分解出的分量个数少，如果 K 值选择大，则分解出的分量个数多。分解数少或多都不利于分解效果，其中分解数少会滤去部分起始信号信息，而分解数多则会使分解后分量的中心频段出现重叠现象。因此，分解尺度 K 值的确定可通过试凑的方法。①输入原始信号；②将分解尺度 K 设置为 2，惩罚因子、判别精度和噪声容限分别设置为标准 VMD 分解默认值，$\alpha=2000$，$\varepsilon=1.0\times10^{-7}$，$\tau=0$；③按以上参数实现输入信号分解，得各分量频谱图；④检查频谱中各分量中心频率是否有重叠，如果无重叠发生，则令 $K=K+1$，返回步骤③继续 VMD 分解，否则，输出 $K=K-1$；⑤如果 $K=2$ 时就发生中心频率重叠，则加大 K 值直至无重叠发生，然后按无重叠发生步骤进行。

（2）惩罚因子 α 的选取。引入惩罚因子将变分问题由带约束条件转化为非约束条件，其主要影响分解分量的收敛速度与带宽。

3.5 实验验证

3.5.1 平台运行结果

通过已建立的 dSPACE 半实物平台（见图 2-21）和第 2 章所述分别实现牵引电机转子断条、定子绕组匝间短路和气隙偏心微弱故障注入。以转子断条微弱故障为例，在牵引电机转子任意一相串联电阻 R_f 都可实现转子断条微弱故障模拟，并且 R_f

的大小与故障严重程度有对应关系，这点在 2.3 节已进行了推导。

实验初始阶段牵引电机正常无故障，当运行到 0.2s 时加入断条故障，观察定子 A 相电流。下面给出了四种不同程度断条故障下的仿真结果。根据 CRH2 型高速列车牵引电机参数及 2.3 节牵引电机转子断条微弱故障电流特性分析，取故障电阻 R_f 变化范围为 $0 \sim 0.07\Omega$，$R_f=0$（$D=0$）表示转子正常无故障；$R_f = 0.001\Omega$（$D = 0.1$）表示转子早期断条轻微故障；$R_f = 0.01\Omega$（$D = 0.98$）表示转子早期断条较严重故障；为与早期断条故障做比较，另取 $R_f = 0.07\Omega$，表示转子断条故障相对严重。

不同故障程度下，定子 A 相电流如图 3-3 所示，当牵引电机发生转子早期断条故障（即转子断条微弱故障）时，三相定子电流时域波形变化非常不明显，考虑到实际系统本身存在较强的随机噪声，因此直接在时域上难以实现故障检测。

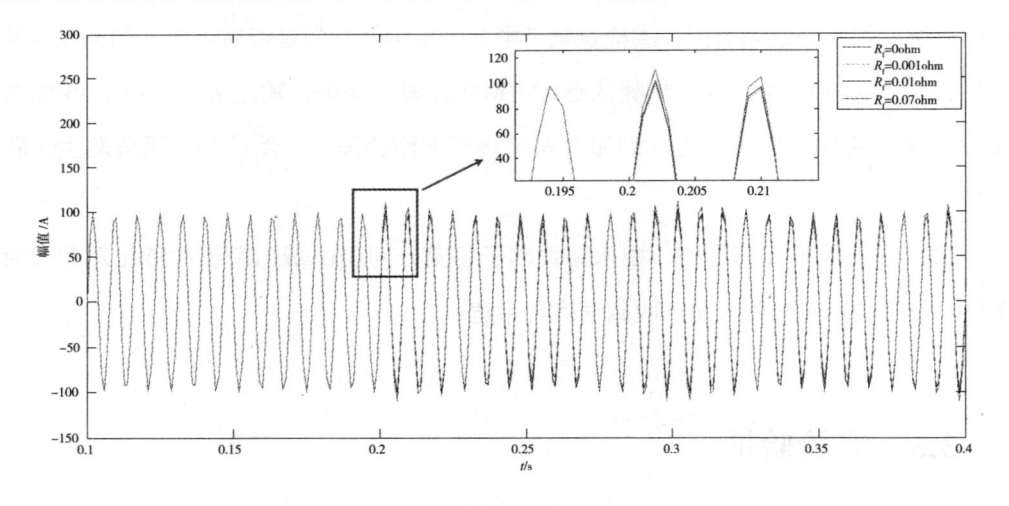

图 3-3　不同故障程度下的定子 A 相电流

3.5.2　RVMD 参数的选取

为了解决 RVMD 重要参数选取问题，使选取的参数能直接用于本实验，原始信号采用 $R_f = 0.01\Omega$（$D = 0.98$）时 dSPACE 平台运行数据。

3 基于 RVMD 的牵引电机微弱故障检测

（1）分解尺度 K 的选取。通过 3.3 节对 RVMD 重要参数选取的分析，采用不同 K 值对原始信号进行分解，其他参数取值为 $\alpha=2000$，$\varepsilon=1.0\times10^{-7}$，$\tau=0$，RVMD 分解过程中的中心频率变化曲线如图 3-4 所示。

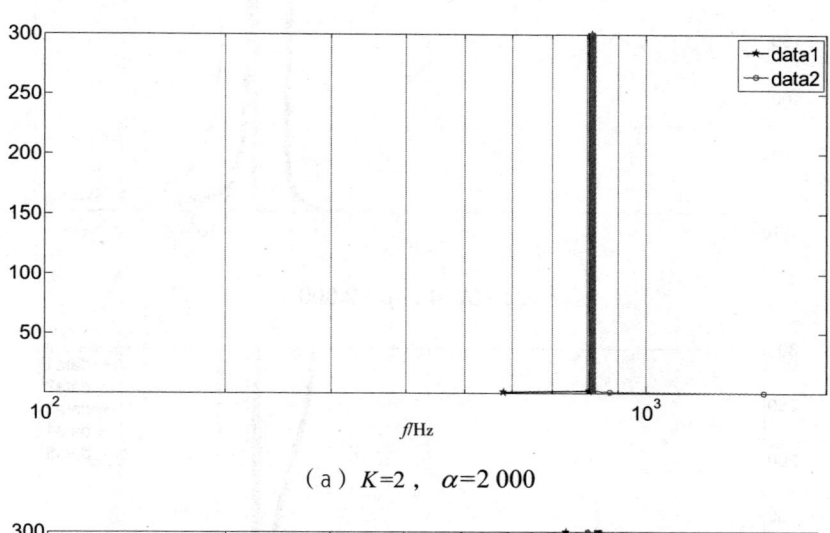

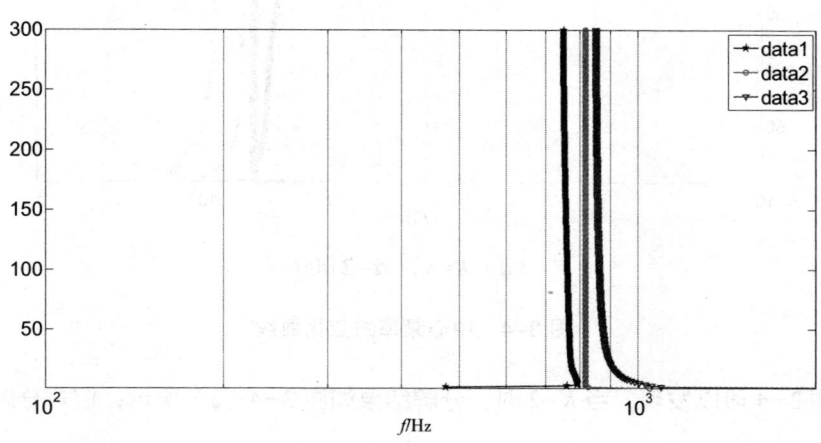

（a）$K=2$，$\alpha=2\ 000$

（b）$K=3$，$\alpha=2\ 000$

(c) $K=4$，$\alpha=2\,000$

(d) $K=5$，$\alpha=2\,000$

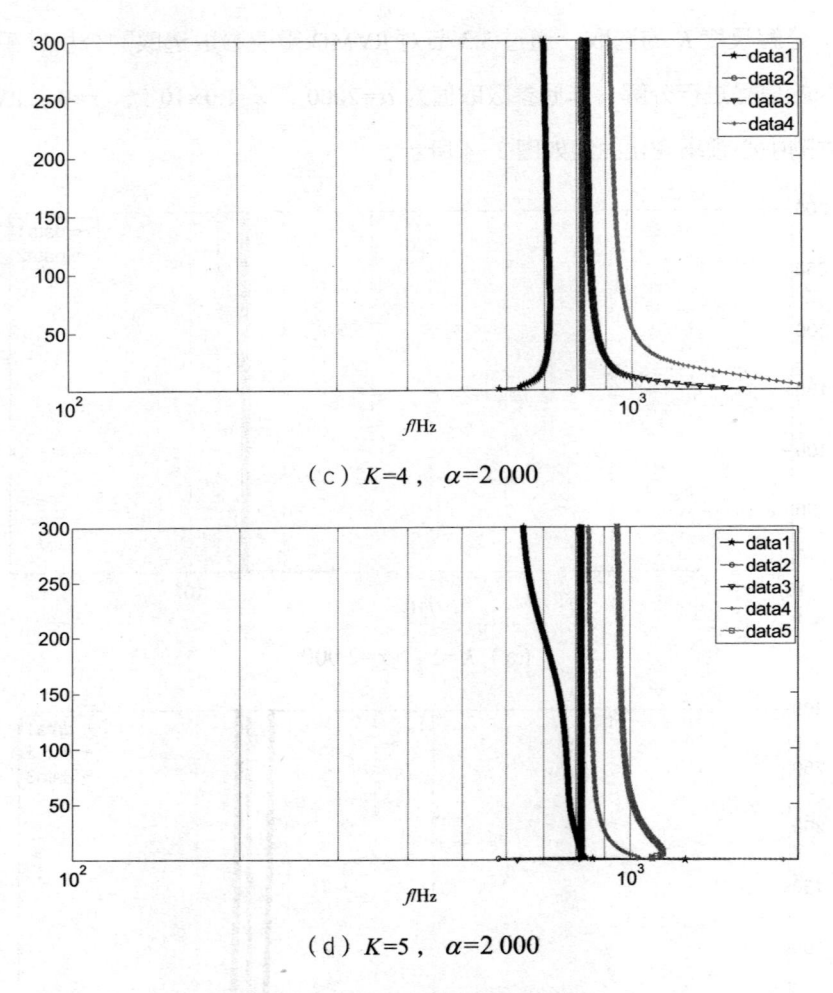

图 3-4 中心频率的变化曲线

由图 3-4 可以发现，当 $K=2$ 时，分解结果如图 3-4（a）所示，信号分解的 2 个分量的中心频率发生了重叠现象。

当 $K=3$ 时，分解结果如图 3-4（b）所示，信号分解的 3 个分量互不重叠，并且包含了原信号所有的特征频段信息。

当 $K=4$ 时，分解结果如图 3-4（c）所示，信号分解的 4 个分量虽然不重叠，但距离较近。

进一步增大 K 值，当 $K=5$ 时，分解结果如图 3-4（d）所示，分解分量的中心频率在高频部分出现了较严重的模态混叠现象。

因此，通过实验，选取 $K=3$。

（2）惩罚因子 α 的选取。采用不同的惩罚因子对原始信号进行分解，分解尺度取值 3，惩罚因子从 100 到 12 800 进行取值，不同的惩罚因子下的分解结果如图 3-5 所示，其中横坐标表示分解分量的中心频率，分量中心频率重叠或相隔很近表示分解效果不好。

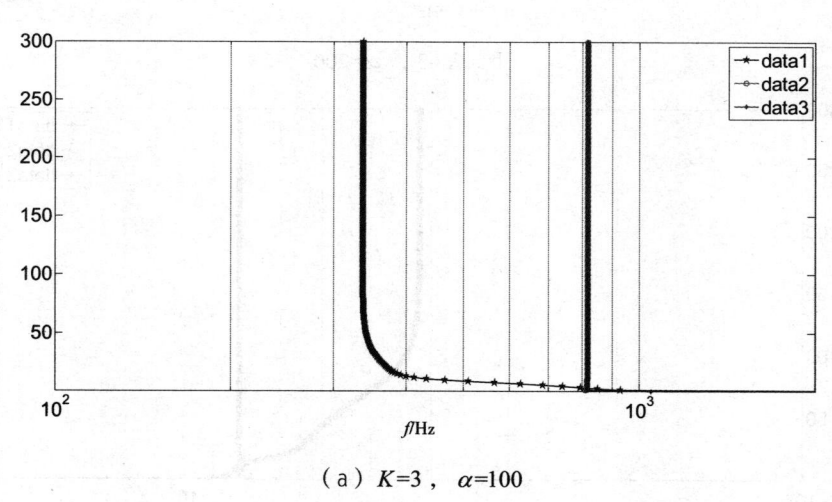

(a) $K=3$，$\alpha=100$

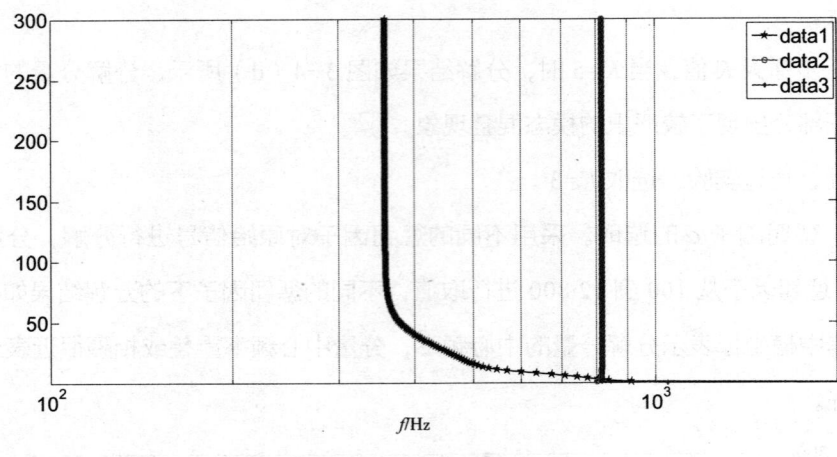

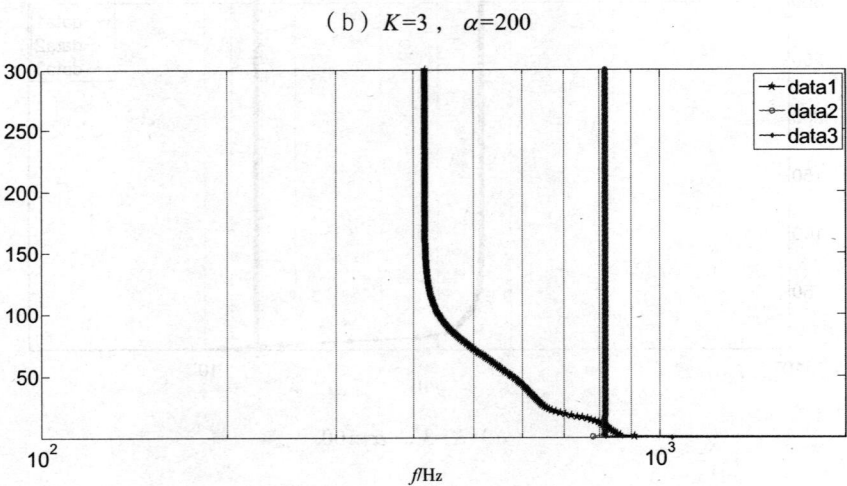

（b）$K=3$，$\alpha=200$

（c）$K=3$，$\alpha=400$

（d）$K=3$，$\alpha=800$

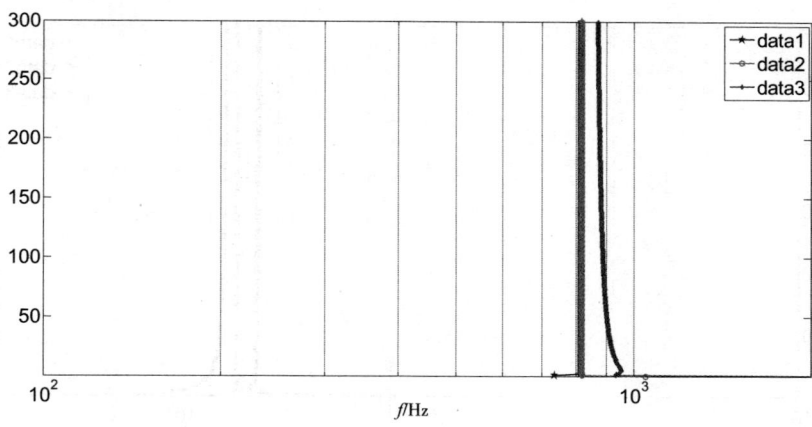

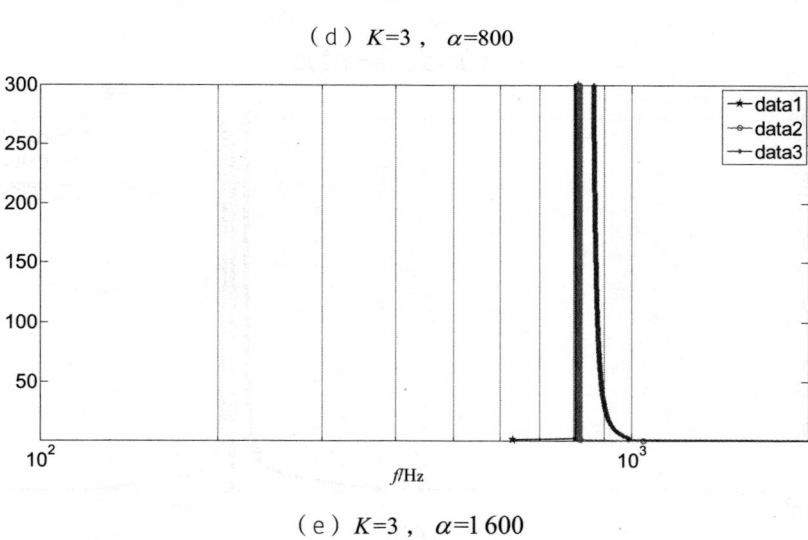

（e）$K=3$，$\alpha=1\,600$

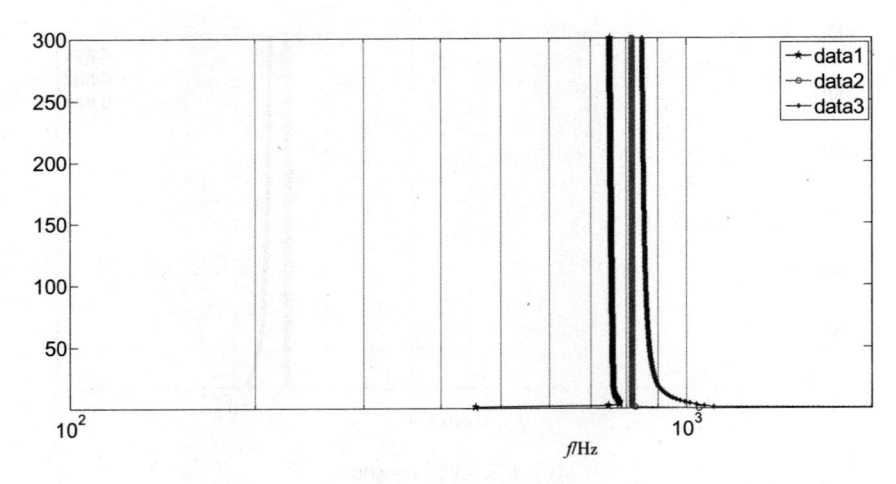

（f）$K=3$，$\alpha=3\,200$

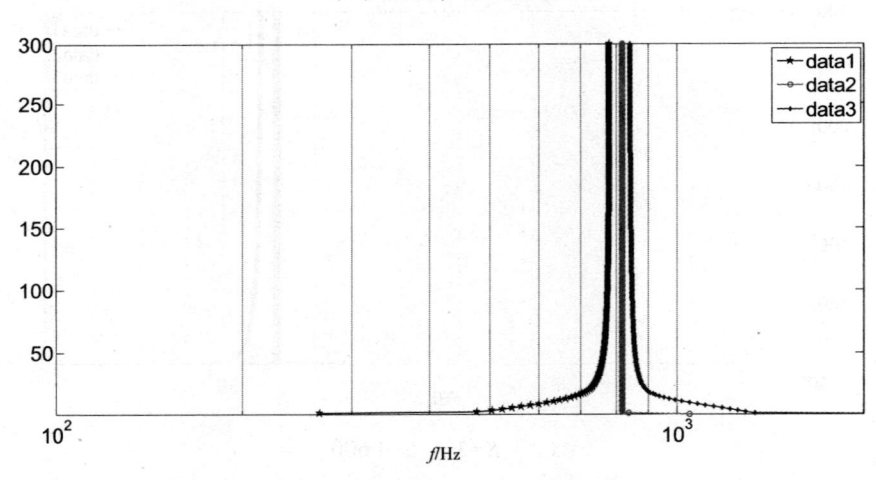

（g）$K=3$，$\alpha=6\,400$

3 基于 RVMD 的牵引电机微弱故障检测

(h) $K=3$，$\alpha=12\,800$

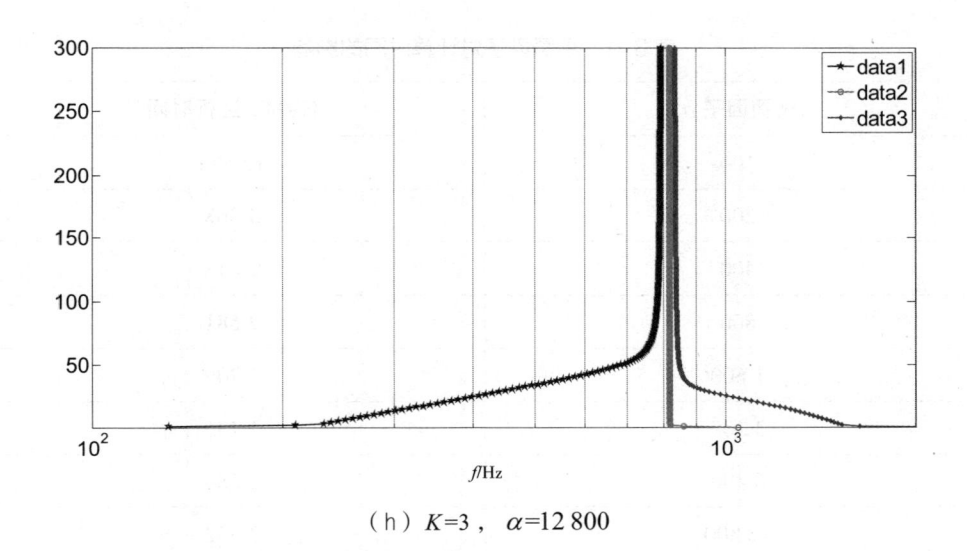

图 3-5 同一 K 值下不同 α 值时各分量的中心频率图

①惩罚因子取值 100。中心频率图显示，高频分量同时包含两个分量成分，出现了严重的模态混叠现象。

②惩罚因子取值 200～1 600。惩罚因子在该范围内变化时，模态混叠现象仍然非常严重，VMD 不能将不同中心频率的模态分解开来。

③惩罚因子取值 3 200～12 800。惩罚因子在此范围变化时，虽然没有模态混叠出现，但是随着惩罚因子的增大，分量中心频率越来越接近。

因此，通过实验发现，α 取值越小，越容易出现混叠现象；随着 α 的增大，RVMD 分解效果越好；但是 α 取值不能太大，太大后又会使模态分量的中心频率接近。

同时，惩罚因子 α 的变化对 RVMD 程序的计算时间也有影响。表 3-1 反映了两者的关系，从该表可以看出，α 取 400～6 400 范围时，RVMD 程序耗时较短，因此通常惩罚因子 α 就在此范围取值，并且当取 800 时，所需时间最短。与本研究对牵引电机其他故障类型数据进行实验的结论相同。

表 3-1　惩罚因子对计算时间的影响

惩罚因子 α	RVMD 运行时间
100	12.574
200	5.368
400	2.818
800	2.681
1 600	2.709
3 200	2.735
6 400	2.784
12 800	2.932

因此，综合考虑分解后的模态分量中心频率分布及 RVMD 运行时间，RVMD 选用 $\alpha = 2\,000$ 具有很强的合理性。本研究在使用 RVMD 分解牵引电机微弱故障信号时，惩罚因子 α 均取 2 000。

3.5.3　检测结果及分析

（1）牵引电机转子断条微弱故障。依次取故障电阻 R_f 为 0 Ω，0.001 Ω，0.01 Ω 和 0.07 Ω，分别采用 EMD 和 RVMD 对牵引电机 A 相定子电流进行分析。图 3-6 所示是此四种故障程度下 A 相电流的 EMD 及 Hilbert 频谱分析结果。图 3-7 所示是此四种故障程度下 A 相电流的时域波形。图 3-8 所示是此四种故障程度下 A 相电流的 RVMD 分析结果。

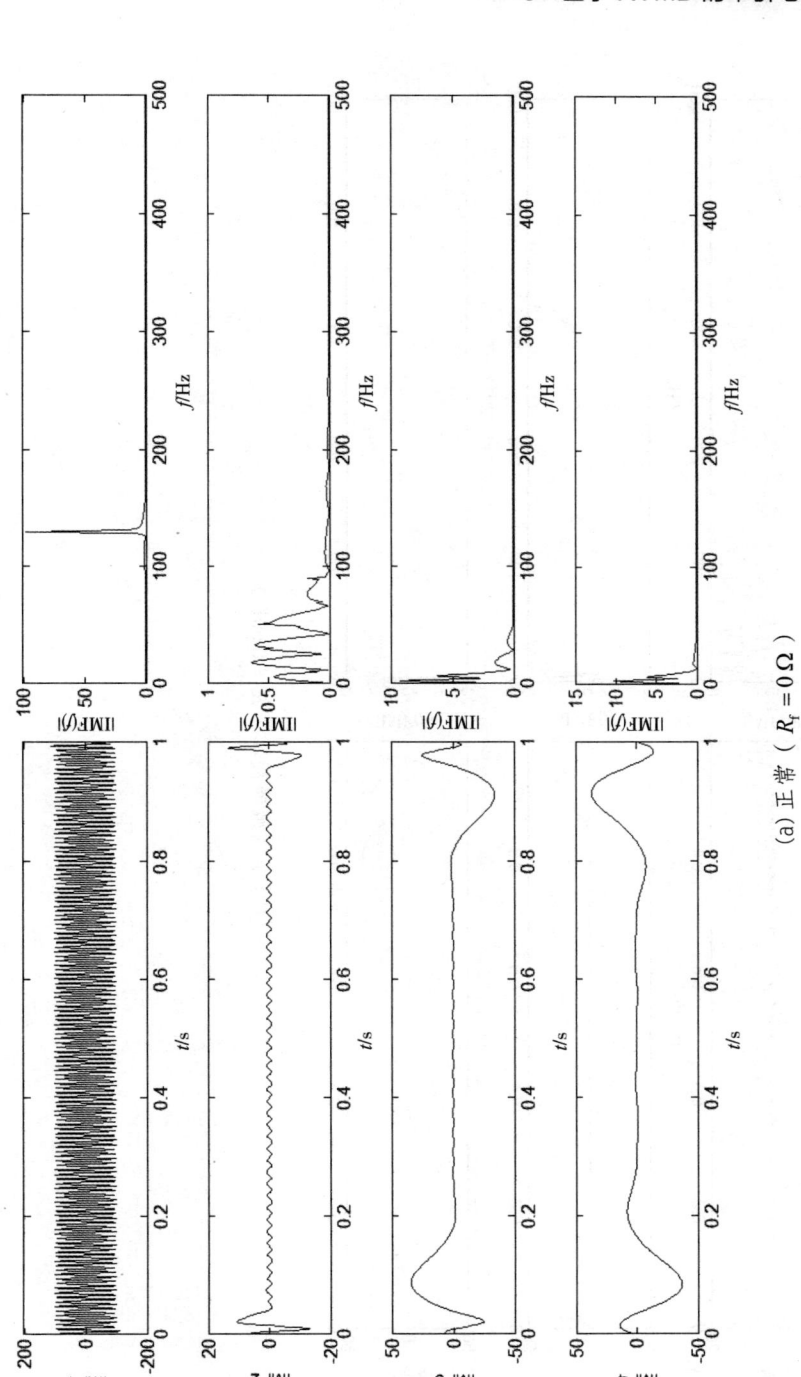

3 基于 RVMD 的牵引电机微弱故障检测

(a) 正常（$R_f = 0\,\Omega$）

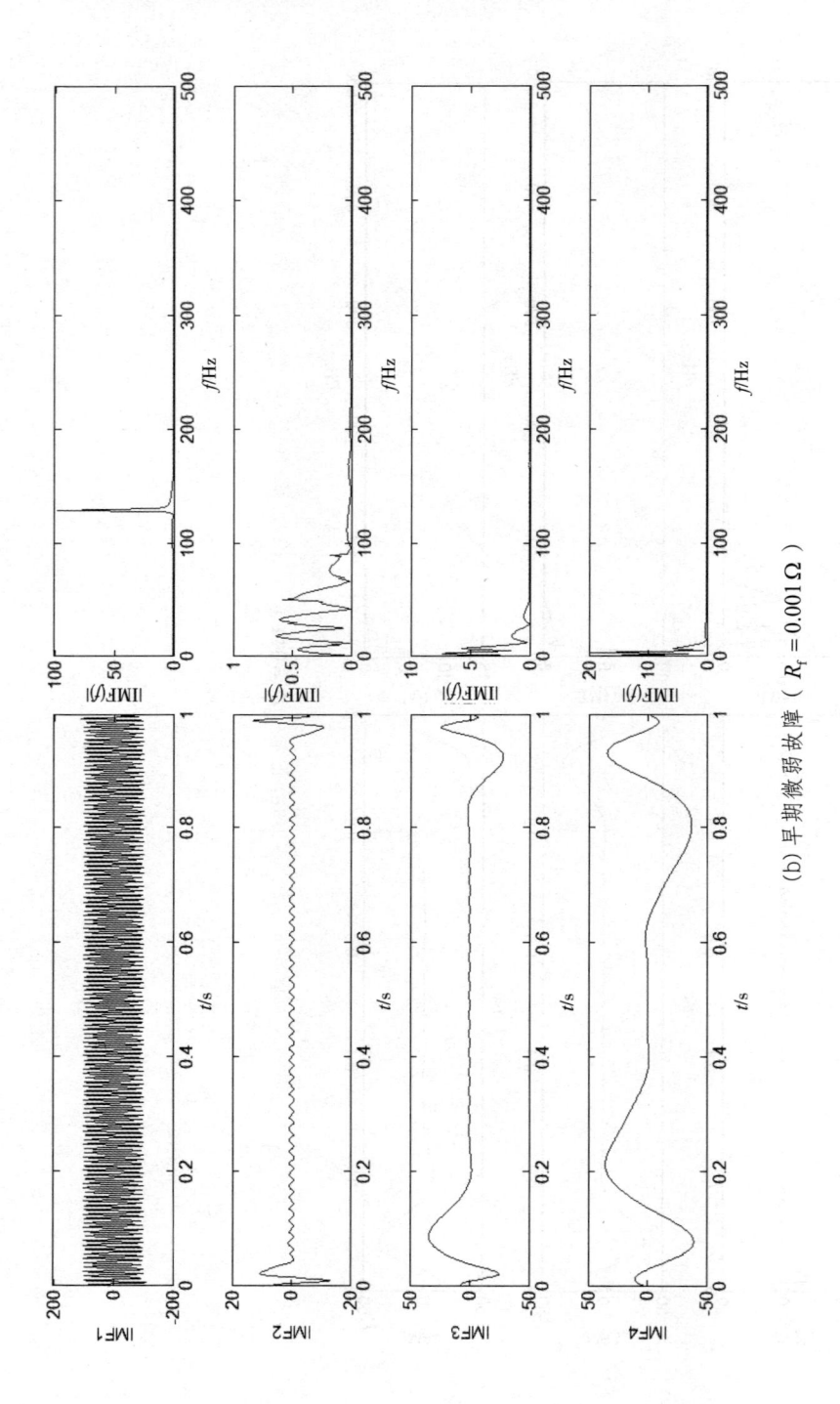

高速列车牵引电机微弱故障诊断与溯源研究

(b) 早期微弱故障（$R_f = 0.001\Omega$）

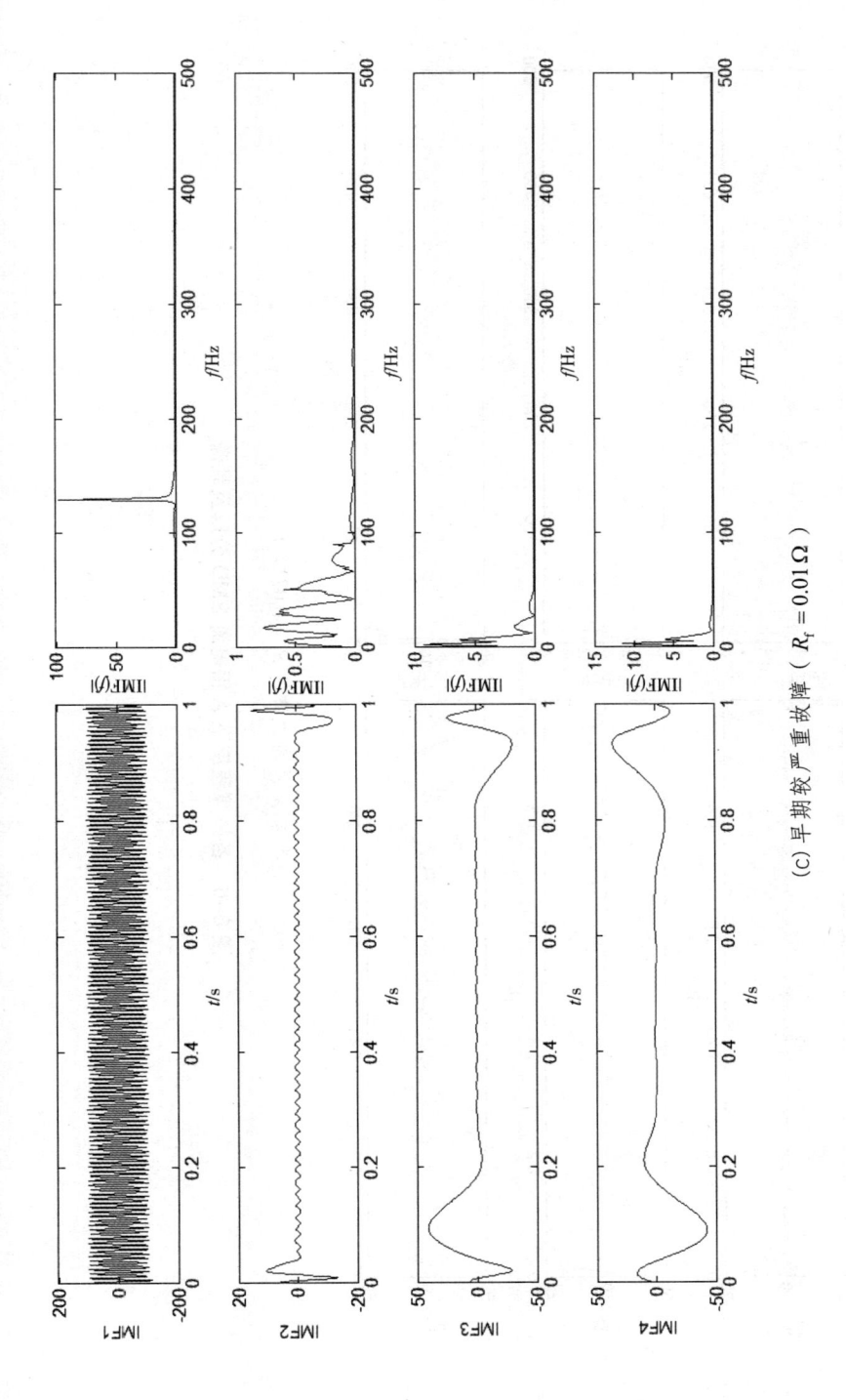

3 基于 RVMD 的牵引电机微弱故障检测

(c) 早期较严重故障（$R_f = 0.01\Omega$）

(d) 相对严重故障（$R_f = 0.07\ \Omega$）

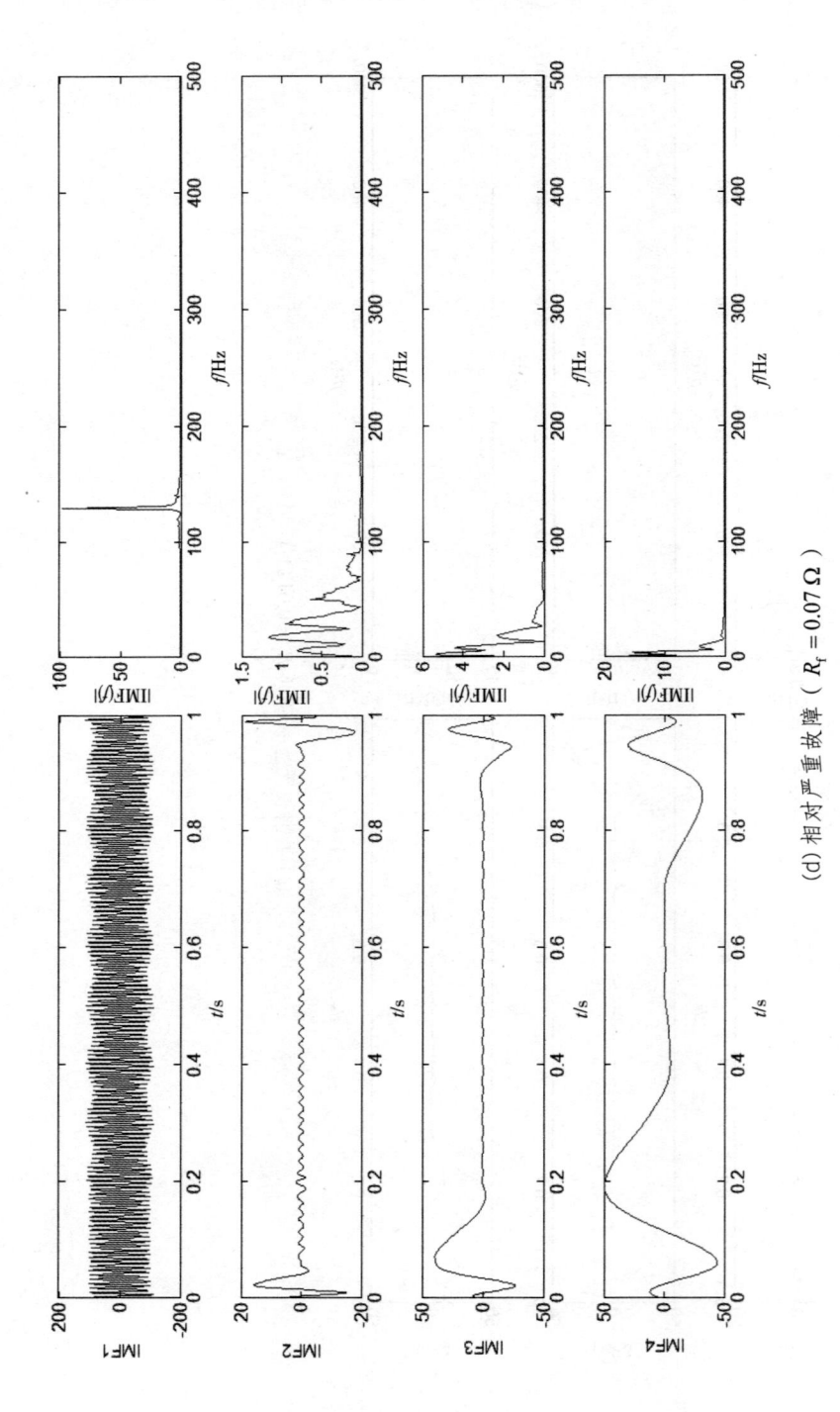

图 3-6 各故障程度下 A 相电流 EMD 分解及频谱

3 基于 RVMD 的牵引电机微弱故障检测

图 3-6 (a) 到 (d) 中，各自左侧四个子图表示对 A 相电流进行 EMD 分解后的 4 个 IMF 分量，右侧四个子图是 4 个 IMF 分量对应的 Hilbert 频谱。对比图 3-6 (a) ～图 3-6 (d) 中的 IMF 分量及 Hilbert 频谱，不放大或放大倍数不大的情况下，很难看出给定四种故障情况之间的区别。因此，利用 EMD 对定子电流进行分析难以实现转子早期断条故障检测。

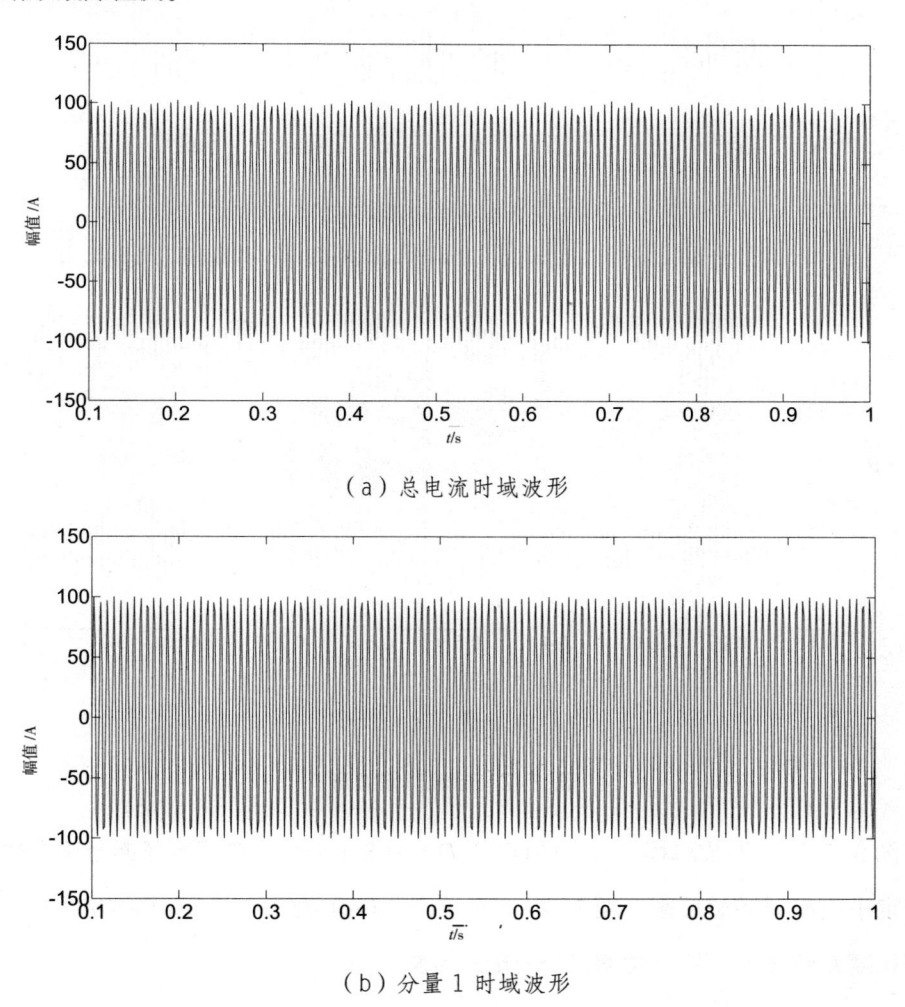

（a）总电流时域波形

（b）分量 1 时域波形

(c) 分量 2 时域波形

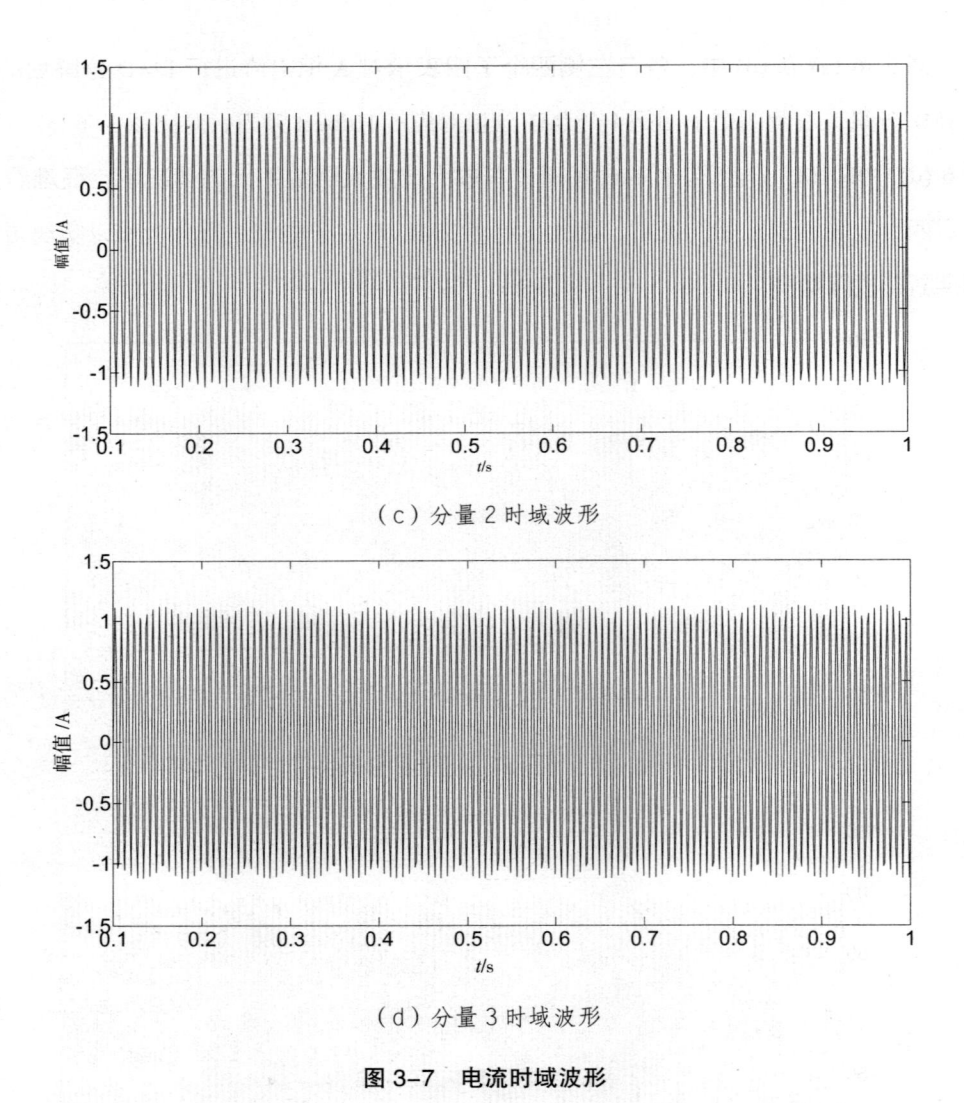

(d) 分量 3 时域波形

图 3-7 电流时域波形

图 3-7（a）为故障程度 R_f=0.01Ω（D = 0.98）时牵引电机转子断条微弱故障时 A 相定子电流时域波形图，图 3-7（b）、（c）、（d）为该电流使用 RVMD 方法，在分解尺度 K=3 情况下所分解的三个分量时域波形图。

3 基于 RVMD 的牵引电机微弱故障检测

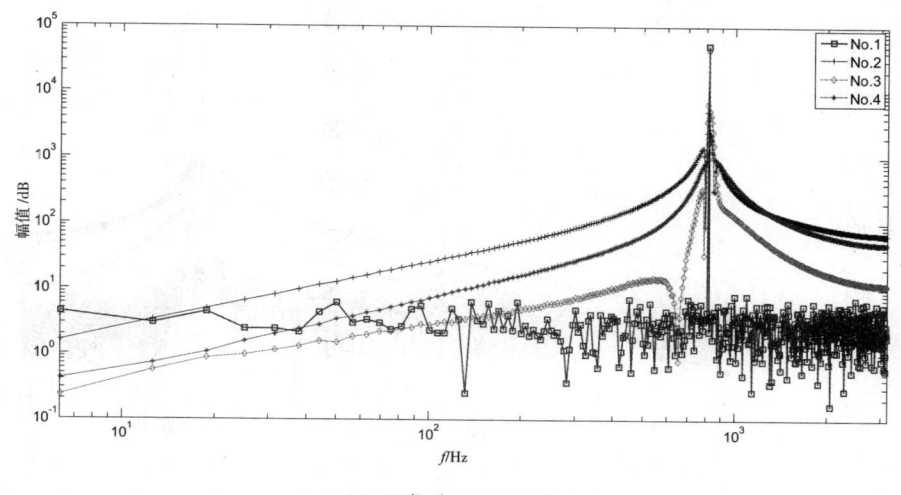

(a) 正常（$R_f = 0\,\Omega$）

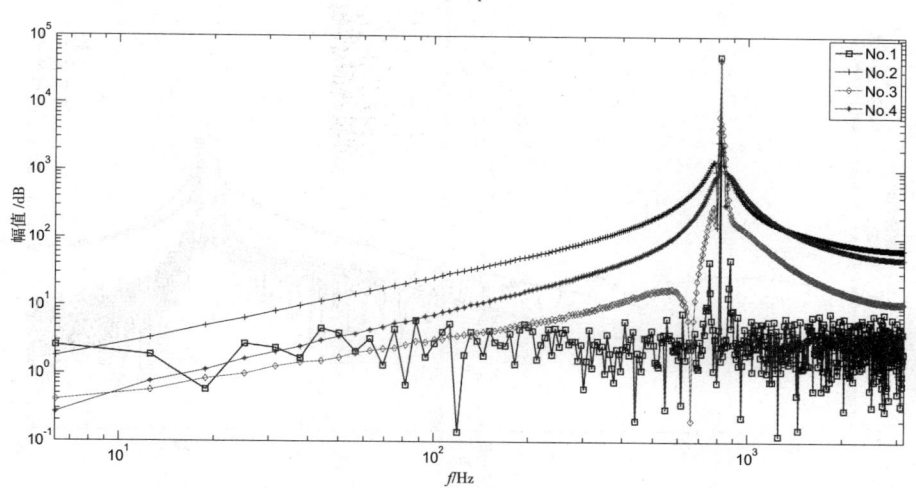

(b) 早期微弱故障（$R_f = 0.001\,\Omega$）

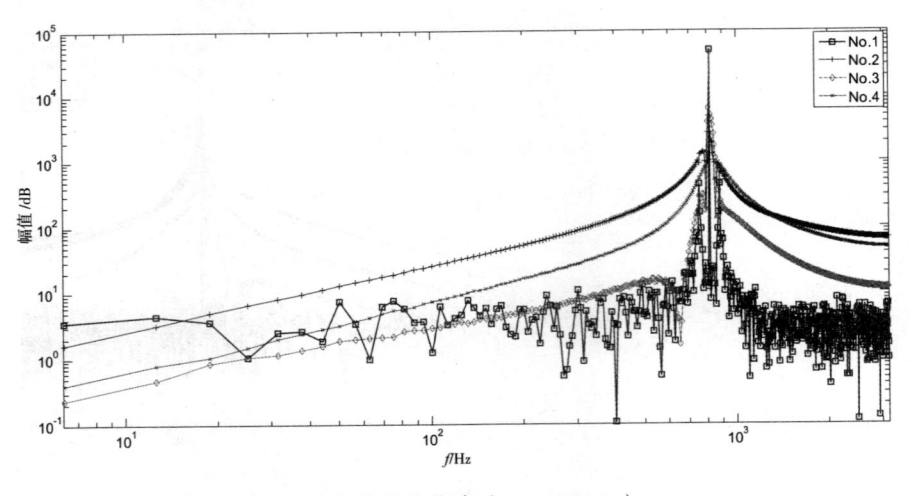

(c) 早期较严重故障（$R_f = 0.01\,\Omega$）

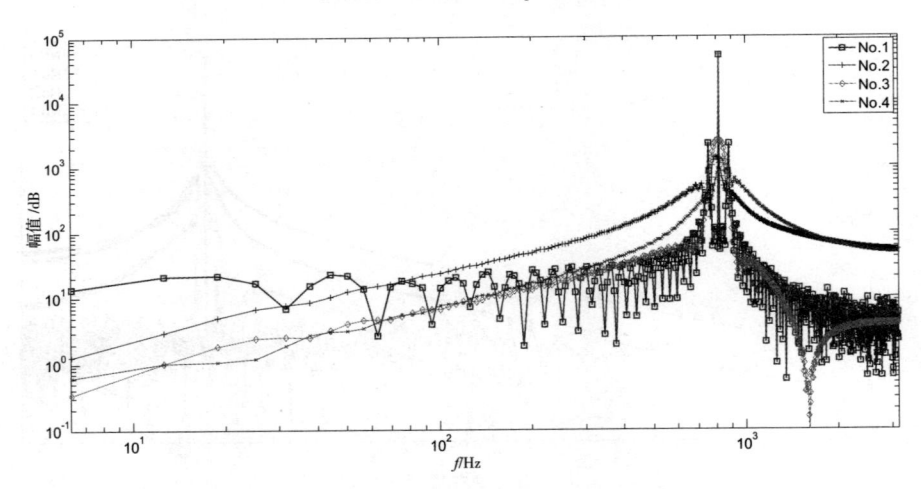

(d) 相对严重故障（$R_f = 0.07\,\Omega$）

图 3-8　各故障程度下 A 相电流 RVMD 频谱

RVMD 参数选择 $K=3$，$\alpha=2\,000$，$\varepsilon=1.0\times10^{-7}$，$\tau=0$。图 3-8 给出了与图 3-6 相同故障程度下的定子 A 相电流频谱，其中 No.2、No.3、No.4 为 A 相电流 RVMD 分解后的主要分量频谱，No.1 为 No.2、No.3、No.4 分量的叠加重构频谱（RVMD 频谱）。

3 基于 RVMD 的牵引电机微弱故障检测

直接观察不同故障程度下定子电流 RVMD 分解后的 No.2、No.3、No.4 分量，区别不明显，难以检测转子早期断条故障。

而观察 RVMD 后的频谱 No.1 则不同，图 3-8 (a) 所示为转子正常状态，此时去噪后的 A 相电流频谱 No.1，其垂线两侧无代表故障的分量存在；即使是早期微弱故障（如图 3-8 (b) 所示），也能明显看出 No.1 垂线两侧伴随故障分量存在；图 3-8 (c)、图 3-8 (d) 中故障分量幅值逐渐增大且都要比图 3-8 (b) 的大，说明故障更加严重。

因此，通过上述对实验结果的对比分析，RVMD 算法效率高、操作实时性好，能明显检测出牵引电机发生了故障，该方法比传统 EMD+Hilbert 方法具有更好的效果。

（2）牵引电机定子绕组匝间短路微弱故障。视定子单相绕组完全短路时故障程度为 1，依次在半实物平台上分别注入故障程度为 0.002、0.005 6、0.012（故障分量幅值与基波电流幅值之比）的定子绕组匝间短路故障，模拟匝间短路微弱故障。

图 3-9（a）所示为定子绕组匝间短路故障程度 0.005 6 时的牵引电机定子 A 相电流时域波形，图 3-9（b）、（c）、（d）所示为分解尺度 $K=3$ 情况下 RVMD 所分解的三个分量时域波形图。

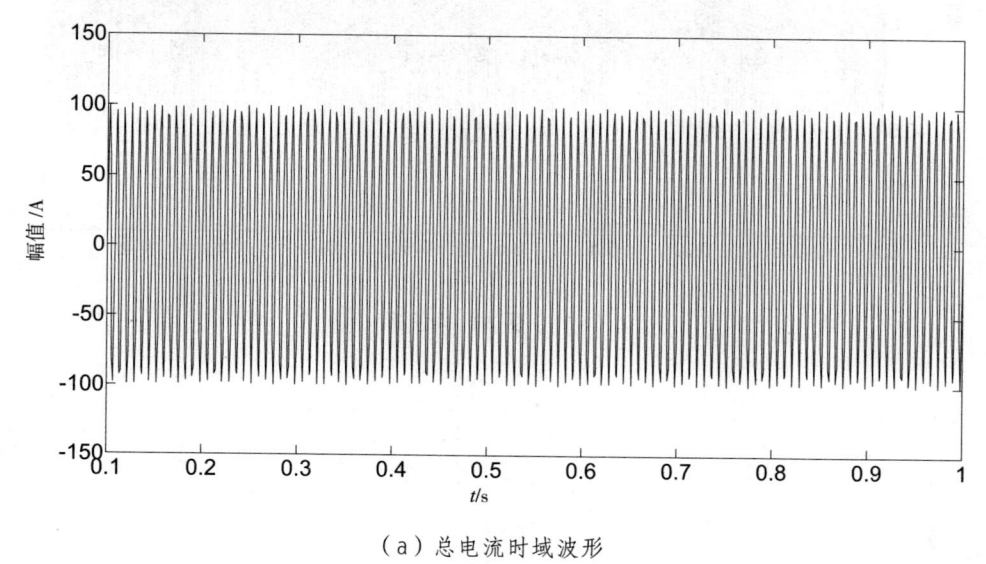

（a）总电流时域波形

（b）分量1时域波形

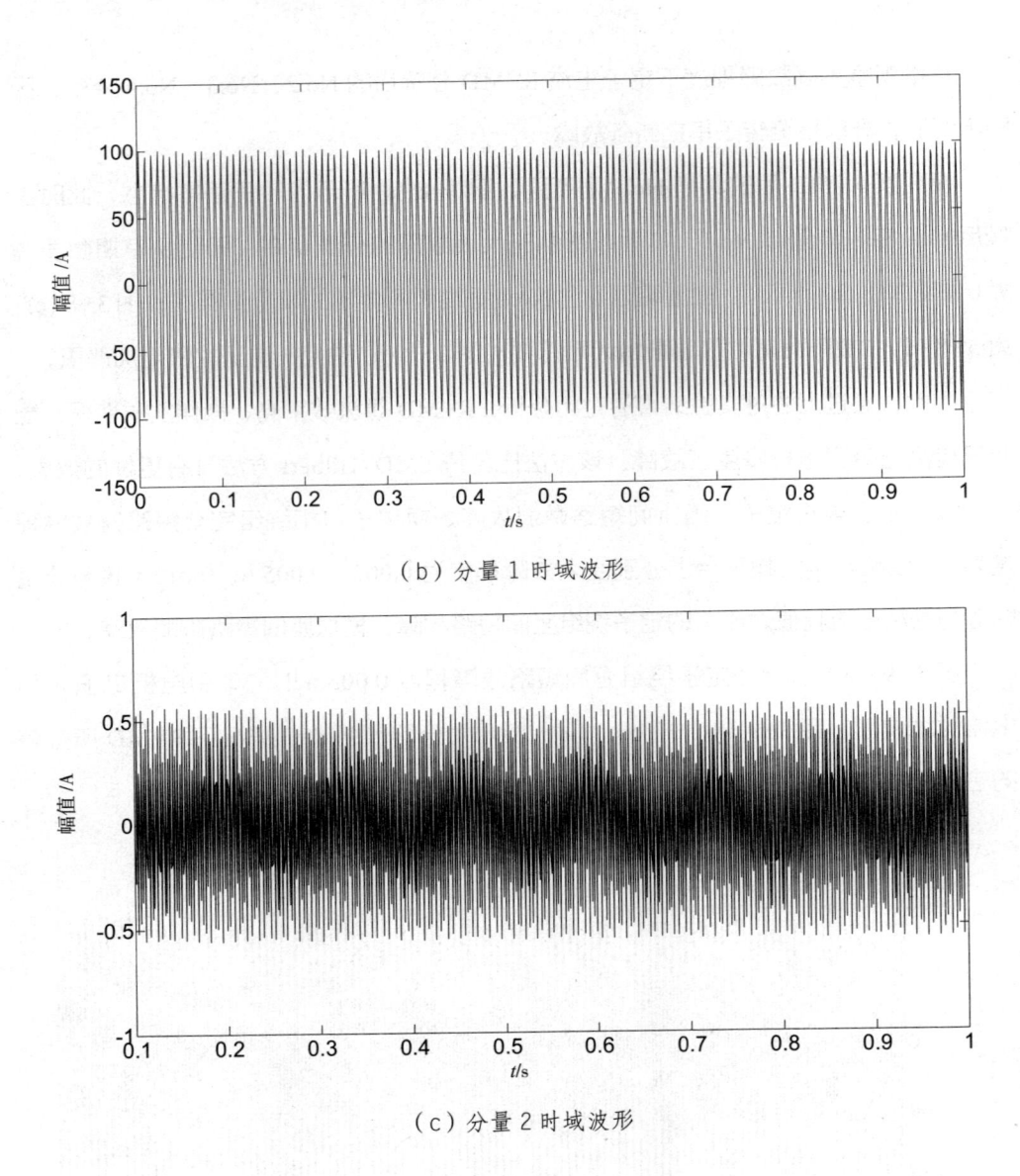

（c）分量2时域波形

3 基于 RVMD 的牵引电机微弱故障检测

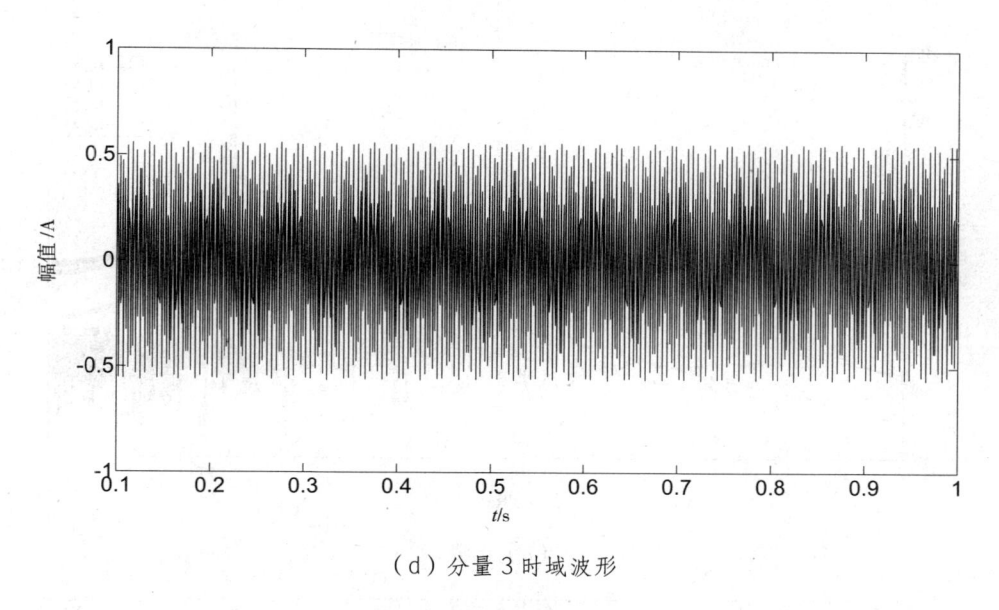

（d）分量 3 时域波形

图 3-9 电流时域波形

RVMD 参数选择与转子断条微弱故障时一致，即 $K=3$，$\alpha=2\,000$，$\varepsilon=1.0\times10^{-7}$，$\tau=0$。图 3-10 给出了不同微弱故障程度下的定子 A 相电流频谱，其中，No.2、No.3、No.4 为 A 相电流 RVMD 分解后的主要分量频谱，No.1 为 No.2、No.3、No.4 分量的叠加重构频谱（RVMD 频谱）。

直接观察不同故障程度下定子电流 RVMD 分解后的 No.2、No.3、No.4 分量，区别不明显，已经通过 No.2、No.3、No.4 分量难以检测定子绕组匝间短路微弱故障。

而观察 RVMD 后的频谱 No.1 则不同，图 3-10 (a) 所示为无故障状态，此时去噪后的 A 相电流频谱 No.1，其垂线两侧无代表故障的分量存在；即使是早期微弱故障如图 3-10 (b) 所示，也能明显看出 No.1 垂线两侧伴随故障分量存在；图 3-10 (c)、图 3-10 (d) 中故障分量幅值逐渐增大且都要比图 3-10 (b) 的大，说明定子绕组匝间短路微弱故障更加严重。因此通过此方法很容易检测出牵引电机是否发生故障。

(a)正常

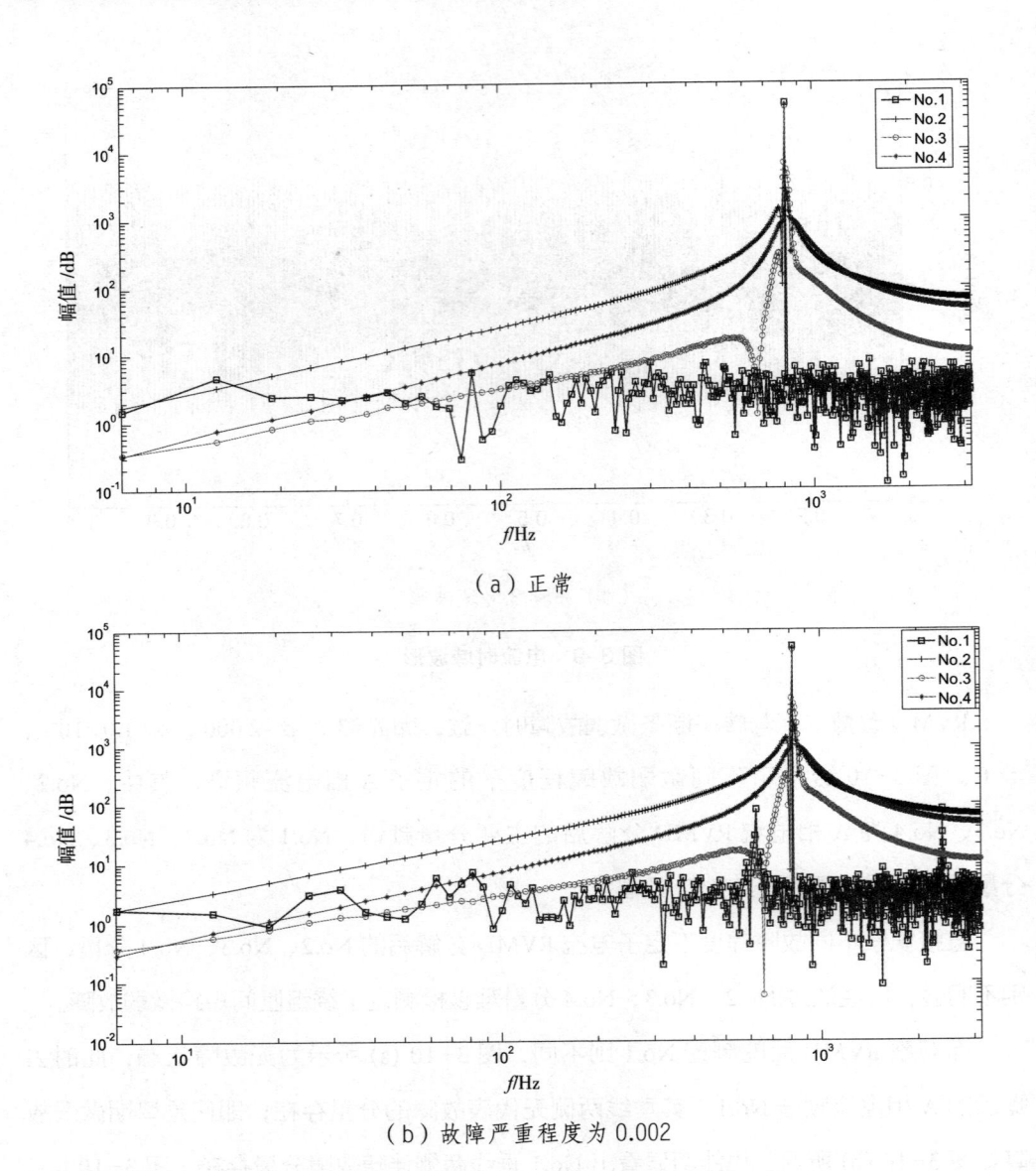

(b)故障严重程度为 0.002

3 基于 RVMD 的牵引电机微弱故障检测

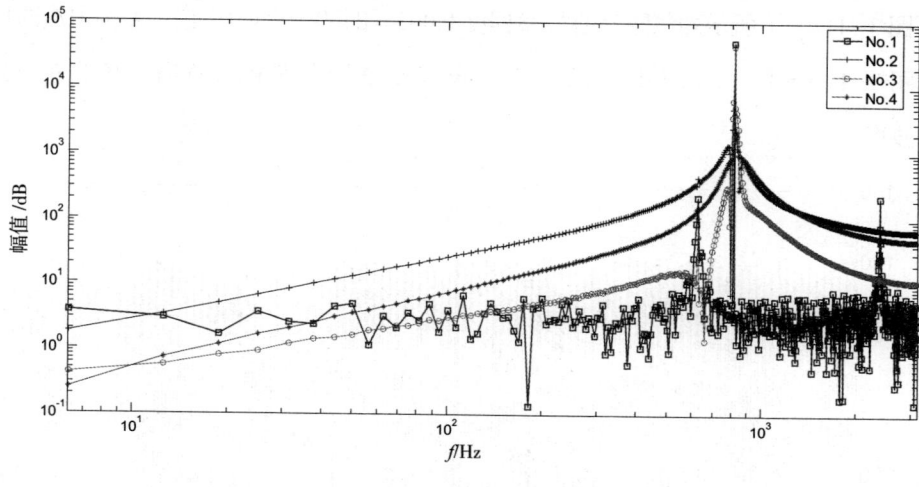

（c）故障严重程度为 0.005 6

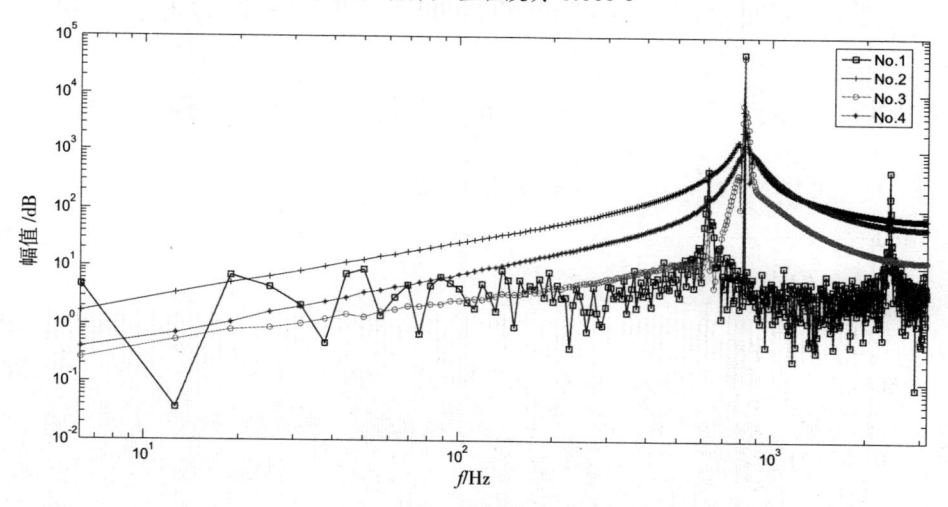

（d）故障严重程度为 0.012

图 3-10　各故障程度下 A 相电流 RVMD 频谱

（3）牵引电机气隙偏心微弱故障。视气隙完全偏心故障程度为 1，依次在半实物平台上分别注入故障程度为 0.002、0.005 6、0.012 的气隙偏心故障，模拟气隙偏心微弱故障。

高速列车牵引电机微弱故障诊断与溯源研究

图 3-11（a）所示为气隙偏心故障程度 0.005 6 时的牵引电机定子 A 相电流时域波形，图 3-11（b）、（c）、（d）所示为分解尺度 $K=3$ 情况下 RVMD 所分解的三个分量时域波形。

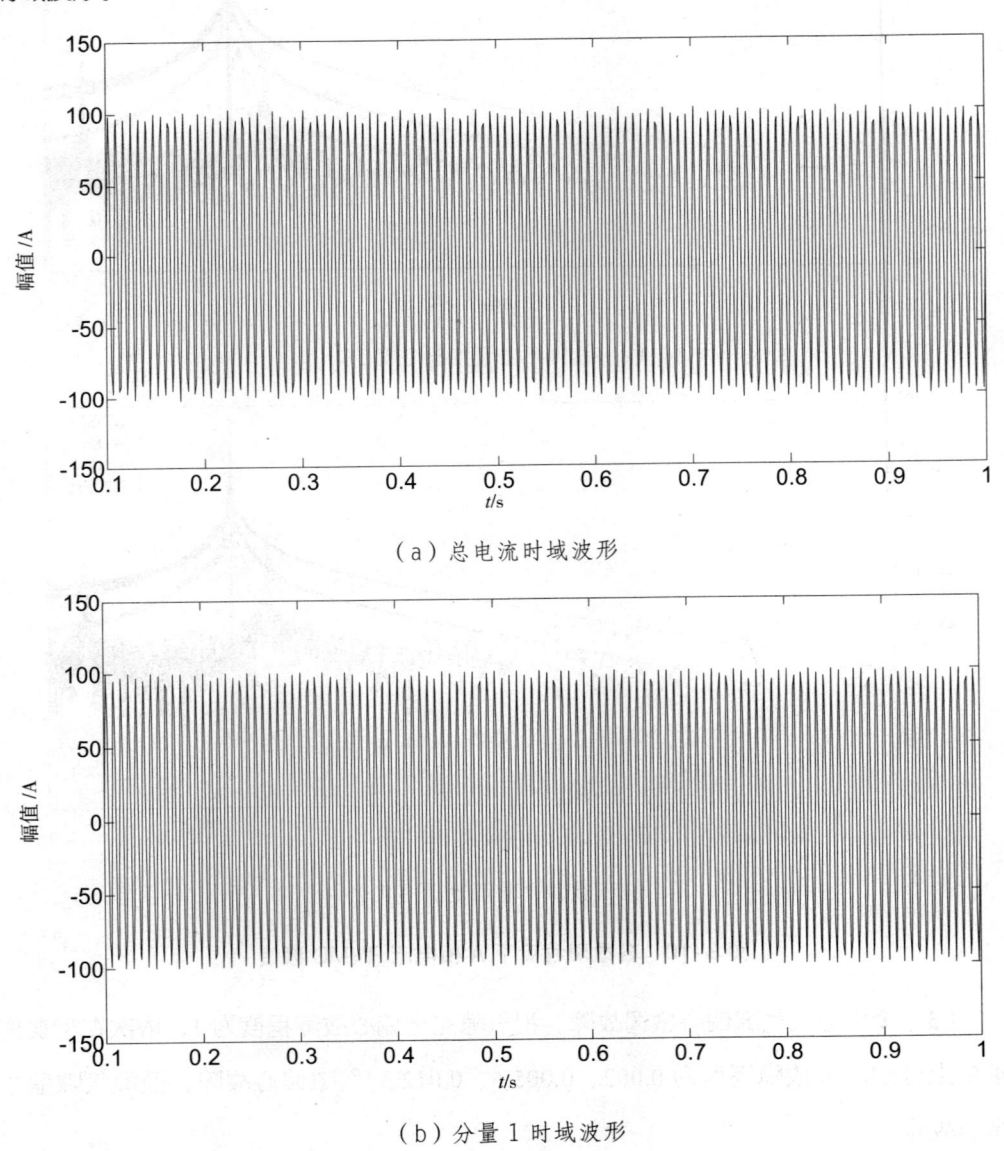

（a）总电流时域波形

（b）分量 1 时域波形

98

（c）分量 2 时域波形

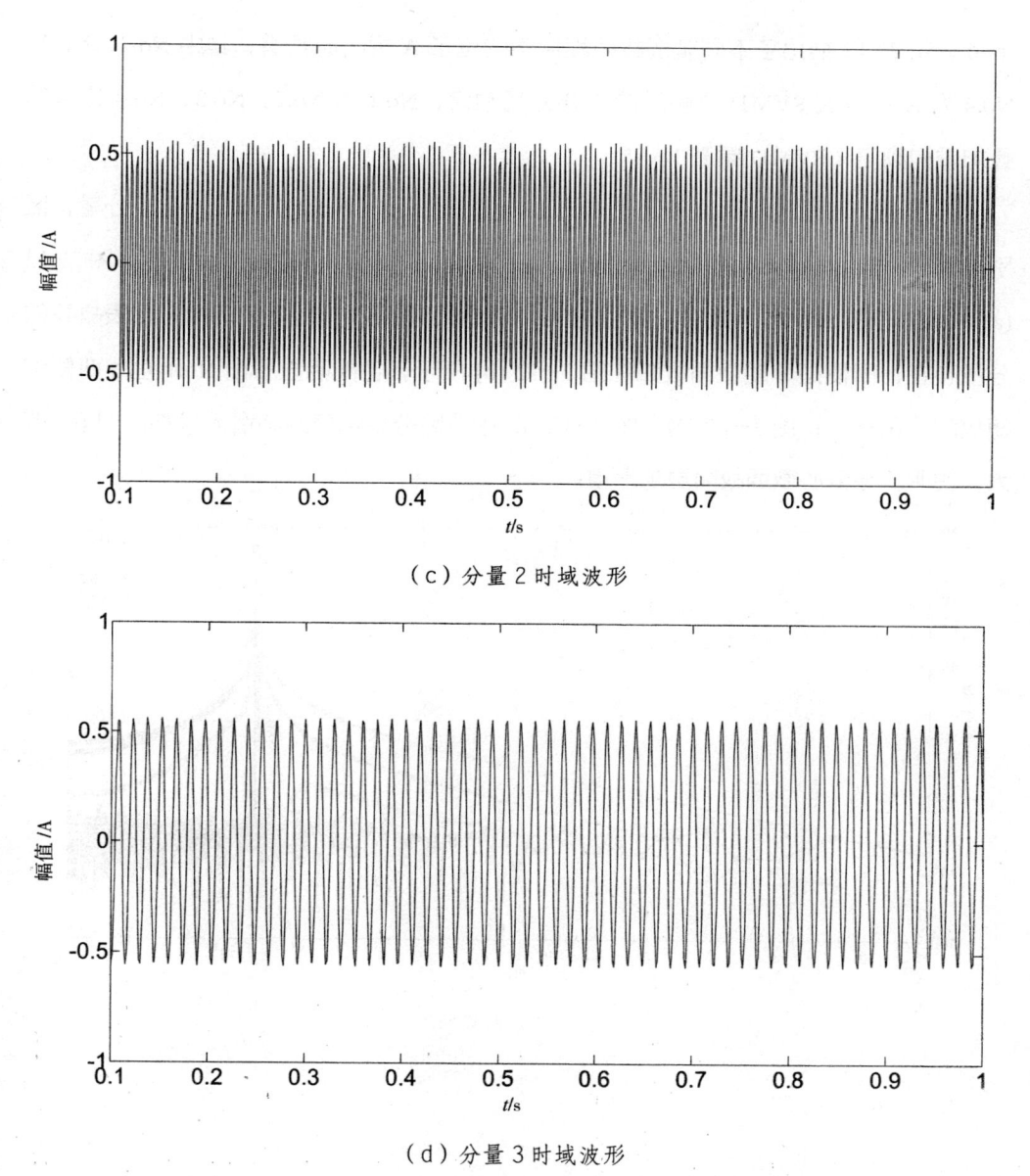

（d）分量 3 时域波形

图 3-11 电流时域波形

RVMD 参数选择与前两种微弱故障时一致，即 $K=3$，$\alpha=2\,000$，$\varepsilon=1.0\times10^{-7}$， τ=0。图 3-12 给出了不同微弱故障程度下的定子 A 相电流频谱，其中 No.2、No.3、No.4 为 A 相电流 RVMD 分解后的主要分量频谱，No.1 为 No.2、No.3、No.4 分量的叠加重构频谱（RVMD 频谱）。

直接观察不同故障程度下定子电流 RVMD 分解后的 No.2、No.3、No.4 分量，区别不明显，难以检测气隙偏心微弱故障。观察 RVMD 后的频谱 No.1 则不同，图 3-12 (a) 所示为无故障状态，此时去噪后的 A 相电流频谱 No.1，其垂线两侧无代表故障的分量存在；即使是早期微弱故障在图 3-12 (b) 所示，也能明显看出 No.1 垂线两侧伴随故障分量存在；图 3-12 (c)、图 3-12 (d) 中故障分量幅值逐渐增大且都比图 (b) 的大，说明气隙偏心微弱故障更加严重。

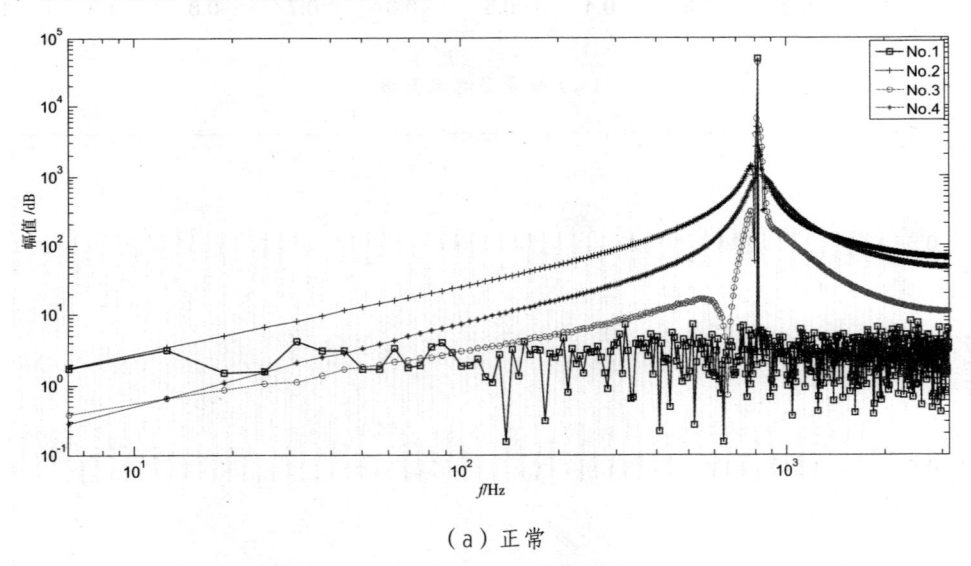

（a）正常

3 基于 RVMD 的牵引电机微弱故障检测

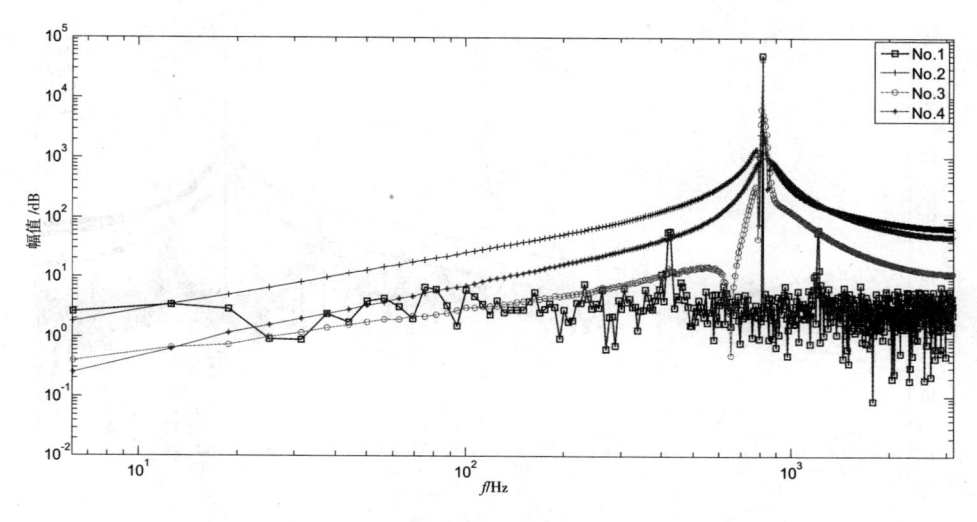

（b）故障严重程度为 0.002

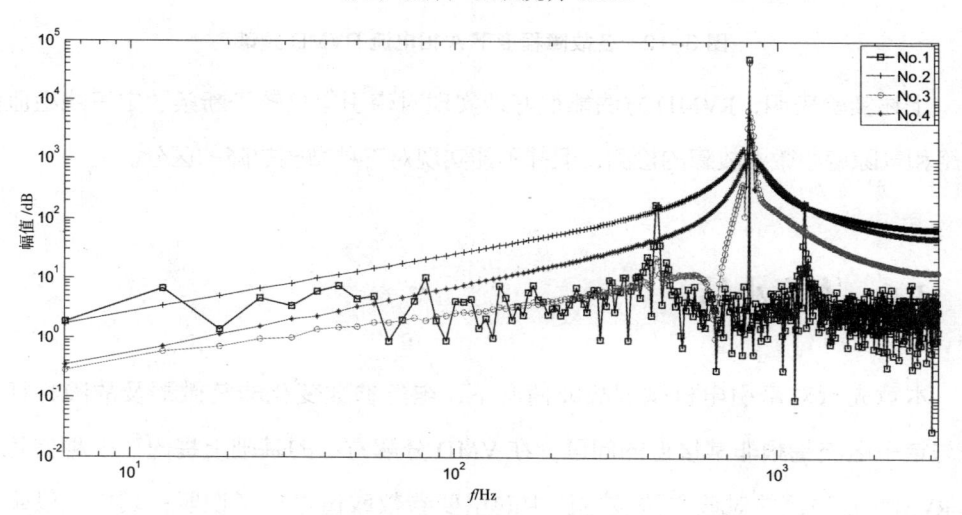

（c）故障严重程度为 0.0056

(d) 故障严重程度为 0.012

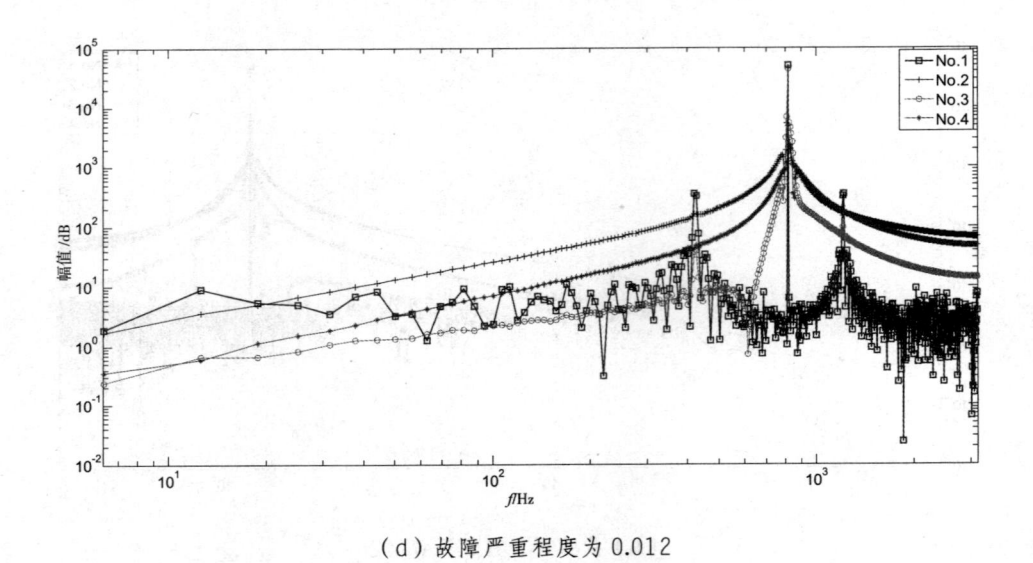

图 3-12　各故障程度下 A 相电流 RVMD 频谱

上述实验表明，RVMD 方法能很好地实现对牵引电机转子断条、定子绕组匝间短路和气隙偏心微弱故障的检测，但并不能实现对三种微弱故障的区分。

3.6　本章小结

本章先针对牵引电机微弱故障情况下，电气参数变化非常微弱及故障特征频率与定子电流基频非常接近的问题，在 VMD 分解方法的基础上提出了一种信号分解 RVMD 方法，并对该方法及方法中的重要参数取值进行了说明；其次，以牵引电机转子断条微弱故障为实验对象，在仿真及硬件在环故障注入半实物平台上进行了实验，结合实验数据，对 RVMD 参数的选取进行了详细介绍；然后，分别利用 EMD+Hilbert 方法和 RVMD 方法对牵引电机转子断条微弱故障进行检测，实验结果表明 RVMD 方法要优于经典的 EMD+Hilbert 方法；最后，利用 RVMD 方法对牵引电机定子绕组匝间短路微弱故障和气隙偏心微弱故障进行了检测。

4 基于状态转移自适应随机共振的牵引电机微弱故障诊断

4.1 引言

第 3 章利用 RVMD 方法实现了对牵引电机转子断条、定子绕组匝间短路和气隙偏心三种微弱故障的检测,但并没有完成三种微弱故障的诊断。通过对列车运行数据的准确、有效利用来实现牵引电机微弱故障诊断,对于提高牵引传动控制系统运行安全性、可靠性具有重要意义。由于获得的牵引电机运行状态信号中通常包含很强烈的干扰噪声,体现出故障信号微弱、故障特征信号信噪比低、故障信息耦合和故障特征难以提取等特点。

本章针对上述特点,以及常见牵引电机微弱故障和电机定子电流信号及故障特征信号具有周期性、正弦性的特点,提出基于状态转移自适应随机共振的微弱故障诊断方法[139]。该方法选用定子电流信号,利用随机共振将噪声能量转移到微弱故障信号上,在降低噪声的同时使淹没在噪声中的微弱故障特征信号得到共振加强,从而实现强背景噪声下微弱故障特征信号的检测;对于传统随机共振系统参数不能自动寻优,无法达到最优共振状态的问题,采用状态转移算法,以输出最大信噪比为目标函数,实现对随机共振参数的全局优化寻优。寻优后的系统参数能实现最优随机共振,实现了牵引电机转子断条、定子绕组匝间短路和气隙偏心三种微弱故障的诊断。

4.2 随机共振与状态转移算法

4.2.1 随机共振

随机共振是 Benzi 等提出的一种利用噪声来使微弱特征信号得以增强的方法。与目前常用的通过滤波等方法滤除噪声的方法不同，它将噪声能量转移到微弱故障信号上，在降低噪声的同时使淹没在噪声中的微弱特征信号得到共振加强，从而实现强背景噪声下微弱特征信号的检测，因此近年来被用于微弱特征提取和故障诊断中。随机共振存在于多种包含微弱周期信号与噪声的非线性系统中，广大研究者利用此现象，通过调整系统参数或加入适当的噪声来达到增强微弱信号的目的。随机共振已在物理、生物、机械和电子等众多领域有应用，并在各个领域不断完善。

对于随机共振的牵引电机微弱故障诊断方法的研究主要集中在以下几个方面。

（1）输入信号的尺度变换。如何克服小参数局限，利用随机共振方法进行故障信号处理。

（2）随机共振势阱。经典双稳态势阱模型是研究的主要方向。此外，还有学者对非双稳态势阱随机共振的应用进行了研究。

（3）输入信号噪声分布。研究基于白噪声和有色噪声模型下的随机共振。

（4）随机共振阶次。经典随机共振研究的是过阻尼系统，在此情况下，系统响应的二次项（加速度项）被忽略，系统为一阶，而考虑欠阻尼的二阶随机系统可能具有更好的滤波效果。

（5）自适应随机共振。由于随机共振系统的输入信号、势阱形状和模型阶次对系统的输出都会有影响，所以为了更好地实现随机共振系统的输出优化，需要某个指标来调整随机共振参数，信噪比则是一个很好的评价指标。通过自适应的方法优化随

4 基于状态转移自适应随机共振的牵引电机微弱故障诊断

机共振参数，达到输出信噪比尽可能高的目的。

随机共振是指在一定的非线性条件下，弱周期信号与噪声达成协同作用而使输出信号的信噪比增强的现象。随机共振的经典模型有很多，其中应用最广泛的是双稳态系统，朗之万 (Langevin) 方程为双稳态系统中最为简洁和典型的系统模型，因此通过朗之万方程导出随机共振系统，建立福克－普朗克 (Fokker-Planck) 方程，描述随机共振现象，通过绝热近似理论进一步阐释随机共振现象，给出系统数值求解算法。

1. 双稳态随机共振模型

（1）朗之万方程

20 世纪初，朗之万在布朗粒子宏观方程中通过引入随机力再次研究布朗运动[140-141]。该随机力表示涨落非常快，是引起粒子无规则运动的力（噪声是一种典型的随机力），并根据不同物理系统赋予随机力一些比较合理的统计特性，建立以数学模型为微分方程的理论基础。将 m 质量的粒子浸入某液体中，在忽略外场和重力情况下分析粒子运动。粒子在液体中以速度 v 运动，由于液体分子的碰撞，将产生阻尼力阻碍粒子运动，用 $-av$ 表示。再加上液体分子无规律碰撞，得到布朗粒子运动的宏观方程：

$$m\dot{v} = -av + F(t) \quad (4-1)$$

式中，v 是粒子速度，$F(t)$ 是除阻尼力外的其他对布朗粒子的全部作用力。

将式（4-1）左右两边分别除以 m，并且用 x 表示位移，得

$$\ddot{x} + r\dot{x} = \xi(t) \quad (4-2)$$

式中，$\xi(t)$ 为朗之万力，也就是液体分子的无规则碰撞力，近似认为其平均值为 0，$\xi(t) = F(t)/m$；$r = a/m$ 为单位质量阻尼系数。式（4-2）即为朗之万方程。

过阻尼时，方程（4-2）的左边阻尼项 $\dot{x}$ 为主要作用，而惯性项 $\ddot{x}$ 可选择忽略，通过选择合适的单位使 $r=1$，同时粒子受到外场作用 $f(x)$，方程（4-2）变为

$$\dot{x} = f(x) + \xi(t) \quad (4-3)$$

如果外场作用选用非线性势函数，系统在噪声 $\xi(t)$ 与外部输入 $u(t)$ 的同时作用下，式（4-3）可写为

$$\dot{x} = -\dot{V}(x) + u(t) + \xi(t) \tag{4-4}$$

式中，$\dot{V}(x)$ 表示 $V(x)$ 的一阶导数 $V(x)$ 为非线性势函数，且 $f(x) = -\dot{V}(x)$，$V(x)$ 通常情况下取标准四次方势函数

$$V(x) = -\frac{a}{2}x^2 + \frac{b}{4}x^4 \tag{4-5}$$

式中，$a > 0$；$b > 0$。该方程表示的是非线性双稳态系统，由势垒和势阱组成，分别代表最大值与最小值。

选取外部输入信号为周期正弦信号，将式（4-5）代入式（4-4），得

$$\dot{x} = ax - bx^3 + A\cos 2\pi ft + \xi(t) \tag{4-6}$$

式中，$A\cos 2\pi ft$ 为外部输入正弦信号，式（4-6）所表示的朗之万方程就描述了典型随机共振双稳态系统[142]。

双稳势函数曲线如图4-1所示，双稳势函数有一个非稳态 $x = 0$ 和两个稳态 $x_{\pm m} = \pm\sqrt{a/b}$，势垒高度 $\Delta V = a^2/4b$，在没有周期信号和噪声作用时，系统处于两个稳态中的任意一个稳态，由系统初始状态决定，当系统输入微弱信号 $u(t)$ 时，信号能量太小不能越过势垒 ΔV，此时系统只能在其中一个势阱内运动，如果此时给系统再加入噪声 $\xi(t)$，将有部分噪声能量转移给所输入的微弱信号，从而使系统能够克服势垒 ΔV，并且以信号频率 f_0 在两稳态间进行跃迁，由于噪声能量的一部分转化为信号能量，造成两稳态位置的差值 ΔV 与输入信号的幅值相比相差较大，对系统输出信号的幅值实现了有效放大，从而提高了输出信号的信噪比，即发生了随机共振。

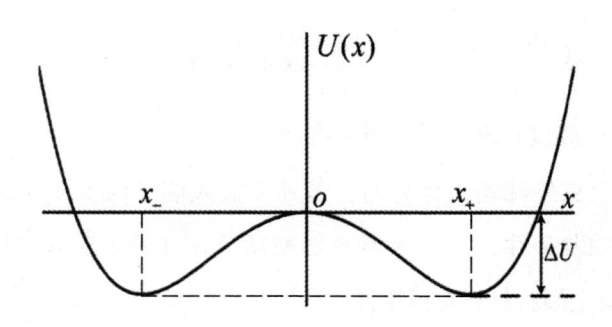

4 基于状态转移自适应随机共振的牵引电机微弱故障诊断

图 4-1 双稳势函数曲线图

图 4-2 为双稳系统随机共振模型，$x(t)$ 是系统输出信号，非线性双稳系统用势函数 $V(x) = -\dfrac{a}{2}x^2 + \dfrac{b}{4}x^4$ 表示。

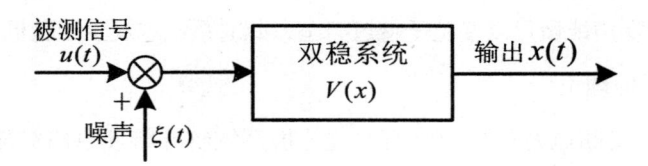

图 4-2 双稳系统随机共振模型

（2）福克-普朗克方程

我们要研究随机变量 x 的统计性能，而不是它的轨迹，也就是 x 的概率分布函数变化规律，用 $\rho(x,t)$ 表示，它符合福克-普朗克方程[143]：

$$\frac{\partial \rho(x,t)}{\partial t} = -\frac{\partial}{\partial x}[(A\cos 2\pi ft)\rho(x,t)] + D\frac{\partial^2}{\partial x^2}\rho(x,t) \qquad (4-7)$$

式中，初始条件为 $\rho(x,t_0|x_0,t_0) = \delta(x-x_0)$。可用式（4-7）分析随机噪声对非线性系统的作用。通过式（4-6）可分析系统输入信号与输出状态的关系。

当无外部输入信号，仅有噪声时，粒子将随着噪声驱动在两个稳态点（$x_{\pm m} = \pm\sqrt{a/b}$）之间来回跃迁，来回跃迁的频率体现为克莱默斯（Kramers）速度形式[144]，且来回运动的频率由噪声决定。

107

$$r_K = \frac{a}{\sqrt{2\pi}}\exp(-\frac{\Delta V}{B}) \qquad (4-8)$$

式中，ΔV 表示势垒高度；B 表示噪声强度。

当无噪声而只有外部输入信号时，若外部输入信号 $|A| > A_0$（$A_0 = \sqrt{4a^3/(27b)}$）满足系统的静态触发条件，A_0 表示静态触发阈值，A 表示输入信号最大值。此时，双稳态势函数将发生倾斜且具有周期性。

当输入信号与噪声一起存在时，外部输入信号给系统势阱切换带来了周期性变化，对噪声所引起的切换进行了同步，从而使输出噪声得到了降低，提高了输出的周期信号，进而使输出信噪比得到了提高，即发生了随机共振[145]。若通过外部输入信号与噪声的加入达不到系统静态触发，可采用改变参数 a、b 的方法调整势垒高度，使系统输入信号能量与噪声能量足以使粒子越过势垒，此时系统也发生了随机共振。

（3）绝热近似理论

通过福克-普朗克方程和朗之万方程分析系统统计特性是研究随机共振的主要工作。然而当福克-普朗克方程中存在 $-\frac{\partial}{\partial x}[(A\cos 2\pi ft)\rho(x,t)]$ 项时，方程解的表达式无法精确得到，可采用绝热近似理论近似方法来处理这一方程[146]。

$x_{\pm m}$ 为系统两个稳态点，假设 $p_\pm(t)$ 表示系统在 $x_{\pm m}$ 点的可能性，如果有输入信号 $u(t) = A\cos 2\pi ft$，系统通过周期力作用使势阱产生变化，系统输出来回跃迁的概率也产生变化。$W_\mp(t)$ 为时刻 t 从稳态 $x_{\pm m}$ 跃迁出的概率，因而得到关于 $n_\pm(t)$ 的主导方程：

$$\dot{n}_\pm(t) = -W_\mp(t)n_\pm(t) + W_\pm(t)n_\mp(t) \qquad (4-9)$$

利用归一化条件：

$$n_\pm(t) + n_\mp(t) = 1 \qquad (4-10)$$

将式（4-10）代入式（4-9）得到

$$\dot{n}_\pm(t) = -[W_\pm(t) + W_\mp(t)]n_\pm(t) + W_\pm(t) \qquad (4-11)$$

4 基于状态转移自适应随机共振的牵引电机微弱故障诊断

对于给定的 $W_\pm(t)$，可解方程（4-11）得

$$n_\pm(t) = g(t)[n_\pm(t_0) + \int_{t_0}^t W_\pm(\tau)g^{-1}(\tau)\mathrm{d}\tau] \qquad (4\text{-}12)$$

其中

$$g(t) = \exp(-\int_{t_0}^t [W_+(\tau) + W_-(\tau)]\mathrm{d}\tau) \qquad (4\text{-}13)$$

其中，$n_\pm(t_0)$ 为 t_0 时刻的初始概率。跃迁概率的指数形式为

$$W_\pm(t) = r_K \exp\left(\pm \frac{Ax_m}{B}\cos 2\pi f t\right) \qquad (4\text{-}14)$$

式中，r_K 为克莱默斯速率。

绝热近似理论假设输入信号的频率远小于 r_K，且输入信号幅值 A 与噪声强度 B 都远小于 1，即 $2\pi f \ll r_K$，$A \ll 1$，$B \ll 1$。对式（4-14）进行泰勒级数展开，得

$$W_\pm(t) = r_K \left[1 \pm \frac{Ax_m}{B}\cos 2\pi f t + \frac{1}{2}\left(\frac{Ax_m}{B}\right)^2 \cos^2 2\pi f t \pm \cdots\right] \qquad (4\text{-}15)$$

计算得到

$$W_+(t) + W_-(t) = r_K\left[1 + \frac{1}{2}\left(\frac{Ax_m}{B}\right)^2 \cos^2 2\pi f + \cdots\right] \qquad (4\text{-}16)$$

将式（4-15）、式（4-16）代进式（4-12），$x_0 = x(t_0)$ 为初始条件，$n_+(t|x_0,t_0)$ 表示 t 时刻在 + 状态的条件概率密度，将其展开至 Ax_m/B 一次项：

$$\begin{aligned}n_+(t|x_0,t_0) &= 1 - n_-(t|x_0,t_0) \\ &= \frac{1}{2}\left\{\exp[-2r_K(t-t_0)] \times \left[2\delta_{x_0,x_m} - 1 - \frac{2r_K Ax_m \cos(2\pi f t_0 + \phi)}{B(4r_K^2 + (2\pi f)^2)^{\frac{1}{2}}}\right]\right. \\ &\quad \left. + 1 + \frac{2r_K Ax_m \cos(2\pi f t_0 + \phi)}{B(4r_K^2 + (2\pi f)^2)^{\frac{1}{2}}}\right\}\end{aligned} \qquad (4\text{-}17)$$

式中，$\phi = -\arctan(\pi f / r_K)$；$\delta_{x_0,x_m} = 1$ 表示初始时刻位于 + 状态，得条件概率密度 $n_+(t|x_0,t_0)$ 和 Ax_m/B 一次项，在 $2\pi f \ll r_K$，$A \ll 1$，$B \ll 1$ 下，对随机共振系统进行

计算。

（4）数值求解算法

解析或近似解析方法已不适用非线性随机共振系统，常用数值方法将微分方程转化成差分方程进行求解。不同的数值分析方法应用于不同系统。与龙格－库塔（Runge-Kutta）算法相结合求解信号作用于非线性系统的迭代算法，同时应用在非线性随机共振系统进行离散并求解。

$$\begin{aligned} x_{n+1} &= x_n + \frac{1}{6}(k_1 + 2k_2 + 2k_3 + k_4) \\ k_1 &= h[ax_n - bx_n^3 + s_n] \\ k_2 &= h[a(x_n + \frac{k_1}{2}) - b(x_n + \frac{k_1}{2})^3 + s_n] \\ k_3 &= h[a(x_n + \frac{k_2}{2}) - b(x_n + \frac{k_2}{2})^3 + s_{n+1}] \\ k_4 &= h[a(x_n + k_3) - b(x_n + k_3)^3 + s_{n+1}] \end{aligned} \quad (4-18)$$

式中，$x(t) = u(t) + \xi(t)$ 表示系统输入的混合信号，$u(t)$ 为系统待测信号，$\xi(t)$ 为噪声信号；x_n 为系统输出信号 $x(t)$ 的第 n 次采样值；s_n 为系统输入混合信号的第 n 次采样值；h 为计算步长，$h = 1/f_s$。

（5）随机共振测度指标

按照输入信号是否为周期信号，将随机共振分为经典与非经典随机共振[147]，它们分别以双稳系统和周期信号为模型进行研究，以非周期信号、单稳态或多稳态非线性系统为模型进行研究。

衡量周期与非周期随机共振通常有如下指标。

①信噪比与信噪比增益。信噪比（signal-to-noise ratio, SNR）是最常用的指标，可实现定性描述和定量计算，本书也采用该指标，信噪比表达式为

$$\text{SNR} = \frac{\lim\limits_{\Delta\omega \to 0} \int_{\omega-\Delta\omega}^{\omega+\Delta\omega} S(\omega) \mathrm{d}\omega}{S_N(\omega)} \quad (4-19)$$

4 基于状态转移自适应随机共振的牵引电机微弱故障诊断

式中，$S(\omega)$为输入信号功率谱密度；ω代表信号频率；$S_N(\omega)$为输入信号频率周围噪声强度大小。

若更在乎输出信号相比于输入信号在品质上的改善程度，可以将随机共振的测度指标定位成输出输入SNR比值的信噪比增益（SNRI，signal noise ratio improvement）[148]。

②驻留时间分布。粒子在势阱之间产生两次连续跳跃的间隔时间称为驻留时间，系统势阱内跳跃间隔时间的概率遵循泊松分布

$$p(T)=\frac{e^{-T/T_K}}{T_K} \qquad (4-20)$$

式中，T_K为粒子越过势阱的克莱默斯时间。

③互相关系数。非周期随机共振难以用信噪比等测度指标进行测度，可引入输出输入的互相关测度来描述响应与激励之间的相关程度[149]。

互相关系数：

$$C_0=\overline{[u(t)-\overline{u(t)}][x(t)-\overline{x(t)}]} \qquad (4-21)$$

归一化互相关系数：

$$C_1=\frac{C_0}{\sqrt{[u(t)-\overline{u(t)}]^2[x(t)-\overline{x(t)}]^2}} \qquad (4-22)$$

④误码率及信道容量。误码率和信道容量分别代表系统可靠性与有效性[150]。误码率p_e表示为

$$p_e=p(1)p(0|1)+p(0)p(1|0) \qquad (4-23)$$

式中，$p(0)$、$p(1)$分别表示信道输入二进制序列中0和1的概率；$p(0|1)$表示输入为1而检测为0的概率；$p(1|0)$表示输入为0而检测为1的概率。

信道容量可表示为误码率p_e的函数：

$$C_p=1+p_e\log_2 p_e+(1-p_e)\log_2(1-p_e) \qquad (4-24)$$

2. 随机共振输出信噪比

信噪比是一个系统对信号改善或增强作用的重要衡量指标[151]。输出信噪比 SNR 的计算公式在式（4-19）已表达。

系统输出功率谱 $G(\omega)$ 表示为

$$G(\omega) = G_N(\omega) + G_S(\omega)$$
$$= \left[1 - \frac{1}{2}\left(\frac{Ax_m}{B}\right)\frac{4r_K^2}{4r_K^2 + \omega_0^2}\right]\frac{4r_K x_m^2}{4r_K^2 + \omega_0^2} + \frac{\pi}{2}\left(\frac{Ax_m}{B}\right)^2 \frac{4r_K^2}{4r_K^2 + \omega_0^2}[\delta(\omega - \omega_0) + \delta(\omega + \omega_0)] \quad (4-25)$$

式中，$G_N(\omega)$ 为噪声引起；$G_S(\omega)$ 为周期信号引起；r_K 为克莱默斯跃迁率（kramers rate, KR），在噪声作用下双稳系统在稳态间产生跃迁的速率，表示为

$$r_K = \frac{a}{\sqrt{2}\pi}\exp(-\frac{a^2}{4bB}) \quad (4-26)$$

随着噪声强度 B 的增大，r_K 会逐渐增大，当 B 达到一定值时，r_K 将趋于稳定。当噪声强度确定时，r_K 的大小只与系统参数 a 和 b 有关。因此，通过调节 a 和 b 的值，可使系统达到共振状态，实现微弱信号检测。

信噪比 SNR 还可以用式（4-27）表示：

$$\mathrm{SNR} = \frac{\lim_{\Delta\omega \to 0}\int_{\omega_0 - \Delta\omega}^{\omega_0 + \Delta\omega} G_S(\omega)\mathrm{d}\omega}{G_N(\omega_0)}$$
$$= \frac{\pi}{2}\left(\frac{Ax_m}{B}\right)^2 r_K \bigg/ \left[1 - \frac{1}{2}\left(\frac{Ax_m}{B}\right)^2 \frac{4r_K^2}{4r_K^2 + \omega_0^2}\right] \quad (4-27)$$

略去上式分母中的高阶项，可得

$$\mathrm{SNR} \approx \frac{\pi}{2}(\frac{Ax_m}{B})^2 r_K = \frac{\sqrt{2}a^2 A^2}{4bB^2}\exp(-\frac{a^2}{4bB}) \quad (4-28)$$

因此，信噪比是系统参数与噪声强度的非单调函数。

3. 随机共振系统参数

通过调节系统参数 a 和 b、噪声强度 B 可使输入信号发生共振。在实际系统中，

信号与噪声强度不容易确定，系统参数 a 和 b 的值对信号输出性能有重大影响，传统随机共振固定两个参数或固定一个参数只对另一参数进行优化、忽略参数之间交互作用的不足，使系统无法达到最优共振状态。本书根据状态转移算法优异的全局搜索能力，优化目标选用最大信噪比，利用状态转移算法对随机共振系统中的参数实现同步寻优。

4.2.2 状态转移算法

状态转移算法（state transition algorithm, STA）为基于状态空间转移思想的新型有效随机搜索算法，该算法是把优化问题的解作为状态，将在搜索空间进行搜索的过程视为状态转移过程的一种进化算法[152]。该算法由 Zhou X. J.[153-155] 等提出，将旋转算子（rotation operator）、扩展算子（expansion operator）、转移算子（translation operator）和平移算子（axesion operator）四种操作算子用于连续优化问题的求解，该算法全局搜索能力强，搜索精度高，收敛速度快。

STA 可以表示为

$$\begin{cases} x_{k+1} = A_k x_k + B_k u_k \\ y_{k+1} = \mathrm{Obj}(x_{k+1}) \end{cases} \quad (4-29)$$

其中，x_k 和 x_{k+1} 分别表示当前状态和转移后的状态，为优化问题的解；A_k 和 B_k 为状态转移矩阵；u_k 为 x_k 和历史状态的函数；Obj 表示目标函数。

为求解连续优化问题，引入四个变换因子。

1. 旋转算子

$$x_{k+1} = x_k + \alpha \frac{R_r x_k}{n \|x_k\|_2} \quad (4-30)$$

其中，$x_k \in \mathbf{R}^n$；α 称作旋转因子，是正常数；n 是变量数；$R_r \in \mathbf{R}^{n \times n}$ 是随机矩阵，在 $[-1,1]$ 上均匀分布；$\|x_{k+1} - x_k\|_2 \leq \alpha$。

2. 转移算子

$$x_{k+1} = x_k + \beta \frac{R_t(x_{k+1} - x_k)}{\|x_{k+1} - x_k\|_2} \quad (4-31)$$

其中，β 称为转移因子，为一正数；$R_t \in \mathbf{R}$ 为随机数，在 [0,1] 上均匀分布。

3. 扩展算子

$$x_{k+1} = x_k + \gamma \boldsymbol{R}_e x_k \quad (4-32)$$

其中，γ 称为扩展因子，是一正数；$\boldsymbol{R}_e \in \mathbf{R}^{n \times n}$ 是一个随机诊断矩阵，矩阵中元素服从高斯分布。扩展算子能够在整个搜索空间上进行全局搜索。

4. 平移算子

$$x_{k+1} = x_k + \delta \boldsymbol{R}_a x_k \quad (4-33)$$

其中，δ 是一个正数，称为平移因子；$\boldsymbol{R}_a \in \mathbf{R}^{n \times n}$ 是一个随机诊断矩阵，矩阵中元素服从高斯分布。

状态转移算法基本流程如图 4-3 所示。

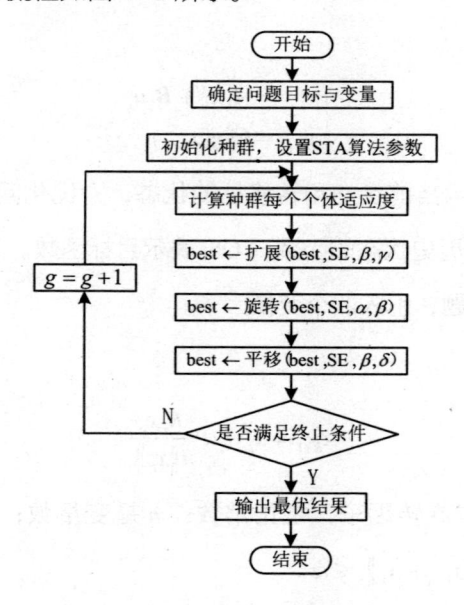

图 4-3 算法流程图

图 4-3 中的 SE 为种群个体数，best 为最优个体，α、β、γ、δ 为 4 个因子，转移操作嵌入扩展、旋转和平移 3 步操作中进行。

4.3 基于状态转移自适应随机共振的微弱故障诊断

直接利用随机共振对牵引电机进行微弱故障诊断会面对下列问题。电机运行工况不同，其转差率不同，由其决定的各类型故障特征频率也不同，即使是同一种故障，不同转差率下的故障特征频率也不同；系统运行时未知噪声强度；故障特征分量幅值小，无法确定故障分量信噪比；等等。

针对直接使用随机共振进行牵引电机微弱故障诊断所面对的问题，以及为克服传统移频变尺度随机共振只对单一参数进行优化，忽略系统各参数间交互作用的缺陷，本书提出的基于状态转移自适应移频变尺度随机共振可实现对系统参数 a、b 的同步优化，其中，状态转移算法的优化目标是使信噪比最大。

根据绝热近似理论，随机共振理论成立的前提是要求输入信号的幅值大小、频率大小和噪声强度必须处在小参数范围内，即三者远远小于 1。因此，在将信号输入双稳态随机共振之前，需要对输入信号进行调制、归一化和移频变尺度等方法处理，使之满足小参数的要求。本书使用移频变尺度方法实现信号预处理，即对实测信号的频率进行线性压缩，然后按 Langevin 方程分析系统响应 SR 谱，得到微弱信号的频谱特征，最后按照设定的压缩尺度比还原实际测量数据。

状态转移自适应随机共振方法流程如图 4-4 所示，分为以下几个步骤。

（1）数据采集，并对数据进行高通滤波，滤去不含故障特征频率或不易观察故障特征频率的低频段，减少低频段对故障诊断的干扰。

（2）通过移频变尺度对采集数据进行处理，即对实测信号的频率进行线性压缩，使之满足输入信号的幅值大小、频率大小和噪声强度必须处在小参数范围内的要求。

（3）对状态转移算法的变量进行初始化，并建立信噪比最大目标函数。

（4）通过引入旋转、转移、扩展和平移四个变换因子，求解连续优化问题，实现参数 a 和 b 的同步优化，并输出最优参数结果。

（5）将状态转移寻优后的参数 a 和 b 作为随机共振的实际参数，构造最优参数随机共振。

（6）通过随机共振检测到微弱故障特征。

（7）由于随机共振所检测到的微弱故障特征是经过移频变尺度处理后的小参数信号，需要按照移频变尺度设定的压缩尺度比恢复微弱故障特征的频率和幅值。

（8）牵引电机不同的微弱故障类型所对应的故障特征频率不一样，根据故障特征频率诊断发生的故障。

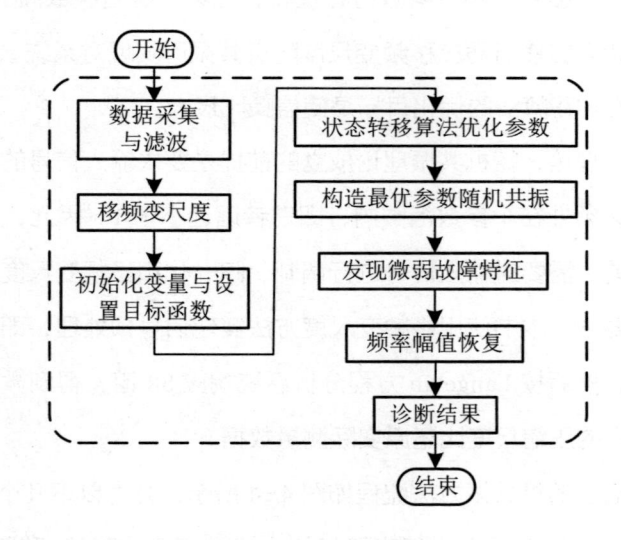

图 4-4　状态转移自适应随机共振流程图

其中，移频变尺度具体流程如下。

（1）输入信号高通滤波以消除或降低低频干扰。

4 基于状态转移自适应随机共振的牵引电机微弱故障诊断

（2）将滤波后的输出信号与高频载波信号相乘，实质为信号的频谱沿频率轴线性频移，实现信号频谱向低频的一次搬移。

（3）设置压缩比，得到符合随机共振要求的小参数信号。此时信号频率为

$$f_{out} = (f_{in} - f_c)/R \quad (4-34)$$

其中，f_{out} 表示小参数信号频率；R 表示压缩比；f_{in} 表示采集信号频率；f_c 表示高频载波信号频率。

4.4 仿真与实验

4.4.1 仿真分析

为验证方法的有效性，设输入信号 $s(t) = 0.01 \times \cos(2 \times \pi \times 0.005 \times t)$，在该信号中加入均值为 0、强度为 0.02 的高斯白噪声，设置采样点数为 8 000，采样频率为 5 Hz。图 4-5 为输入信号原始时域波形及频谱分析，可看出 (a) 图原始输入信号杂乱无章，无法对其进行准确描述，(b) 图频谱分析中也无法找出输入周期信号频率。

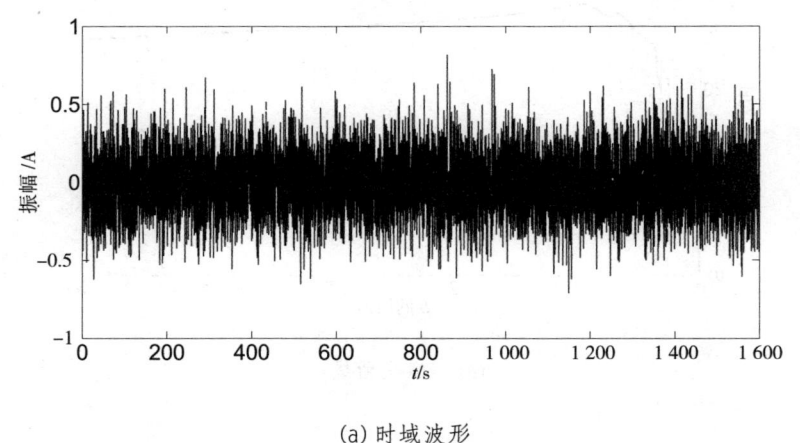

(a) 时域波形

(b) 频率

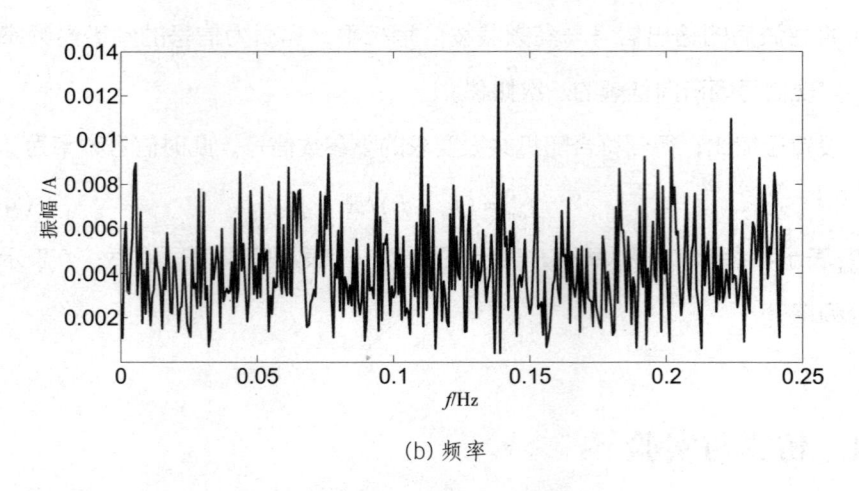

图 4-5 输入信号时频域波形

将原始信号输入经典随机共振系统中,其参数设置方法是 a、b 两个参数随机输入,或固定其中某一参数寻优另外一个参数。其中两个参数随机输入,图 4-6 为固定参数 $a=0.1$,在范围 [0,5] 内取值参数 b,结果显示当 $b=0.944\,0$ 时,SNR $=33.665\,3$ dB 最大。

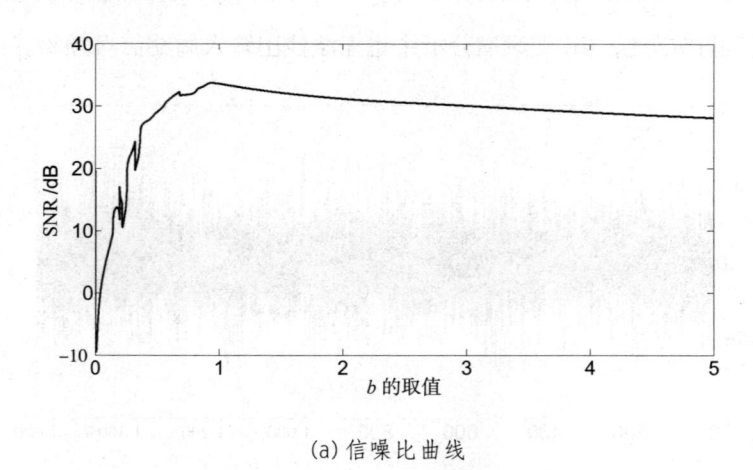

(a) 信噪比曲线

4 基于状态转移自适应随机共振的牵引电机微弱故障诊断

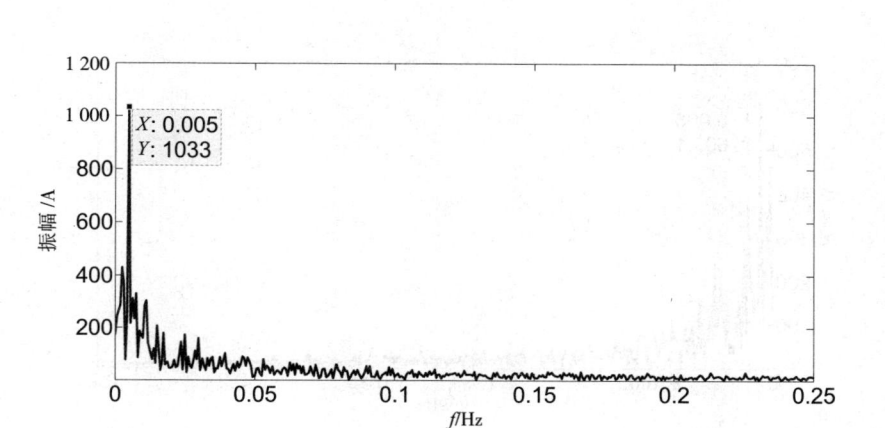

(b) 信噪比最大时的输出频谱

图 4-6 固定 a 取值 b 的随机共振分析结果

图 4-7 为固定参数 $b=1$，在范围 [0，5] 内取值参数 a，结果显示当 $a=0.067\,0$ 时，SNR = 29.309 9 dB 最大。

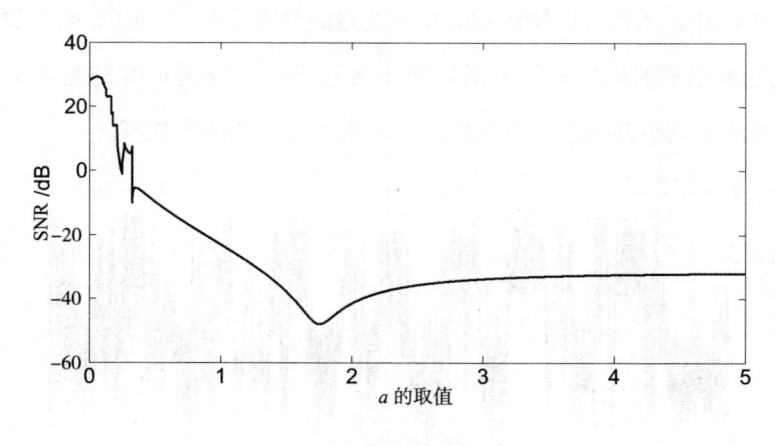

(a) 信噪比曲线

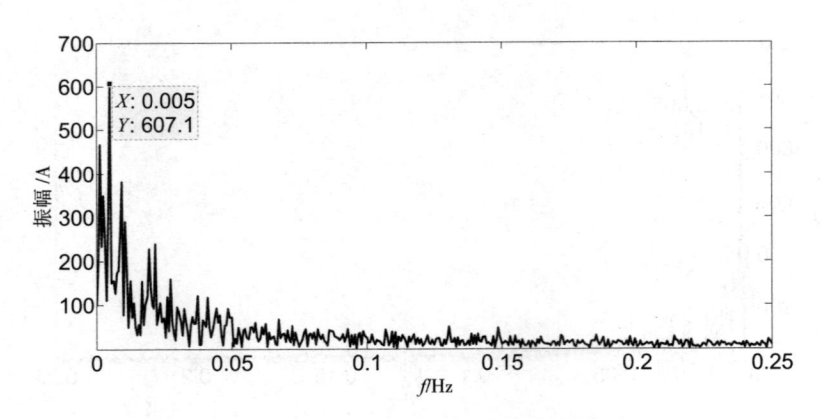

(b) 信噪比最大时的输出频谱

图 4-7 固定 b 取值 a 的随机共振分析结果

采用状态转移随机共振方法来处理分析上述仿真信号,通过状态转移算法在 [0,5] 范围内同步寻优系统最佳参数。寻优结果 $a = 0.229\,8$,$b = 4.143\,6$,此时输出信噪比 SNR = 39.759 4 dB,比传统分别固定 a 和 b 的方法分别提高了 18.1% 和 35.7%,自适应随机共振处理后的时域信号及频谱如图 4-8 所示。比较图 4-8 与图 4-6、图 4-7 发现,所提方法的随机共振输出效果更好,非常适合检测微弱故障。

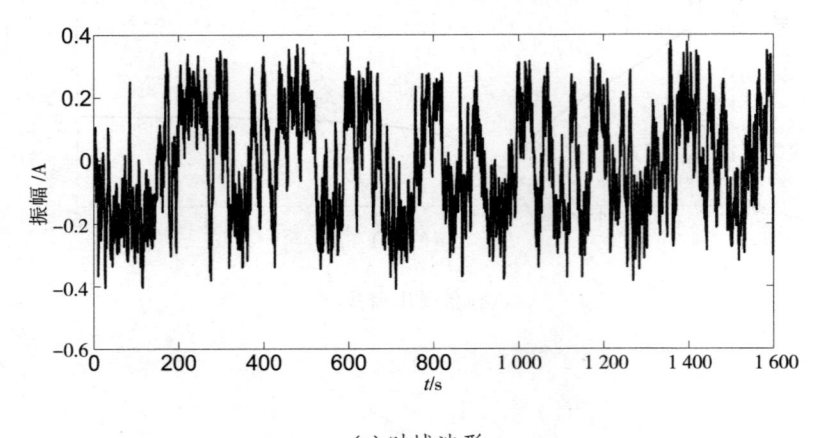

(a) 时域波形

(b) 频谱

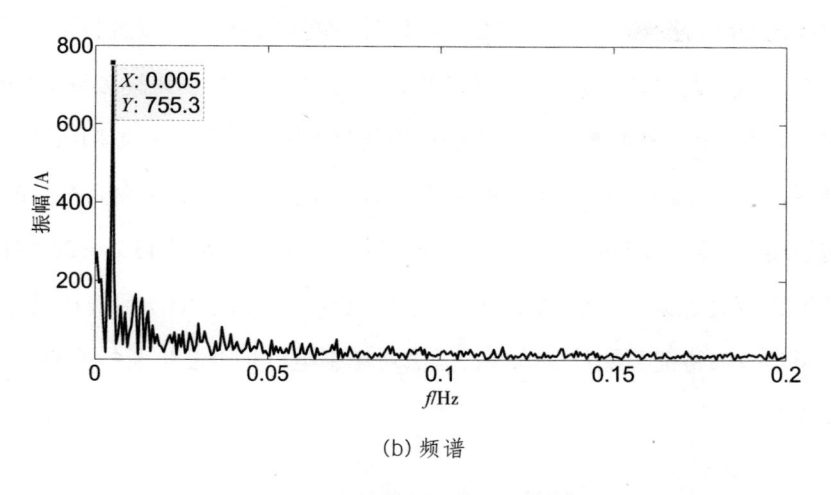

图 4-8 状态转移随机共振分析结果

4.4.2 实验验证

在图 2-21 所示 CRH2 牵引传动控制系统半实物平台上进行实验研究,平台稳定运行后的电机转速为 3 860 转 /min,列车时速为 196 km,根据牵引传动控制系统参数(第 2.2 节)与电机参数(表 2-1)计算,得到此时电机转差率 s=0.019,加载到电机定子三相绕组上的电压基波频率 f_1=131.1 Hz。本节实验主要对牵引电机转子断条微弱故障、定子绕组匝间短路微弱故障与气隙偏心微弱故障进行状态转移自适应随机共振实验研究。

1. 转子断条微弱故障实验

当牵引电机发生转子断条微弱故障时,根据故障特征频率计算公式:

$$f_D = (1 \pm 2s)f \quad [156-157]$$

式中,f_D 为牵引电机转子断条故障特征频率。由 s=0.019,f_1=131.1 Hz,可计算得到 f_{D1}=136.1 Hz 和 f_{D2}=126.1 Hz,因为这两个频率总是成对出现的,所以检测到其中一个故障频率,如 f_{D1}=136.1 Hz,即可判定发生牵引电机转子断条微弱故障。

高速列车牵引电机微弱故障诊断与溯源研究

由于理论故障特征频率为 136.1 Hz，所以移频变尺度高通滤波器的通过频率设为 135 Hz，载波频率与高通滤波器的通过频率一致，为 135 Hz，采样频率 100 000 Hz，频率压缩比为 1 000。图 4-9 给出了转子断条微弱故障情况下定子 A 相电流的时域波形及频谱图，通过（a）图所示可以发现所采集的 A 相定子电流中含有很强的干扰噪声，使转子断条故障不能被发现。频谱（b）图中，局部放大了 135～200 Hz 区域，在故障特征频率处也未能检测到明显谱峰。考虑到实际牵引传动系统背景噪声更强烈，转子断条故障特征更加难以体现，无法对牵引电机是否发生断条故障进行判断，导致漏诊或误诊。

(a) 时域波形

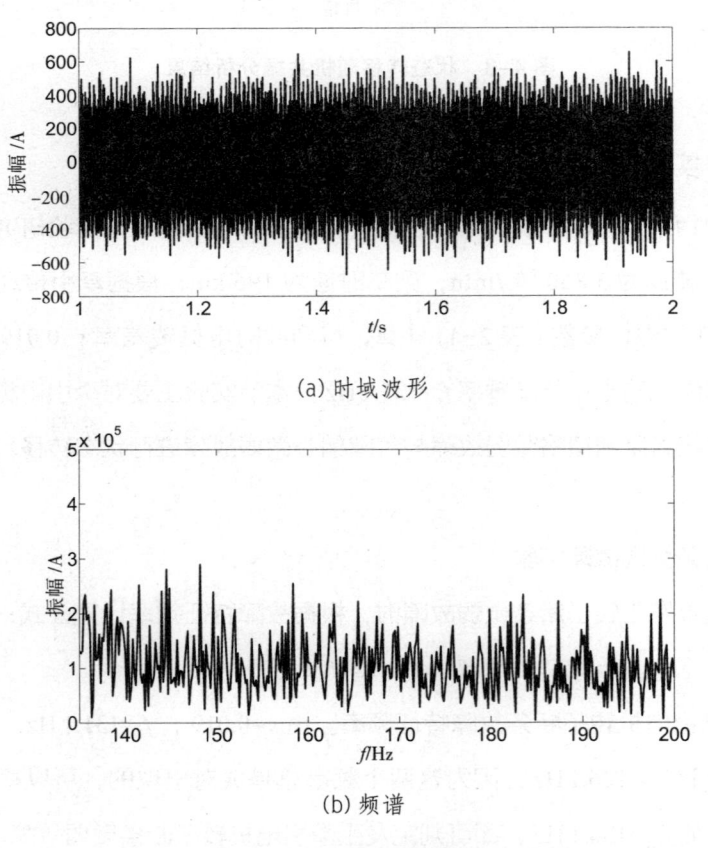

(b) 频谱

图 4-9 加入噪声的断条故障实际信号

4 基于状态转移自适应随机共振的牵引电机微弱故障诊断

图 4-10 所示并未采用状态转移算法寻优系统两个参数,而是采用传统随机共振方法处理信号,即固定其中一个参数自动寻优另一参数。图 4-10(a) 为固定参数 $a=1$,自动寻优 b 的值,b 的寻优范围为 [0,10],使系统输出信噪比最大,通过寻优得到 $b=0.03$,此时 SNR = 40.432 6 dB;图 4-10(b) 为固定参数 $b=1$,自动寻优 a 的值,a 的寻优范围为 [0,10],使系统输出信噪比最大,通过寻优得到 $a=4.52$,此时 SNR = 45.160 6 dB。

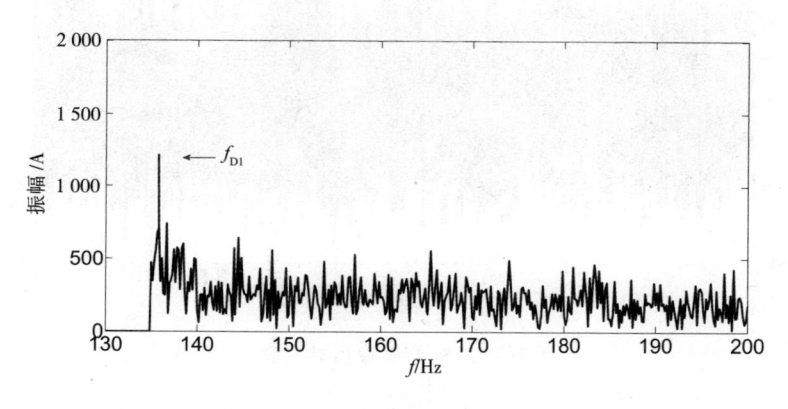

(a) 固定 a 优化 b

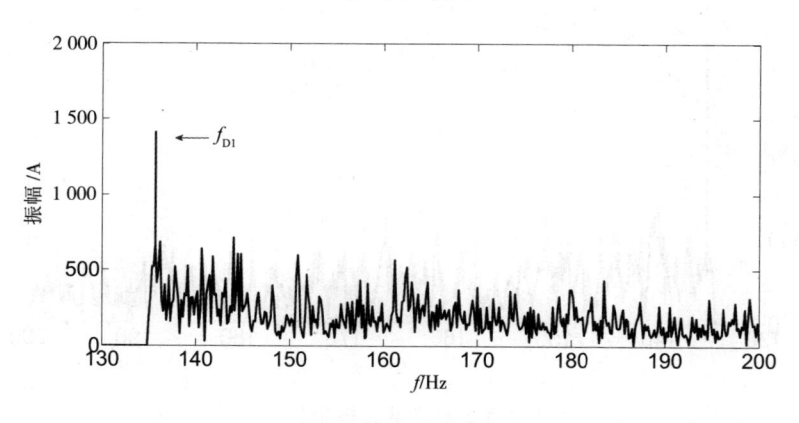

(b) 固定 b 优化 a

图 4-10 随机共振传统方法分析结果

● 高速列车牵引电机微弱故障诊断与溯源研究

通过状态转移自适应随机共振方法对信号进行分析,设置搜索力度为 20,问题维数为 2,两个待优化参数的范围为 [0,30],迭代次数为 30 次,经过状态转移随机共振后的输出时域波形与频谱如图 4-11 所示,此时 $a = 1.5754$,$b = 21.2303$,$\text{SNR} = 51.7158 \text{ dB}$。

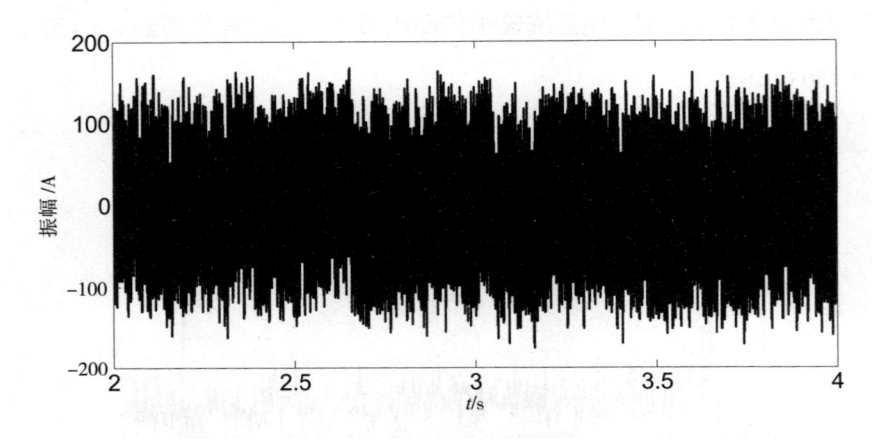

(a) 自适应随机共振输出时域波形

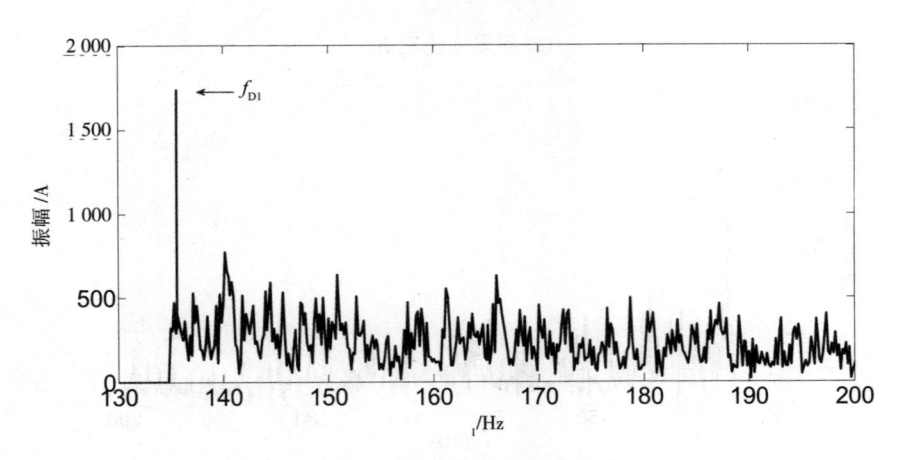

(b) 自适应随机共振输出频谱

图 4-11 状态转移自适应随机共振输出结果

4 基于状态转移自适应随机共振的牵引电机微弱故障诊断

状态转移自适应随机共振实现了转子断条故障特征频率 f_{D1} 的检测,因此可以诊断牵引电机是否发生了转子断条故障。对比图 4-10(a)、图 4-10(b) 与图 4-11(b),状态转移算法的频谱图在故障特征频率位置具有更高的谱峰值,SNR 值分别增加了 27.9% 和 14.5%。工程实验结果表明,对于牵引电机转子断条微弱故障信号,传统随机共振方法的处理结果较原始频谱有一定改善。而采用本书所提状态转移自适应随机共振,考虑了随机共振系统参数间的影响,并能很好地利用状态转移算法优异的搜索性能,从而提出的状态转移自适应随机共振方法在牵引电机转子断条微弱故障诊断中具有更好的效果。

2. 定子绕组匝间短路微弱故障实验

根据第 2 章牵引电机常见故障机理分析可知,当牵引电机发生定子绕组匝间短路微弱故障时,故障特征频率为 $f_s = (n \pm 2k(1-s))f_1$,$n=1,2,3,\cdots$,$k=0,1,2,3,\cdots$,考虑电机绕组结构,定子电流中只含有 $n=1,3,5,7,11,\cdots$ 的谐波成分。考虑到 k 和 n 取值越大,其对应故障特征分量在整个定子电流中将越微弱,因此我们只需取较小 k 值和 n 值。

当 $k=0$,$n=1,3,5,7$ 时,定子绕组匝间短路故障特征频率分别为 f_1,$3f_1$,$5f_1$,$7f_1$。

当 $n=1$,$k=1,2$ 时,结合特征频率不能为负值,定子绕组匝间短路故障特征频率分别为 $(3-2s)f_1$,$(5-4s)f_1$。

将转差率 s 和加载到电机定子三相绕组上的电压基波频率 f_1 代入上述特征频率,得表 4-1 所示的故障特征频率。

表 4-1 CRH2 牵引电机定子绕组匝间短路故障特征频率

特征频率式	f_1	$(3-2s)f_1$	$3f_1$	$(5-4s)f_1$	$5f_1$	$7f_1$
特征频率值(Hz)	131.1	388.32	393.3	645.54	655.5	917.7

高速列车牵引电机微弱故障诊断与溯源研究

表 4-1 中特征频率值 131.1 Hz 与基频重合，不适合作为故障特征频率，同时考虑谐波次数越高，特征分量值越小，因此可将 388.32 Hz 和 393.3 Hz 作为定子绕组匝间短路故障特征频率，且令 f_{s1} = 388.32 Hz，f_{s2} = 393.3 Hz。

实验时，移频变尺度高通滤波器的通过频率可与转子断条微弱故障相同，设为 135 Hz，载波频率与高通滤波器的通过频率一致，为 135 Hz，采样频率 100 000 Hz，频率压缩比为 1000。图 4-12 给出了定子绕组匝间短路微弱故障情况下定子 A 相电流的时域波形及频谱图，通过图 4-12(a) 所示可以发现所采集的 A 相定子电流中含有很强的干扰噪声，使定子绕组匝间短路故障并不能被发现。频谱图 4-12(b) 中，局部放大了 300～500 Hz 区域，在故障特征频率处也未能检测到明显谱峰。考虑到实际牵引传动系统背景噪声更强烈，定子绕组匝间短路故障特征更加难以体现，使得无法对牵引电机是否发生定子绕组匝间短路故障进行判断，导致漏诊或误诊。

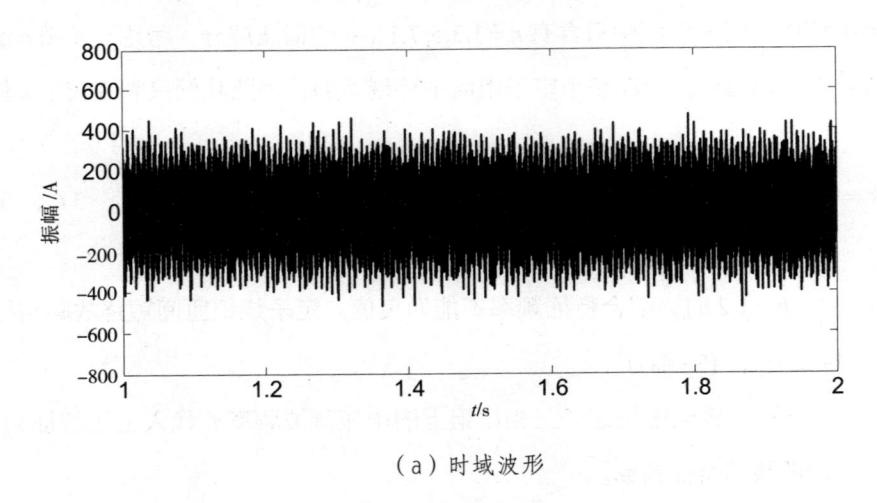

(a) 时域波形

4 基于状态转移自适应随机共振的牵引电机微弱故障诊断

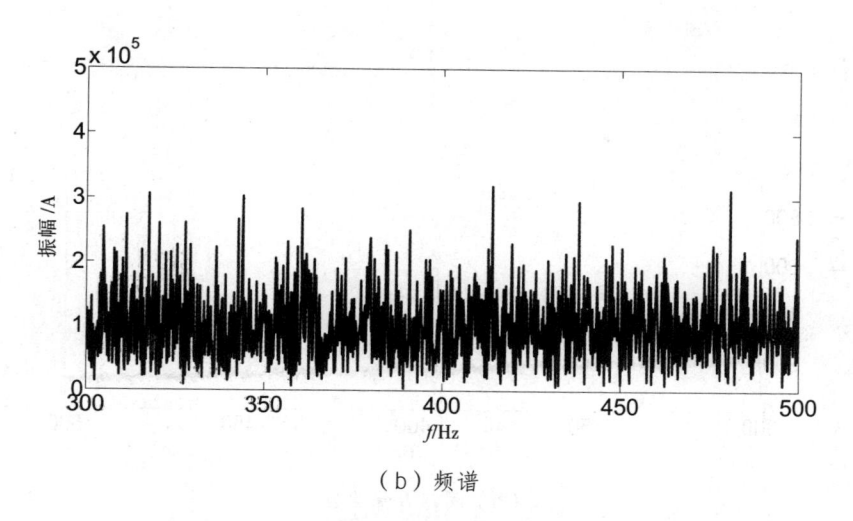

（b）频谱

图 4-12 加入噪声的定子绕组匝间短路故障实际信号

图 4-13 并未采用状态转移算法寻优系统两个参数，而是采用传统随机共振方法处理信号。图 4-13(a) 为固定参数 $a=1$，自动寻优 b 的值，b 的寻优范围为 $[0,10]$，使系统输出信噪比最大，通过寻优得到 $b=0.10$，此时 SNR = 37.468 8 dB；图 4-13(b) 为固定参数 $b=1$，自动寻优 a 的值，a 的寻优范围为 $[0,10]$，使系统输出信噪比最大，通过寻优得到 $a=4.73$，此时 SNR = 39.714 3 dB。

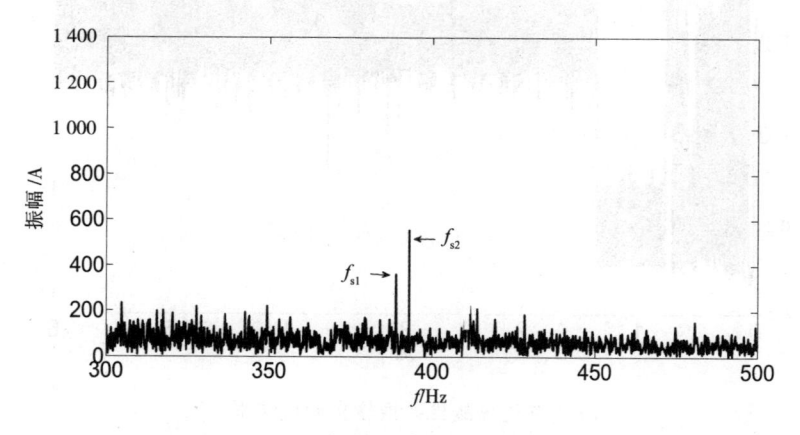

（a）固定 a 优化 b

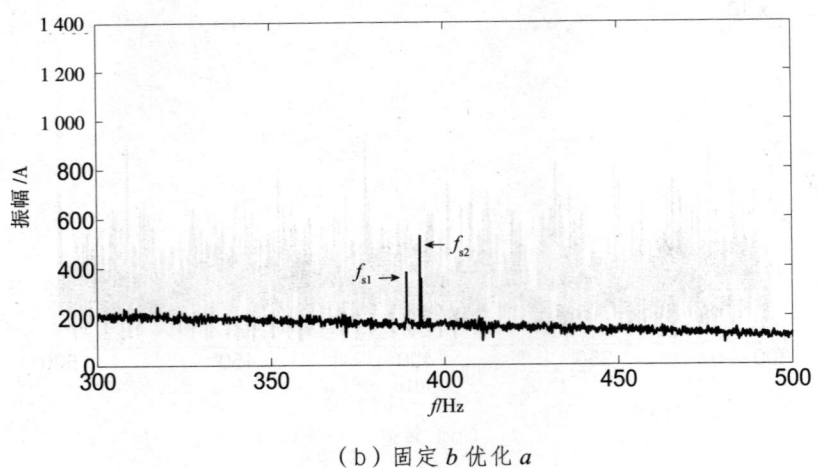

高速列车牵引电机微弱故障诊断与溯源研究

（b）固定 b 优化 a

图 4-13 随机共振传统方法分析结果

通过状态转移自适应随机共振方法对信号进行分析，设搜索力度为 20，问题维数为 2，两个待优化参数的范围为 [0,30]，迭代次数为 30，经过该随机共振后的输出波形如图 4-14 所示，此时 $a=1.6963$，$b=29.9704$，SNR = 50.9299 dB。

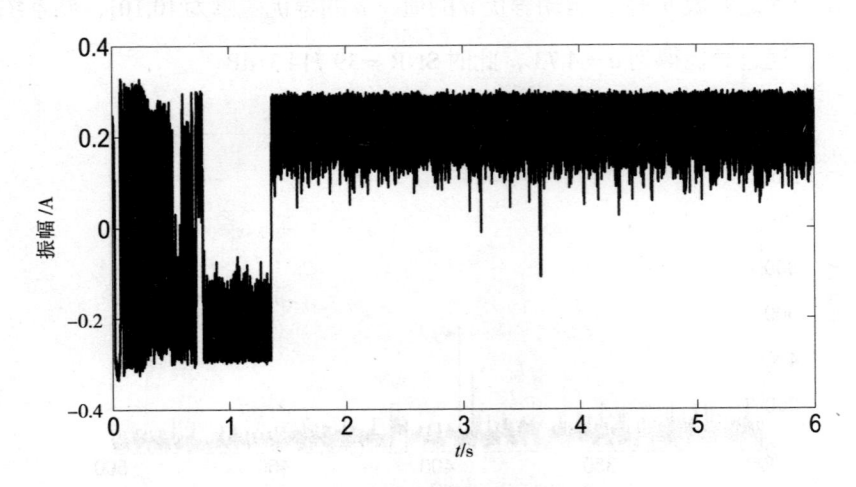

（a）自适应随机共振输出时域波形

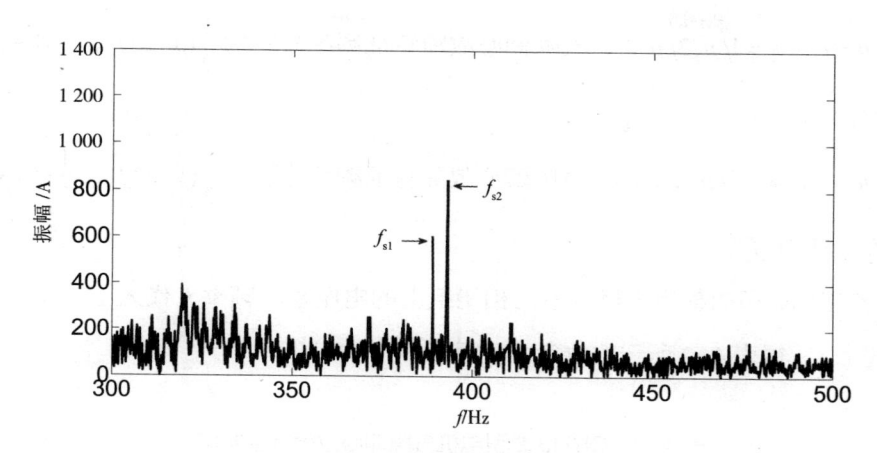

4 基于状态转移自适应随机共振的牵引电机微弱故障诊断

(b) 自适应随机共振输出频谱

图 4-14 状态转移自适应随机共振输出结果

状态转移自适应随机共振实现了定子绕组匝间短路故障特征频率 f_{s1} 与 f_{s2} 的检测,因此可以诊断牵引电机是否发生了定子绕组匝间短路故障。对比图 4-13(a)、图 4-13(b) 与图 4-14(b),状态转移算法的频谱图在故障特征频率位置具有更高的谱峰值,SNR 值分别增加了 35.9% 和 28.2%。工程实验结果表明,对于牵引异步电机定子绕组匝间短路微弱故障信号,传统随机共振方法的处理结果较原始频谱有一定改善。而采用本书所提状态转移自适应随机共振,考虑了随机共振系统参数间的影响,并能很好地利用状态转移算法优异的搜索性能,从而提出的状态转移自适应随机共振方法在牵引电机定子绕组匝间短路微弱故障诊断中具有更好的效果。

3. 气隙偏心故障实验

由第 2 章牵引电机常见故障机理分析可知,当牵引电机发生气隙偏心故障时,故障特征频率为 $f_{ag} = [n \pm k(1-s)]f$,$n = 1, 2, 3, \cdots$,$k = 1/p, 2/p, \cdots$,CRH2 牵引电机极对数 $p = 2$。考虑到 k 和 n 取值越大,其对应故障特征分量在整个定子电流中将越微弱,因此我们只需取较小 k 值和 n 值。

当 $n=1$，$k=1/p, 2/p$ 时，气隙偏心故障特征频率分别为 $\frac{1}{2}(3-s)f_1$，$\frac{1}{2}(1+s)f_1$，$(2-s)f_1$，sf_1。

当 $n=2$，$k=1/p, 2/p$ 时，气隙偏心故障特征频率分别为 $\frac{1}{2}(5-s)f_1$，$\frac{1}{2}(3+s)f_1$，$(3-s)f_1$，$(1+s)f_1$。

将转差率 s 和加载到电机定子三相绕组上的电压基波频率 f_1 代入上述特征频率（取前 6 个），得表 4-2 所示的故障特征频率。

表 4-2 CRH2 牵引电机气隙偏心故障特征频率

特征频率式	$\frac{1}{2}(3-s)f_1$	$\frac{1}{2}(1+s)f_1$	$(2-s)f_1$	sf_1	$\frac{1}{2}(5-s)f_1$
特征频率值（Hz）	195.4	66.8	259.7	2.49	326.5

表 4-2 中特征频率值小于基波频率 f_1 的不适合作为故障特征频率，同时考虑谐波次数越高，特征分量值越小，因此可将 195.4 Hz 作为定子绕组匝间短路故障特征频率，且令 $f_{ag1}=195.4\,\text{Hz}$。

实验时，移频变尺度高通滤波器的通过频率与前面两种微弱故障相同，设为 135 Hz，载波频率与高通滤波器的通过频率一致，为 135 Hz，采样频率 100 000 Hz，频率压缩比为 1 000。图 4-15 给出了气隙偏心微弱故障情况下定子 A 相电流的时域波形及频谱，通过图 4-15(a) 所示可以发现所采集的 A 相定子电流中含有很强的干扰噪声，使气隙偏心故障并不能被发现。频谱图 4-15(b) 中，局部放大了 150～230 Hz 区域，在故障特征频率处也未能检测到明显谱峰。考虑到实际牵引传动系统背景噪声更强烈，气隙偏心故障特征更加难以体现，使得无法对牵引电机是否发生气隙偏心故障进行判断，导致漏诊或误诊。

4 基于状态转移自适应随机共振的牵引电机微弱故障诊断

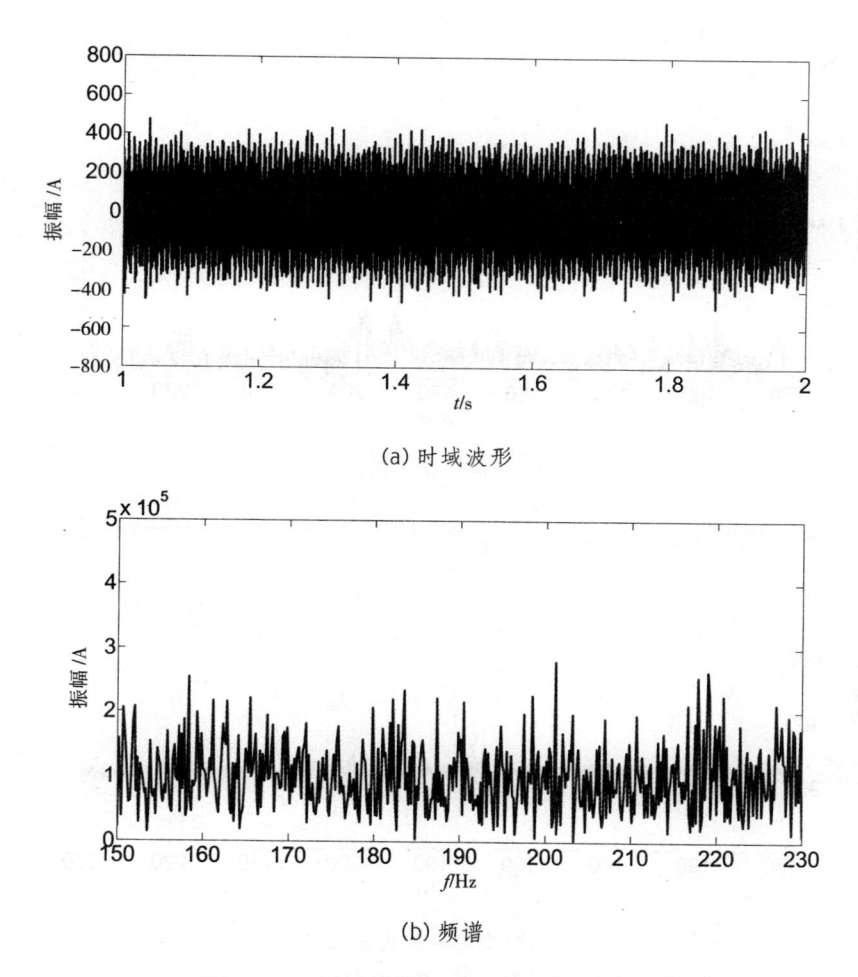

(a) 时域波形

(b) 频谱

图 4-15 加入噪声的气隙偏心故障实际信号

图 4-16 并未采用状态转移算法寻优系统两个参数，而是采用传统随机共振方法处理信号。图 4-16(a) 为固定参数 $a=1$，自动寻优 b 的值，b 的寻优范围为 [0,10]，使系统输出信噪比最大，通过寻优 $b=0.12$，此时 SNR = 42.654 7 dB；图 4-16 (b) 为固定参数 $b=1$，自动寻优 a 的值，a 的寻优范围为 [0,10]，使系统输出信噪比最大，通过寻优 $a=4.63$，此时 SNR = 40.921 3 dB。

131

(a)固定 a 优化 b

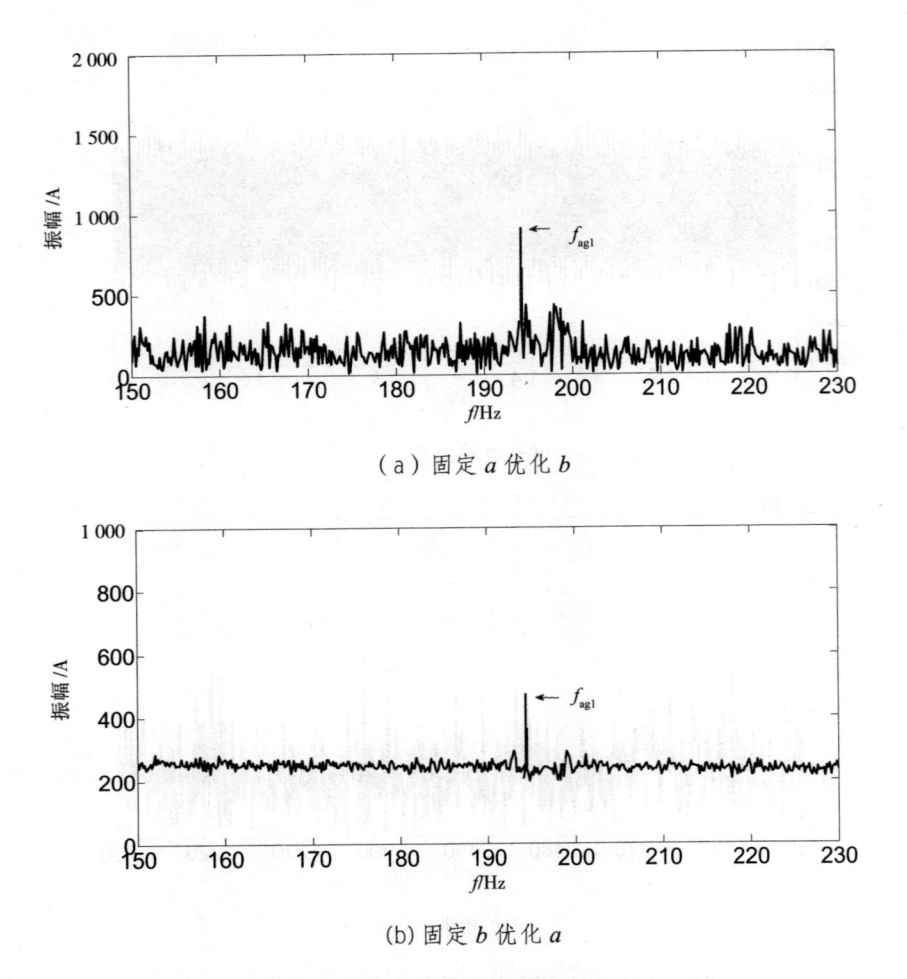

(b)固定 b 优化 a

图 4-16 随机共振传统方法分析结果

通过状态转移自适应随机共振方法对信号进行分析，设搜索力度为 20，问题维数为 2，两个待优化参数的范围为 [0,30]，迭代次数为 30，经过该随机共振后的输出波形如图 4-17 所示，此时 $a=1.7493$，$b=24.8509$，SNR = 53.8311 dB。

4 基于状态转移自适应随机共振的牵引电机微弱故障诊断

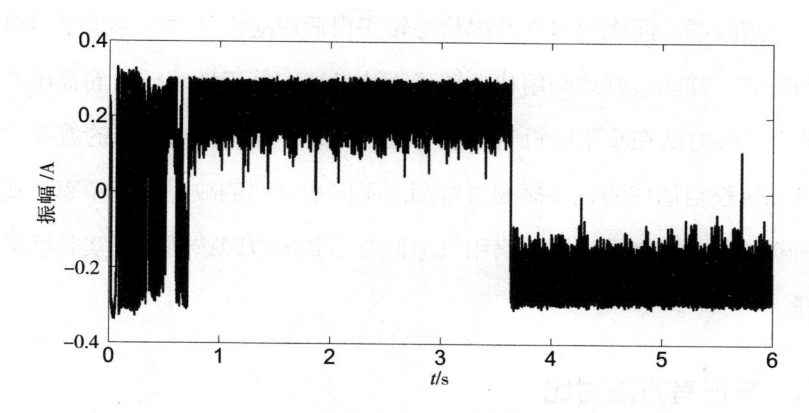

(a) 自适应随机共振输出时域波形

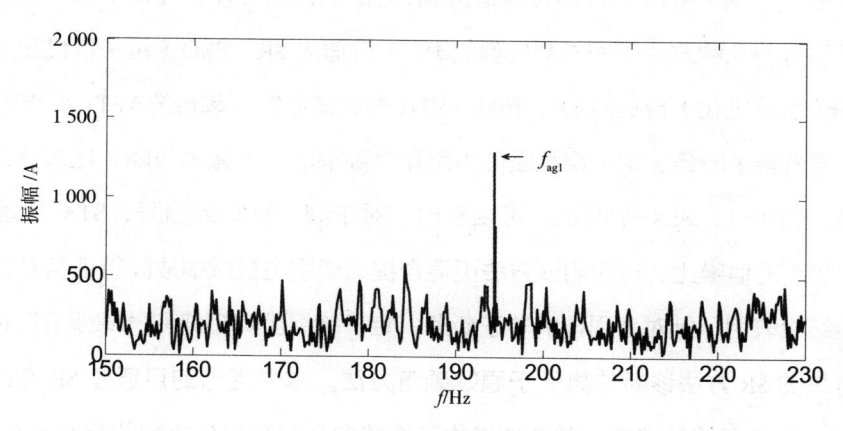

(b) 自适应随机共振输出频谱

图 4-17 状态转移自适应随机共振输出结果

状态转移自适应随机共振实现了气隙偏心故障特征频率 f_{ag1} 的检测，因此诊断牵引电机发生了气隙偏心微弱故障。对比图 4-16(a)、图 4-16(b) 与图 4-17(b)，状态转移自适应随机共振的频谱图在故障特征频率位置具有更高的谱峰值，SNR 值分别增加了 26.2% 和 31.5%。工程实验结果表明，对于牵引异步电机气隙偏心微弱故障信号，传统随机共振方法（固定一参数，寻优另一参数）的处理结果与直接对信号进行频谱分析有一定改善。而采用本书所提状态转移自适应随机共振，考虑了随机共振系统参数间的影响，并能很好地利用状态转移算法优异的搜索性能，从而提出的状态转移自适应随机共振方法在牵引电机气隙偏心微弱故障诊断中具有更好的效果。

采用状态转移自适应随机共振通过检测出不同故障时的故障特征频率，实现了牵引电机转子断条、定子绕组匝间短路和气隙偏心等微弱故障诊断，从实验结果看该方法效果良好。

4.4.3 与已有方法对比

为了进一步阐明所提出的 STA 自适应 SR 方法的诊断性能，在接下来的对比研究中考虑了现有的几种方法，即 GA（遗传算法）自适应 SR、PSO（粒子群优化）自适应 SR、DE（差分进化）自适应 SR、传统 SVD（奇异值分解）和传统 WT（小波变换）。针对牵引电机转子断条、定子绕组匝间短路和气隙偏心三种微弱故障，比较结果分别如表 4-3、表 4-4、表 4-5 所示。可以看出，对于同一种输入信号，STA 自适应 SR 输出具有较高的信噪比。这说明该方法更适合提取牵引电机微弱故障特征信号。

实验结果表明，针对牵引电机转子断条、定子绕组匝间短路和气隙偏心三种微弱故障，传统的 SR 方法诊断效果优于原始频谱方法。本书提出的自适应 SR 方法充分利用了 STA 的全局搜索特性，并合理考虑了系统参数与其优化之间的相互影响作用。因此，与已有的遗传自适应 SR、PSO 自适应 SR、DE 自适应 SR、传统 SVD 和传统 WT 方法相比，其信噪比更高，诊断效果更好。

表 4-3 与已有方法对比（转子断条微弱故障）

方法	SNR
STA-based adaptive SR	51.715 8
GA adaptive SR	47.514 3

4 基于状态转移自适应随机共振的牵引电机微弱故障诊断

续 表

方法	SNR
PSO adaptive SR	50.314 6
DE adaptive SR	49.186 5
traditional SVD	34.162 5
traditional WT	31.743 2

表 4-4　与已有方法对比（定子绕组匝间短路微弱故障）

方法	SNR
STA-based adaptive SR	50.929 9
GA adaptive SR	48.832 9
PSO adaptive SR	44.685 4
DE adaptive SR	46.386 7
traditional SVD	36.564 3
traditional WT	29.638 1

表 4-5　与已有方法对比（气隙偏心微弱故障）

方法	SNR
STA-based adaptive SR	53.831 1
GA adaptive SR	45.168 4
PSO adaptive SR	43.947 2
DE adaptive SR	48.359 7
traditional SVD	35.357 3
traditional WT	30.646 2

4.5 本章小结

本章针对牵引电机微弱故障时故障信号微弱、故障特征信号信噪比低、故障特征难以提取，且故障特征信号具有周期性、正弦性的特点，提出一种状态转移自适应随机共振的牵引电机微弱故障诊断方法。首先，对采集数据进行高通滤波，利用移频变尺度对大参数信号进行预处理，使其满足小参数要求；其次，利用状态转移算法优异的全局搜索能力，以最大信噪比为优化目标，自适应选择和同步优化随机共振参数；再次，将最优参数作为随机共振参数，实现微弱故障特征信号检测；最后，恢复微弱故障特征信号的频率和幅值，从而根据故障特征诊断所发生故障。该方法充分利用状态转移算法全局搜索优化能力寻优最优随机共振参数，使随机共振达到最优共振状态。对所提状态转移自适应随机共振方法进行仿真分析，并对高速列车牵引传动控制系统硬件在环半实物平台上的牵引电机转子断条、定子绕组匝间短路和气隙偏心微弱故障进行实验验证，实验结果表明所提方法与传统随机共振固定参数或只对单一参数进行优化相比具有明显的优势。同时，将所提方法与已有方法进行了对比，也体现了所提方法的优越性。

5 基于故障传播与因果关系的牵引电机微弱故障溯源

5.1 引言

故障溯源是故障诊断的重要组成部分，用于判别故障种类和定位故障位置。由于牵引传动控制系统内部线路复杂、多物理场交织，部件间功能性、电气性的连接耦合度高，某一设备发生的故障会传播至其他位置，故障的这种传播特性导致对其溯源十分困难。但目前针对高速列车牵引传动控制系统故障溯源主要集中在对器件或子系统故障时牵引传动控制系统单一位置的诊断研究，缺乏对故障传播机理问题的研究。通过对牵引传动控制系统进行故障特性传播研究，一方面可以追溯故障根源，另一方面还可以找出不同故障对相邻子系统位置参量观测值的影响，以便监控。因此，对牵引传动控制系统进行故障传播分析与故障溯源意义重大，通过对系统进行实时测试分析，能判断出系统的安全状况，预防故障发生，或者当故障发生时快速定位故障源，即实现溯源，从而及时采取相应抢救措施，这关系到实际系统能否安全、稳定运行。通过不断提升与完善故障传播分析与故障溯源技术，研究系统故障传播模型与传播特性，以预测系统安全状态，预防事故的发生，对于牵引传动控制系统安全性与稳定性的提升意义重大。此外，开展牵引电机及牵引传动控制系统故障溯源研究也对牵引电机故障检测与诊断有一定的指导意义。

本章针对牵引电机故障溯源进行了研究，提出了一种基于故障传播与因果关系的故障溯源方法。首先，设置高速列车牵引传动控制系统观测点，建立系统正常运行时的观测点信号传播模型，在此基础上建立体现时空特性的系统故障传播模型，并分析不同故障类型的各观测点故障特征与故障传播时间；其次，利用 Granger 因果关系技术判定不同观测点信号间的因果关系，确定适合提取信号故障特征用于故障诊断的观测点，然后提取系统运行时这些观测点的故障特征和故障传播时间；最后，同故障传播模型中对应观测点的时空特性进行匹配，从而确定故障的类型与位置，实现故障溯源。

5.2 牵引传动控制系统故障传播建模

在牵引传动控制系统的不同位置设置 Q 个观测点（观测点的设置应依据系统结构特点，充分利用已有传感器条件，设置在可测量位置），建立系统正常运行时 p 观测点的信号传播模型：

$$Z_p(t_p) = S_{p,p-1} \cdot Z_{p-1}(t_{p-1}) \tag{5-1}$$

式中，$Z_p(t_p)$ 表示第 p $(p=1,2,\cdots,Q)$ 个观测点处的信号，可以为电流、电压等各种物理量；$Z_{p-1}(t_{p-1})$ 表示第 $(p-1)$ 个观测点处的信号；t_p，t_{p-1} 分别表示 p 观测点与 $(p-1)$ 观测点的时间变量，$t_p = t_{p-1} + \Delta t_{p,p-1}$，$\Delta t_{p,p-1}$ 为 $(p-1)$ 观测点处信号传播到 p 观测点所需时间；$S_{p,p-1}$ 表示从 $(p-1)$ 观测点信号 $Z_{p-1}(t_{p-1})$ 传播至 p 观测点信号 $Z_p(t_p)$ 间的转移函数，可表示为 $S_{p,p-1} = f(G_{p,p-1}, t_p)$，其中，$G_{p,p-1}$ 由两观测点间的系统结构决定。当 $p=1$ 时，$Z_1(t_1) = S_{1,0} \cdot Z_0(t_0)$，如果将 $p=0$ 点设置在第 Q 个观测点处，即 $Z_0(t_0) = Z_Q(t_Q)$，表示信号传播形成闭环，$S_{1,0}$ 表示从 $p=Q$ 点的信号 $Z_Q(t_Q)$ 传播至

5 基于故障传播与因果关系的牵引电机微弱故障溯源

$p=1$ 点的信号 $Z_1(t_1)$ 的转移函数；如果将 $p=0$ 点设置在电源处或牵引电机处，则表示信号从 $p=0$ 观测点传播至 Q 观测点为开环形式。公式（5-1）用 $(p-1)$ 观测点处的信号来表征 p 观测点处的信号，即表示 p 观测点处的信号由 $(p-1)$ 观测点处的信号传播而来。同理，$Z_{p-1}(t_{p-1})=S_{p-1,p}\cdot Z_p(t_p)$，$S_{p-1,p}$ 表示从 p 观测点的信号 $Z_p(t_p)$ 传播至 $(p-1)$ 观测点的信号 $Z_{p-1}(t_{p-1})$ 间的转移函数。

式（5-1）可描述如下：

$$Z_p(t_p)=S_{p,p-1}\cdots S_{2,1}\cdot S_{1,0}\cdot Z_0(t_0)=\prod_{i=1}^{p}S_{i,i-1}\cdot Z_0(t_0) \quad (5-2)$$

式（5-2）用 $p=0$ 处的信号 $Z_0(t_0)$ 来表征 p 观测点处的信号，即 p 观测点处的信号由 $Z_0(t_0)$ 经过 $Z_1(t_1)$、$Z_2(t_2)$、$\cdots$、$Z_{p-1}(t_{p-1})$ 传播而来。

当牵引传动控制系统发生故障时，p 观测点的信号表示如下：

$$Z_{f_{p,h}}^k(t_{f_p}^k)=Z_p(t_{f_p}^k)\oplus z_{f_{p,h}}^k[f_h^k(\cdot),S_{p,h},t_{f_p}^k] \quad (5-3)$$

式中，$Z_p(t_{f_p}^k)$ 为牵引传动控制系统正常运行时 p 观测点的信号，$Z_p(t_{f_p}^k)=Z_p(t_p)$；$Z_{f_{p,h}}^k(t_{f_p}^k)$ 为系统在 h 点发生第 k 类故障时 p 观测点处的信号，其中 $k=1,2,\cdots,n_f$，表示牵引传动控制系统故障种类（同种元器件不同位置的故障视为不同故障种类）；h 为故障位置（不同种类故障在系统中的位置可能相同），$h=1,2,\cdots,n_g$；$S_{p,h}$ 表示从故障位置 h 到观测点 p 的信号转移函数；$f_h^k(\cdot)$ 为牵引传动控制系统中在 h 点发生第 k 类故障时的故障源信号；$t_{f_p}^k$ 为 p 观测点时间变量；$z_{f_{p,h}}^k[f_h^k(\cdot),S_{p,h},t_{f_p}^k]$ 为故障源信号 $f_h^k(\cdot)$ 从 h 点传播到 p 观测点的演变故障信号；$z_{f_{p,h}}^k$ 为 $f_h^k(\cdot)$，$S_{p,h}$ 和 $t_{f_p}^k$ 的函数；$\oplus$ 为信号运算，可以是相加或相乘运算，即系统发生故障后 p 观测点的信号是由不含故障信号部分 $Z_p(t_{f_p}^k)$ 与演变故障信号 $z_{f_{p,h}}^k$ 相加或相乘得到，计算过程如下：

$$Z_{f_{p,h}}^k(t_{f_p}^k)=Z_p(t_{f_p}^k)+z_{f_{p,h}}^k[f_h^k(\cdot),S_{p,h},t_{f_p}^k] \quad (5-4)$$

或

$$Z_{f_{p,h}}^k(t_{f_p}^k)=Z_p(t_{f_p}^k)*z_{f_{p,h}}^k[f_h^k(\cdot),S_{p,h},t_{f_p}^k] \quad (5-5)$$

p 观测点时间变量 $t_{f_p}^k$，可表示为 $t_{f_p}^k = t_h^k + \Delta t_{p,h}^k$，$t_h^k$ 为系统故障点 h 处的时间变量，$\Delta t_{p,h}^k$ 为第 k 类故障信号从故障点 h 传播到 p 观测点所需的时间。根据系统对信号的执行时间组成，可得故障信号的传播时间 $\Delta t_{p,h}^k$ 包括信号输入处理时间 T_1、控制策略运算时间 T_2 和控制运算输出处理时间 T_3。

对于（5-3）式中的故障源信号 $f_h^k(\cdot)$，根据牵引传动控制系统故障场景，可用下式表示：

$$f_h^k(\cdot) = \sum_{j=1}^{N}\sum_{l=1}^{n_j}[\Gamma(t-(T_{tj}+T_{cj}\cdot\tau_j)-T_{cj}\cdot(l-1))-\Gamma(t-T_{tj}-T_{cj}\cdot(l-1))]\cdot\mathrm{TH}\{cs_j\} \quad (5-6)$$

式中，Γ 表示阶跃函数；N 表示不同类型的脉冲序列数；j 表示第 j 组脉冲序列；n_j 表示 j 组脉冲信号总个数，$n_j = \mathrm{ceil}\left(\dfrac{(T_{t(j+1)}-T_{tj})}{T_{cj}}\right)$，ceil 表示向正无穷大取整；$T_{cj}$ 为子周期（故障信号第 j 组）；τ_j 为工作周期（第 j 组脉冲序列）；TH{} 为阈值函数；T_{tj} 为触发时刻（第 j 组故障信号）；cs_j 为故障状态（第 j 组故障信号），$cs_j = 0$ 代表开路故障，$cs_j = 1$ 代表短路故障。该式能表示多种故障情况，如瞬态型、间歇型、永久型及其组合，其中 $\tau_j \to 0$ 代表故障为瞬态型；$0 < \tau_j < 1$ 代表故障为间歇型；$\tau_j \to 1$ 代表故障为永久型。

（1）牵引电机故障。当牵引电机故障时，$f(\cdot)$ 可由下式给出：

$$f(\cdot) = cs_j(M, f_1, s) = A_1(M)\cdot\cos(2\pi f_{s1}t+\theta_1)+A_2(M)\cdot\cos(2\pi f_{s2}t+\theta_2), \quad 0 \leq M \leq 1 \quad (5-7)$$

式中，M 表示故障严重程度，$M=0$ 表示牵引电机无故障，$M=1$ 表示牵引电机转子导条完全断裂；A_1、A_2 为边频电流分量幅值，其大小与 M 成正比；f_1 为电流基频；s 为转差率；f_{s1} 和 f_{s2} 为故障特征频率（断条故障时定子电流中含有），$f_{s1} \approx f_{s2}$，$f_{s1} = g_1(f_1, s)$；θ_1、θ_2 为边频分量的初始相位角。

根据第 2 章对牵引电机故障机理分析可知以下结论。

①转子断条故障，$f_s = (1\pm 2ks)f_1$ 是其故障特征频率，此时故障信号 $f(\cdot)$ 表达式

如下：

$$f(\bullet) = cs_j(M, f_1, s) = A_1(M) \cdot \cos[2\pi(1-2ks)f_1 t + \theta_1] + A_2(M)\cos[2\pi(1+2ks)f_1 t + \theta_2] \quad (5-8)$$

②定子匝间短路故障，$f_s = [n \pm 2k(1-2s)]f_1$ 是其故障特征频率，此时故障信号 $f(\bullet)$ 表达式如下：

$$\begin{aligned}f(\bullet) = cs_j(M, f_1, s) &= A_1(M) \cdot \cos\{2\pi[n+2k(1-2s)]f_1 t + \theta_1\} \\ &+ A_2(M) \cdot \cos\{2\pi[n-2k(1-2s)]f_1 t + \theta_2\}\end{aligned} \quad (5-9)$$

③气隙偏心故障，$f_s = [n \pm k(1-s)]f_1$ 是其故障特征频率，此时故障信号 $f(\bullet)$ 表达式如下：

$$\begin{aligned}f(\bullet) = cs_j(M, f_1, s) &= A_1(M) \cdot \cos\{2\pi[n+k(1-s)]f_1 t + \theta_1\} \\ &+ A_2(M) \cos\{2\pi[n-k(1-s)]f_1 t + \theta_2\}\end{aligned} \quad (5-10)$$

④端环断裂故障，$f_s = (1 \pm 2ks)f_1$ 是其故障特征频率，此时故障信号 $f(\bullet)$ 表达式如下：

$$\begin{aligned}f(\bullet) = cs_j(M, f_1, s) &= A_1(M) \cdot \cos[2\pi(1-2ks)f_1 t + \theta_1] \\ &+ A_2(M)\cos[2\pi(1+2ks)f_1 t + \theta_2]\end{aligned} \quad (5-11)$$

⑤轴承故障，$f_o = \dfrac{Z}{2}f_r\left[1 - \dfrac{d}{B}\cos\alpha\right]$，$f_i = \dfrac{Z}{2}f_r\left[1 + \dfrac{d}{B}\cos\alpha\right]$，$f_b = \dfrac{B}{d}f_r\left[1 - \dfrac{d^2}{B^2}\cos^2\alpha\right]$ 分别为外圈故障、内圈故障、滚动体故障的振动特征频率，对应的定子电流故障特征频率分别为：$f_{eccor} = f_1 \pm kf_o$，$f_{eccir} = f_1 \pm f_r \pm kf$，$f_{eccball} = f_1 \pm f_{cage} \pm kf_b$，将故障信号叠加到正常定子电流上，可实现对轴承故障的模拟，此时故障信号 $f(\bullet)$ 表达式如下：

$$\begin{aligned}f(\bullet) = cs_j(M, f_1, Z, d, B, f_r, \alpha) &= A_1(M) \cdot \cos\left\{2\pi\left[f_1 + k\dfrac{Z}{2}f_r\left(1 - \dfrac{d}{B}\cos\alpha\right)\right]t + \theta_1\right\} \\ &+ A_2(M) \cdot \cos\left\{2\pi\left[f_1 - k\dfrac{Z}{2}f_r\left(1 - \dfrac{d}{B}\cos\alpha\right)\right]t + \theta_2\right\}\end{aligned}$$

$$f(\cdot)=cs_j(M,f_1,Z,d,B,f_r,\alpha)=A_1(M)\cdot\cos\left\{2\pi\left[f_1+f_r+k\frac{Z}{2}f_r\left(1+\frac{d}{B}\cos\alpha\right)\right]t+\theta_1\right\}$$
$$+A_2(M)\cdot\cos\left\{2\pi\left[f_1-f_r+k\frac{Z}{2}f_r\left(1+\frac{d}{B}\cos\alpha\right)\right]t+\theta_2\right\}$$
$$+A_3(M)\cdot\cos\left\{2\pi\left[f_1+f_r-k\frac{Z}{2}f_r\left(1+\frac{d}{B}\cos\alpha\right)\right]t+\theta_3\right\}$$
$$+A_4(M)\cdot\cos\left\{2\pi\left[f_1-f_r-k\frac{Z}{2}f_r\left(1+\frac{d}{B}\cos\alpha\right)\right]t+\theta_4\right\}$$

$$f(\cdot)=cs_j(M,f_1,d,B,f_r,f_{cage},\alpha)=A_1(M)\cdot\cos\left\{2\pi\left[f_1+f_{cage}+k\frac{B}{d}f_r\left(1-\frac{d^2}{B^2}\cos^2\alpha\right)\right]t+\theta_1\right\}$$
$$+A_2(M)\cdot\cos\left\{2\pi\left[f_1-f_{cage}+k\frac{B}{d}f_r\left(1-\frac{d^2}{B^2}\cos^2\alpha\right)\right]t+\theta_2\right\}$$
$$+A_3(M)\cdot\cos\left\{2\pi\left[f_1+f_{cage}-k\frac{B}{d}f_r\left(1-\frac{d^2}{B^2}\cos^2\alpha\right)\right]t+\theta_3\right\}$$
$$+A_4(M)\cdot\cos\left\{2\pi\left[f_1-f_{cage}-k\frac{B}{d}f_r\left(1-\frac{d^2}{B^2}\cos^2\alpha\right)\right]t+\theta_4\right\}$$

（5-12）

（2）变流器故障。变流器故障主要有功率器件失效故障、功率器件和无源元件的电气特性衰退故障、无源元件失效故障等。其中，功率器件失效故障如式（5-6）所描述；对于功率器件和无源元件的电气特性衰退故障，$f(\cdot)=f(\xi)$，ξ 表示电气特性的衰退率；对于无源元件失效故障 $f(\cdot)=$ conts，conts 为任意常数。

（3）传感器故障。CRH2 高速列车牵引传动控制系统故障类型主要包括电压、电流和速度传感器的偏差、漂移、冲击、精度下降、周期性干扰、增益、开路、短路、卡死和非线性死区故障。当发生传感器故障时，$cs_j(\cdot)$ 可由下式给定，$cs_j(c)=c$，式中 c 为常实数。

①传感器偏差故障时，故障信号 $f(\cdot)$ 的表达式如下：

$$f(\text{conts})=\text{conts} \quad (5-13)$$

5 基于故障传播与因果关系的牵引电机微弱故障溯源

②传感器漂移故障时，故障信号 $f(\cdot)$ 的表达式如下：

$$f(a) = a \cdot t \tag{5-14}$$

其中，a 表示加速度。

③传感器冲击故障时，故障信号 $f(\cdot)$ 的表达式如下：

$$f(t) = \delta(t) \tag{5-15}$$

式中，$\delta(t)$ 为冲击信号。

④传感器精度等级下降故障时，将故障信号叠加到逆变器 U 相输出的电流信号上，可以实现对精度等级下降故障的模拟，此时故障信号 $f(\cdot)$ 的表达式如下：

$$f(\sigma) = N(0, \sigma^2) \tag{5-16}$$

式中，$N(\ )$ 是函数表达式，σ^2 为故障信号的方差。

⑤传感器干扰故障时，故障信号 $f(\cdot)$ 的表达式如下：

$$f(N_s) = N_s \tag{5-17}$$

式中，$f(N_s)$ 表示变量是 N_s。

⑥传感器周期性干扰故障时，故障信号 $f(\cdot)$ 的表达式如下：

$$f(U_m, T, T_w) = \begin{cases} U_m & nT < t < nT + T_w, n \in \mathbf{Z} \\ 0 & nT + T_w < t < (n+1)T, n \in \mathbf{Z} \end{cases} \tag{5-18}$$

其中，U_m 为脉冲信号的幅值，T 为一个脉冲周期，T_w 为脉冲宽度。

⑦传感器增益故障时，故障信号 $f(\cdot)$ 的表达式如下：

$$f(k) = k \cdot t \tag{5-19}$$

⑧传感器发生卡死、短路和开路故障时，传感器输出会发生突然变化，而且不同的故障将导致信号突变后的数值不同，一般而言，开路与短路故障会导致传感器信号突变至零，卡死故障会导致传感器信号保持在故障发生时刻的瞬时值。

（4）牵引控制器故障。牵引控制器常见故障类型包括模拟信号 I/O 模块、数字信号 I/O 模块和存储模块的错误逻辑状态 / 硬损伤等。

①对于模拟信号 I/O 模块故障，故障信号 $f(\cdot)$ 的表达式如下：

$$f(p,q,A) = A(e^{pt} - e^{qt}) \tag{5-20}$$

式中，p，q 表示时间系数，脉冲的上升沿与下降沿时间以及宽度由它们决定；A 表示幅值大小。

②对于数字信号 I/O 模块故障，对比引脚电平阈值 TH 与瞬时脉冲信号，如果后者大，则 $f(\cdot)=1$，反之，$f(\cdot)=0$。

③对于存储模块故障，$f(\cdot)$ 为速度传感器反馈信号随机位翻转值（故障发生时刻）。

5.3 基于故障传播与因果关系的故障溯源方法

基于故障传播模型与 Granger 因果关系的故障溯源方法基本思路是，首先建立系统正常运行时观测点信号传播模型，在此基础上建立体现时空特性的系统故障传播模型，并分析发生不同故障类型时各观测点故障特征与故障传播时间，根据不同观测点间的 Granger 因果关系判断出适合提取的信号故障特征用于故障诊断的观测点，然后提取这些观测点故障特征与故障传播时间，与故障传播时空特性分析进行对比，从而确定系统发生故障类型、故障部位，实现故障溯源。

5.3.1 不同观测点间 Granger 因果关系判定

考虑两个时间序列变量 X 和 Y，它们之间的 Granger 因果关系定义为，若在包含了变量 X、Y 的过去信息的条件下，对变量 Y 的预测效果优于只单独由 Y 的过去信息对 Y 进行的预测效果，即变量 X 有助于解释变量 Y 的将来变化，则认为变量 X 是引致变量 Y 的 Granger 原因。

根据建立的故障传播模型，得到不同观测点信号 $Z_{p_1}(t_{p_1})$、$Z_{p_2}(t_{p_2})$（$p_1 \neq p_2, p_1, p_2 \in \{1,2,\cdots,Q\}$），判断 $Z_{p_1}(t_{p_1})$ 和 $Z_{p_2}(t_{p_2})$ 之间是否存在 Granger 因果关系。

5 基于故障传播与因果关系的牵引电机微弱故障溯源

通过对不同观测点间因果关系的判定，确定适合用于故障诊断的观测点。具体算法步骤如下：

步骤 1：设 $\{z_{p_1}(d_{1-q}),\cdots,z_{p_1}(d_0),z_{p_1}(d_1),z_{p_1}(d_2),\cdots,z_{p_1}(d_v),\cdots,z_{p_1}(d_w)\}$ 和 $\{z_{p_2}(d_{1-q}),\cdots,z_{p_2}(d_0),z_{p_2}(d_1),z_{p_2}(d_2),\cdots,z_{p_2}(d_v),\cdots,z_{p_2}(d_w)\}$ 为观测点信号 $Z_{p_1}(t_{p_1})$、$Z_{p_2}(t_{p_2})$ 的采样（时间序列）数据集，采样周期为 T，当前采样时刻为 $\{d_1,d_2,\cdots,d_v,\cdots,d_w\}$，容量为 w，过去（滞后）采样时刻为 $\{d_{1-q},\cdots,d_0\}$，容量为 q。

构造 p_2 观测点信号采样值 $z_{p_2}(d_v)$ 的无约束回归方程如下：

$$\hat{z}_{p_2}(d_v)=\sum_{m=1}^{q}\alpha_m z_{p_1}(d_{v-m})+\sum_{n=1}^{q}\beta_n z_{p_2}(d_{v-n})+\varepsilon_t \qquad (5-21)$$

式中，$\hat{z}_{p_2}(d_v)$ 为 p_2 观测点信号采样值 $z_{p_2}(d_v)$ 的无约束回归估计值；$z_{p_1}(d_{v-m})$ 为 $z_{p_1}(d_v)$ 的第 m 个滞后项；$z_{p_2}(d_{v-n})$ 为 $z_{p_2}(d_v)$ 的第 n 个滞后项；q 为回归方程中的滞后长度；m 和 n 为滞后项数；ε_t 为白噪声；α_m 为 $z_{p_1}(d_v)$ 的系数估计值；β_n 为 $z_{p_2}(d_v)$ 的系数估计值。式（5-21）中含有 p_1 观测点信号采样值 $z_{p_1}(d_v)$ 的滞后项 $z_{p_1}(d_{v-m})$，是 p_2 观测点信号采样值 $z_{p_2}(d_v)$ 的无约束回归方程。

计算式（5-21）回归方程残差平方和 RSS_{UR}：

$$RSS_{UR}=\sum_{v=1}^{w}(z_{p_2}(d_v)-\hat{z}_{p_2}(d_v))^2 \qquad (5-22)$$

构造 p_2 观测点信号采样值 $z_{p_2}(d_v)$ 的受约束回归方程如下：

$$\hat{z}'_{p_2}(d_v)=\sum_{n=1}^{q}\beta_n z_{p_2}(d_{v-n})+\varepsilon_t \qquad (5-23)$$

式中，$\hat{z}'_{p_2}(t_{p_2})$ 为 p_2 观测点的受约束回归估计值；式（5-23）中不包含 p_1 观测点信号采样值 $z_{p_1}(d_v)$ 的滞后项 $z_{p_1}(d_{v-m})$，是 p_2 观测点信号采样值 $z_{p_2}(d_v)$ 的受约束回归方程。

计算式（5-23）回归方程残差平方和 RSS_R：

$$RSS_R=\sum_{v=1}^{w}(z_{p_2}(d_v)-\hat{z}'_{p_2}(d_v))^2 \qquad (5-24)$$

145

高速列车牵引电机微弱故障诊断与溯源研究

构造 p_1 观测点信号与 p_2 观测点信号之间的格兰杰因果关系统计量 G_{p_1,p_2}：

$$G_{p_1,p_2} = \frac{(\text{RSS}_R - \text{RSS}_{UR})/q}{\text{RSS}_{UR}/(w-q)} \quad (5-25)$$

步骤 2：假定 $p_1=px$（$px=1,2,\cdots,Q$）观测点是故障源或故障源附近的观测点，设定阈值 G_a。

步骤 3：计算 p_1 观测点信号 $Z_{p_1}(t_{p_1})$ 与其他所有观测点信号 $Z_{p_y}(t_{p_y})$（$py=1,2,\cdots,Q,\ py\neq px$）间的格兰杰因果关系统计量 $G_{p_1,py}$；如果所有的 $G_{p_1,py}\geq G_a$，则 p_1 观测点信号是引起其他观测点信号变化的原因，p_1 观测点是适合提取信号故障特征用于故障诊断的观测点，如果所有的 $G_{p_1,py}<G_a$，则判定 p_1 观测点不是适合提取故障特征用于故障诊断的观测点。

步骤 4：假定 $p_1=px+1$（直至 px 取值所有的观测点：$px=1,2,\cdots,Q$）观测点是适合提取故障特征用于故障诊断的观测点，返回步骤 3 继续判断。

5.3.2 基于故障传播模型与 Granger 因果关系的故障溯源方法

基于故障传播模型与 Granger 因果关系的故障溯源方法整体流程如图 5-1 所示。具体步骤如下。

步骤 1：分析各观测点间转移函数，建立系统正常运行时观测点信号传播模型以及具有时空特性的系统故障传播模型；结合系统可能发生的不同故障类型，根据不同观测点间转移函数和系统对信号的执行时间，分别求得不同故障类型下的各观测点故障特征与故障传播时间。

步骤 2：对不同观测点的系统运行数据进行 Granger 因果关系判定，如果其他观测点与某一观测点的因果关系值都大于设定阈值，则判断该观测点是引起其他观测点变化的原因，由此判断该观测点是否是适合提取信号故障特征用于故障诊断的观测点，从而得到 ≥1 个适合提取故障特征用于故障诊断的观测点。

5 基于故障传播与因果关系的牵引电机微弱故障溯源

步骤 3：提取出这些观测点系统运行数据中的故障特征与故障传播时间。

步骤 4：将提取出的故障特征与故障传播时间同系统故障传播模型中不同故障类型时对应观测点时空特性相匹配，如果与某一故障类型匹配成功，则确定该故障类型为系统所发生故障类型，并依此定位故障发生位置，从而实现故障溯源；反之，返回重新判定。

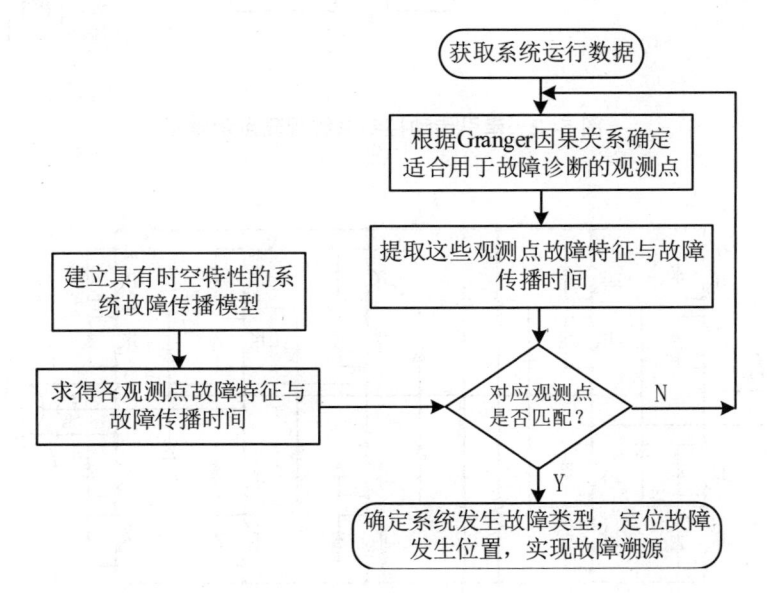

图 5-1 方法整体流程图

5.4 基于故障传播模型与 Granger 因果关系的牵引电机微弱故障溯源

CRH2 高速列车牵引传动控制系统由牵引变压器、脉冲整流器、中间直流环节、牵引逆变器、牵引电机及控制器组成，在系统上依次设置 4 个观测点，系统结构及观测点设置如图 5-2 所示，牵引传动控制系统主电路拓扑如图 5-3 所示。

高速列车牵引电机微弱故障诊断与溯源研究

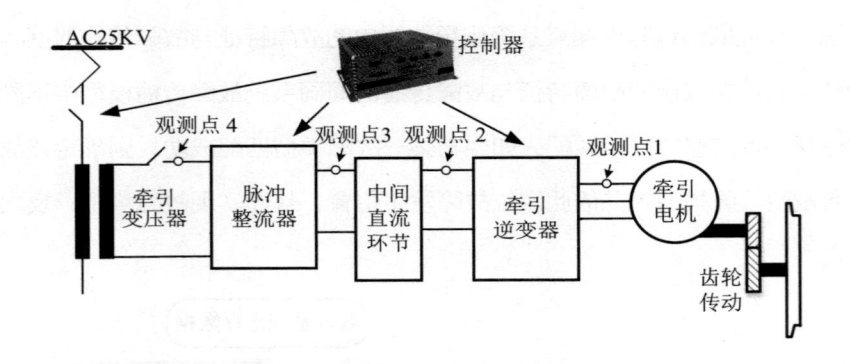

图 5-2 牵引传动控制系统观测点示意图

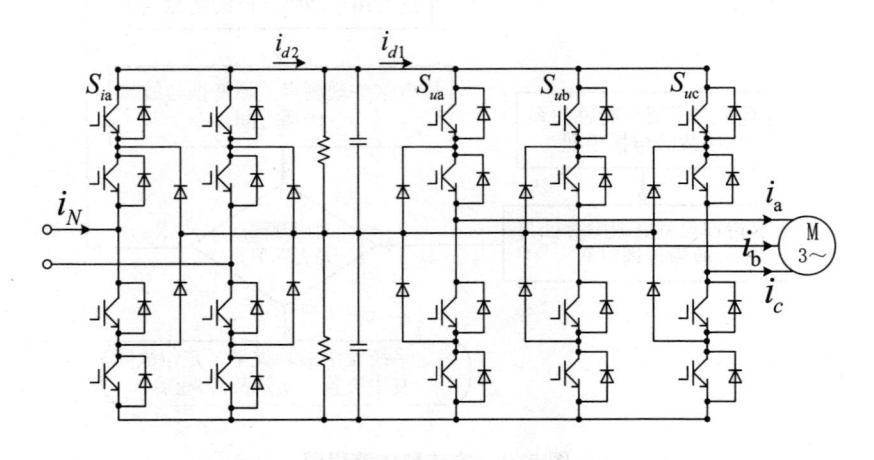

图 5-3 牵引传动控制系统主电路拓扑图

电流信号分析法是牵引传动控制系统故障分析最常见的方法。根据电路结构和调制理论,牵引传动控制系统观测点 2 与观测点 4 电流信号模型如下:

$$\begin{cases} Z_2(t_2)=S_{2,1}\cdot Z_1(t_1) \\ Z_4(t_4)=S_{4,3}\cdot Z_3(t_3) \end{cases} \quad (5-26)$$

其中,$Z_1(t_1)=[i_a \ i_b \ i_c]^{-1}$,$S_{2,1}=[S_{ua} \ S_{ub} \ S_{uc}]$;$S_{ua}$(ua 表示 a 相电压的开关函数)、$S_{ub}$、$S_{uc}$ 为逆变器三相开关函数;$S_{4,3}=S_i$ 为整流器开关函数;i_a、i_b、i_c 为逆变器输出电流(牵引电机定子电流);$Z_2(t_2)=i_{d1}$ 为逆变器输入电流;$Z_3(t_3)=i_{d2}$ 为整流器输

出电流；$Z_4(t_4)=i_N$ 为整流器输入侧电流。

利用双重傅里叶变换可得到逆变器三相开关函数如下：

$$S_{ua} = \frac{1}{2} + \frac{M}{2}\cos(\omega_1 t_2) + \frac{2}{\pi}\sum_{m=1}^{\infty}\frac{1}{m}J_0\left(\frac{\pi}{2}mM\right)\sin\left(\frac{\pi}{2}m\right)\cos(m\omega_c t_2)$$
$$+ \frac{2}{\pi}\sum_{m=1}^{\infty}\sum_{\substack{n=-\infty \\ n\neq 0}}^{\infty}\frac{1}{m}J_n\left(\frac{\pi}{2}mM\right)\sin\left[\frac{\pi}{2}(m+n)\right]\cos(m\omega_c t_2 + n\omega_1 t_2) \quad (5-27)$$

$$S_{ub} = \frac{1}{2} + \frac{M}{2}\cos\left(\omega_1 t_2 - \frac{2\pi}{3}\right) + \frac{2}{\pi}\sum_{m=1}^{\infty}\frac{1}{m}J_0\left(\frac{\pi}{2}mM\right)\sin\left(\frac{\pi}{2}m\right)\cos(m\omega_c t_2)$$
$$+ \frac{2}{\pi}\sum_{m=1}^{\infty}\sum_{\substack{n=-\infty \\ n\neq 0}}^{\infty}\frac{1}{m}J_n\left(\frac{\pi}{2}mM\right)\sin\left[\frac{\pi}{2}(m+n)\right]\cos\left[m\omega_c t_2 + n\left(\omega_1 t_2 - \frac{2\pi}{3}\right)\right] \quad (5-28)$$

$$S_{uc} = \frac{1}{2} + \frac{M}{2}\cos\left(\omega_1 t_2 + \frac{2\pi}{3}\right) + \frac{2}{\pi}\sum_{m=1}^{\infty}\frac{1}{m}J_0\left(\frac{\pi}{2}mM\right)\sin\left(\frac{\pi}{2}m\right)\cos(m\omega_c t_2)$$
$$+ \frac{2}{\pi}\sum_{m=1}^{\infty}\sum_{\substack{n=-\infty \\ n\neq 0}}^{\infty}\frac{1}{m}J_n\left(\frac{\pi}{2}mM\right)\sin\left[\frac{\pi}{2}(m+n)\right]\cos\left[m\omega_c t_2 + n\left(\omega_1 t_2 + \frac{2\pi}{3}\right)\right] \quad (5-29)$$

式中，ω_1 为调制波角频率；ω_c 为载波角频率；M 为调制度；m 为载波频率倍数；n 为调制波谐波频率倍数；J_0、J_n 为第一类贝塞尔函数；t_2 为中间直流环节观测点 2 时间变量。

整流器 a 桥臂开关函数如下：

$$\begin{aligned}S_{i_a} &= \sum_{n=1}^{\infty}\frac{4}{\pi}\left[\frac{1}{2n-1}\sin(2n-1)\theta\cos(2n-1)\omega t_4\right.\\ &\quad \left.+ \frac{1}{2n-1}\cos(2n-1)\theta\sin(2n-1)\omega t_4\right] \\ &= \frac{4}{\pi}\sin(\omega t_4 - \theta) + \frac{4}{\pi}\sum_{n=1}^{\infty}\frac{1}{4n\pm 1}\sin[(4n\pm 1)\omega t_4 - (4n\pm 1)\theta]\\ &\quad (n=1,2,3,\cdots)\end{aligned} \quad (5-30)$$

式中，θ 为整流装置控制角；ω 为供电电源角频率，对应频率为 f；t_4 为整流器输入侧时间变量。

牵引电机正常无故障时定子三相电流表示为

$$\begin{cases} i_\mathrm{a} = I_m \cos(\omega_1 t - \varphi) \\ i_\mathrm{b} = I_m \cos(\omega_1 t - \varphi - \dfrac{2}{3}\pi) \\ i_\mathrm{c} = I_m \cos(\omega_1 t - \varphi + \dfrac{2}{3}\pi) \end{cases} \quad (5-31)$$

式中，I_m、φ 分别为定子电流基波分量幅值和相位；ω_1 为施加在电机上的电压角频率，对应频率为 f_1。

假设牵引电机断条微弱故障为故障种类 $k=1$，故障位置 $h=1$，则牵引电机发生断条微弱故障时式（5-6）故障源信号表示为

$$f_1^1(\bullet) = I_{bp}\cos(2\pi f_{s1}t - \varphi_{bp}) + I_{bn}\cos(2\pi f_{s2}t - \varphi_{bn}) \quad (5-32)$$

式中，f_{s1}、f_{s2} 为断条故障特征频率，且 $f_{s1}=(1+2s)f_1$，$f_{s2}=(1-2s)f_1$；I_{bp}、I_{bn}、φ_{bp}、φ_{bn} 分别为 $(1+2s)f_1$ 频率分量和 $(1-2s)f_1$ 频率分量的幅值和相位；s 为转差率。

此时，牵引电机三相定子电流（观测点1）可表示为

$$\begin{cases} Z_{f_{1\mathrm{a},1}}^1(t_{f_1}^1) = i_\mathrm{a} = I_m \cos(\omega_1 t_{f_1}^1 - \varphi) + I_{bp}\cos[(1+2s)\omega_1 t_{f_1}^1 - \varphi_{bp}] + I_{bn}\cos[(1-2s)\omega_1 t_{f_1}^1 - \varphi_{bn}] \\ Z_{f_{1\mathrm{b},1}}^1(t_{f_1}^1) = i_\mathrm{b} = I_m \cos\left(\omega_1 t_{f_1}^1 - \varphi - \dfrac{2}{3}\pi\right) + I_{bp}\cos\left[(1+2s)\omega_1 t_{f_1}^1 - \varphi_{bp} - \dfrac{2}{3}\pi\right] \\ \qquad\qquad + I_{bn}\cos\left[(1-2s)\omega_1 t_{f_1}^1 - \varphi_{bn} - \dfrac{2}{3}\pi\right] \\ Z_{f_{1\mathrm{c},1}}^1(t_{f_1}^1) = i_\mathrm{c} = I_m \cos\left(\omega_1 t_{f_1}^1 - \varphi + \dfrac{2}{3}\pi\right) + I_{bp}\cos\left[(1+2s)\omega_1 t_{f_1}^1 - \varphi_{bp} + \dfrac{2}{3}\pi\right] \\ \qquad\qquad + I_{bn}\cos\left[(1-2s)\omega_1 t_{f_1}^1 - \varphi_{bn} + \dfrac{2}{3}\pi\right] \end{cases}$$

（5-33）

结合式（5-3），得观测点1中 a 相电流如下：

$$Z_1(t_{f_1}^1) = I_m \cos(\omega_1 t_{f_1}^1 - \varphi)$$

$$Z_{f_{1,1}}^1[f_1^1(\bullet), S_{1,1}, t_{f_1}^1] = I_{bp}\cos[(1+2s)\omega_1 t_{f_1}^1 - \varphi_{bp}] + I_{bn}\cos[(1-2s)\omega_1 t_{f_1}^1 - \varphi_{bn}]$$

5 基于故障传播与因果关系的牵引电机微弱故障溯源

$$Z^1_{f_{1,1}}(t^1_{f_1}) = Z_1(t^1_{f_1}) + Z^1_{f_{1,1}}[f^1_1(\cdot), S_{1,1}, t^1_{f_1}]$$

与公式（5-4）相符，b、c 相电流与 a 相电流类似。

将式（5-27）、式（5-28）、式（5-29）、式（5-33）代入式（5-26），得观测点 2 电流信号表达式如下：

$$\begin{aligned}
Z^1_{f_{2,1}}(t^1_{f_2}) = i_{d1} &= \frac{3}{4}MI_m\cos\varphi + \frac{3}{4}M[I_{bp}\cos(2s\omega_1 t^1_{f_2}+\varphi_{bp}) + I_{bn}\cos(2s\omega_1 t^1_{f_2}-\varphi_{bn})] \\
&+ \sum_{m=1}^{\infty}\sum_{n=-\infty}^{\infty}\frac{2}{m\pi}J_n(m\frac{\pi}{2}M)\sin\left[(m+n)\frac{\pi}{2}\right]\left\{\cos(m\omega_c t^1_{f_2}+n\omega_1 t^1_{f_2})i_a\right. \\
&\left. + \cos\left[m\omega_c t^1_{f_2}+n\left(\omega_1 t^1_{f_2}-\frac{2}{3}\pi\right)\right]i_b + \cos\left[m\omega_c t^1_{f_2}+n\left(\omega_1 t^1_{f_2}+\frac{2}{3}\pi\right)\right]i_c\right\} \\
&= \frac{3}{4}MI_m\cos\varphi + \frac{3}{4}MI_{2s}\cos(2s\omega_1 t^1_{f_2}-h) + i_h
\end{aligned} \quad (5-34)$$

式中，$\frac{3}{4}MI_m\cos\varphi$ 为直流分量；$I_{2s}=\sqrt{I_{bp}^2+I_{bn}^2+2I_{bp}I_{bn}\cos(\varphi_{bp}+\varphi_{bn})}$ 为频率 $2sf_1$ 的分量幅值；$h=\arctan\dfrac{I_{bn}\sin\varphi_{bn}-I_{bp}\sin\varphi_{bp}}{I_{bn}\cos\varphi_{bn}+I_{bp}\sin\varphi_{bp}}$ 为频率 $2sf_1$ 的分量相位；i_h 为求和符号中的高频分量。

结合式（5-3），得观测点 2 中电流信号如下：

$$Z_2(t^1_{f_2}) = \frac{3}{4}MI_m\cos\varphi + i_h$$

$$Z^1_{f_{2,1}}[f^1_1(\cdot), S_{2,1}, t^1_{f_2}] = \frac{3}{4}MI_{2s}\cos(2s\omega_1 t_2 - h)$$

$$Z^1_{f_{2,1}}(t^1_{f_2}) = Z_2(t^1_{f_2}) + z^1_{f_{2,1}}[f^1_1(\cdot), S_{2,1}, t^1_{f_2}]$$

与公式（5-4）相符。

在牵引传动控制系统中，观测点 2 与观测点 3 时间变量基本相同，即 $t^1_{f_2} \approx t^1_{f_3}$。由于中间直流环节电容实际起到了低通滤波的作用，式（5-34）中 i_{d1} 的高频分量将被滤除，只含低频分量和直流分量，因此通过观测点 2 信号可知观测点 3 电流信号表示为

151

$$Z_{f_{3,1}}^1(t_{f_3}^1)=i_{d2}=\frac{3}{4}MI_m\cos\varphi+\frac{3}{4}MI_{2s}\cos(2s\omega_1 t_{f_3}^1-h) \quad (5-35)$$

因此，在观测点 2 与观测点 3，$2sf_1$ 是牵引电机发生断条微弱故障的特征频率。

结合式（5-3），得观测点 3 中电流信号如下：

$$Z_3(t_{f_3}^1)=\frac{3}{4}MI_m\cos\varphi$$

$$Z_{f_{3,1}}^1[f_1^1(\bullet),S_{3,1},t_{f_3}^1]=\frac{3}{4}MI_{2s}\cos(2s\omega_1 t_{f_3}^1-h)$$

$$Z_{f_{3,1}}^1(t_{3,1}^1)=Z_3(t_{f_3}^1)+Z_{f_{3,1}}^1[f_1^1(\bullet),S_{3,1},t_{f_3}^1]$$

与式（5-4）相符。

式（5-30）、式（5-35）代入式（5-26），得观测点 4 电流信号表达式如下：

$$\begin{aligned}Z_{f_{4,1}}^1(t_{f_4}^1)=i_N=\frac{3}{2\pi}M\Big\{&I_m\sin(\omega t_{f_4}^1-\theta\pm\varphi)+I_{2s}\sin[(\omega\pm 2s\omega_1)t_{f_4}^1-\theta\mp h]\\&+\frac{1}{4n\pm 1}\sum_{n=1}^{\infty}I_m\sin[(4n\pm 1)\omega t_{f_4}^1-(4n\pm 1)\theta\pm\varphi]\\&+\frac{1}{4n\pm 1}\sum_{n=1}^{\infty}I_{2s}\sin[(4n\pm 1)\omega t_{f_4}^1\pm 2s\omega_1 t_{f_4}^1-(4n\pm 1)\theta\mp h]\Big\}\end{aligned} \quad (5-36)$$

因此，在观测点 4，$(4n\pm 1)f\pm 2sf_1$ 是牵引电机发生转子断条微弱故障的特征频率。

结合式（5-3），得观测点 4 中电流信号如下：

$$Z_4(t_{f_4}^1)=\frac{3}{2\pi}M\Big\{I_m\sin(\omega t_{f_4}^1-\theta\pm\varphi)+\frac{1}{4n\pm 1}\sum_{n=1}^{\infty}I_m\sin[(4n\pm 1)\omega t_{f_4}^1-(4n\pm 1)\theta\pm\varphi]\Big\}$$

$$\begin{aligned}Z_{f_{4,1}}^1[f_1^1(\bullet),S_{4,1},t_{f_4}^1]=\Big\{&\frac{3}{2\pi}M\{I_{2s}\sin[(\omega\pm 2s\omega_1)t_{f_4}^1-\theta\mp h]\\&+\frac{1}{4n\pm 1}\sum_{n=1}^{\infty}I_{2s}\sin[(4n\pm 1)\omega t_{f_4}^1\pm 2s\omega_1 t_{f_4}^1-(4n\pm 1)\theta\mp h]\Big\}\end{aligned}$$

$$Z_{f_{4,1}}^1(t_{f_4}^1)=Z_4(t_{f_4}^1)+Z_{f_{4,1}}^1[f_1^1(\bullet),S_{4,1},t_{f_4}^1]$$

与式（5-4）相符。

牵引传动控制系统不同观测点出现故障特征频率体现了故障传播的空间特性。

5 基于故障传播与因果关系的牵引电机微弱故障溯源

根据 CRH2 牵引传动控制系统以 200 km/h 速度运行时系统的参数和电机参数，结合上述结论计算得到牵引传动控制系统牵引电机转子断条微弱故障时不同观测点的故障特征频率值，如表 5-1 所示。

表 5-1 不同观测点故障特征频率值

电网频率 f / Hz	电机定子电流频率 f_1 / Hz	转差率 s	观测点1电流故障特征频率 $(1\pm 2s)f_1$ / Hz	观测点2电流故障特征频率 $2sf_1$ / Hz	观测点3电流故障特征频率 $2sf_1$ / Hz	观测点4电流故障特征频率 $(4n\pm 1)f\pm 2sf_1$ / Hz
50	131.1	0.0172	126.6/135.6	4.5	4.5	45.5/54.5 145.5/154.5 245.5/254.5

根据系统对信号的执行时间，式（5-33）～式（5-36）中：

$$t_{f_2}^1 = t_1^1 + \Delta t_{2,1}^1 \text{ 中, } \Delta t_{2,1}^1 = T_1 + T_2 + T_3, \quad t_{f_2}^1 = t_1^1 + (T_1 + T_2 + T_3)$$

$$t_{f_3}^1 = t_1^1 + \Delta t_{3,1}^1 \text{ 中, } \Delta t_{3,1}^1 = T_1 + T_2 + T_3, \quad t_{f_3}^1 = t_1^1 + (T_1 + T_2 + T_3)$$

$$t_{f_4}^1 = t_1^1 + \Delta t_{4,1}^1 \text{ 中, } \Delta t_{4,1}^1 = 2(T_1 + T_2 + T_3), \quad t_{f_4}^1 = t_1^1 + 2(T_1 + T_2 + T_3)$$

$\Delta t_{2,1}^1$、$\Delta t_{3,1}^1$、$\Delta t_{4,1}^1$ 为故障发生后故障信号传播到对应观测点所需时间，$\Delta t_{4,1}^1 = 2\cdot \Delta t_{2,1}^1 = 2\cdot \Delta t_{3,1}^1$，体现了故障传播的时间特性。

根据 CRH2 型动车组牵引传动控制系统故障分类、观测点设置及系统对信号的执行时间组成，可得到包含牵引电机故障的牵引传动控制系统不同故障发生时，故障特征传播到不同观测点所需时间，如表 5-2 所示。

表 5-2　牵引传动控制系统不同故障传播到不同观测点所需时间

故障类型	故障特征传播到不同观测点经历时间 $\Delta t_{p,h}^k$			
	观测点 1	观测点 2	观测点 3	观测点 4
牵引电机故障	0	$T_1+T_2+T_3$	$T_1+T_2+T_3$	$2(T_1+T_2+T_3)$
TCU 外部通信端口存在模拟、数字干扰	T_2+T_3	T_2+T_3	T_2+T_3	T_2+T_3
TCU 输出控制信号异常	T_3	T_3	T_3	T_3
速度传感器故障、定子电流传感器故障	0	$T_1+T_2+T_3$	$T_1+T_2+T_3$	$T_1+T_2+T_3$
整流器输入侧电流传感器、中间直流环节电流传感器故障	$T_1+T_2+T_3$	$T_1+T_2+T_3$	$T_1+T_2+T_3$	$T_1+T_2+T_3$
整流器输入侧电压传感器、中间直流环节电压传感器故障	$T_1+T_2+T_3$	$T_1+T_2+T_3$	$T_1+T_2+T_3$	$T_1+T_2+T_3$
逆变器功率器件失效或电气特性衰退	T_3	T_3	T_3	$T_1+T_2+2T_3$
整流器功率器件失效或电气特性衰退	$T_1+T_2+2T_3$	T_3	T_3	T_3
无源元件失效或电气特性衰退	$T_1+T_2+T_3$	0	0	$T_1+T_2+T_3$

5.5　实验结果及分析

在图 2-21 所示 CRH2 牵引传动控制系统半实物平台上进行实验研究，平台正常运行至 2 s 时分别注入不同故障程度的牵引电机转子断条故障。分别测取观测点 1、观测点 2、观测点 3、观测点 4 的电流信号 I1、I2、I3、I4，观测点变量间 Granger 因果关系如图 5-4 所示。

5 基于故障传播与因果关系的牵引电机微弱故障溯源

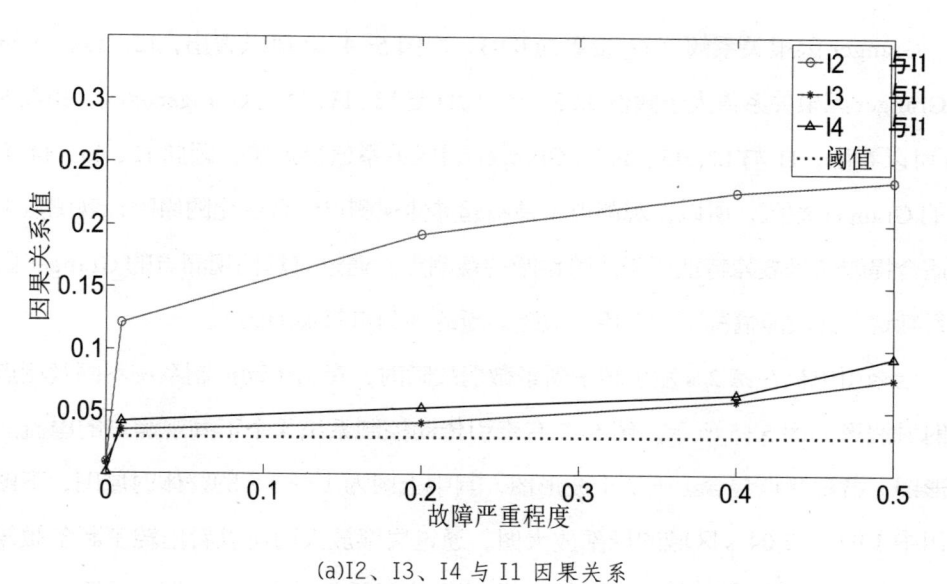

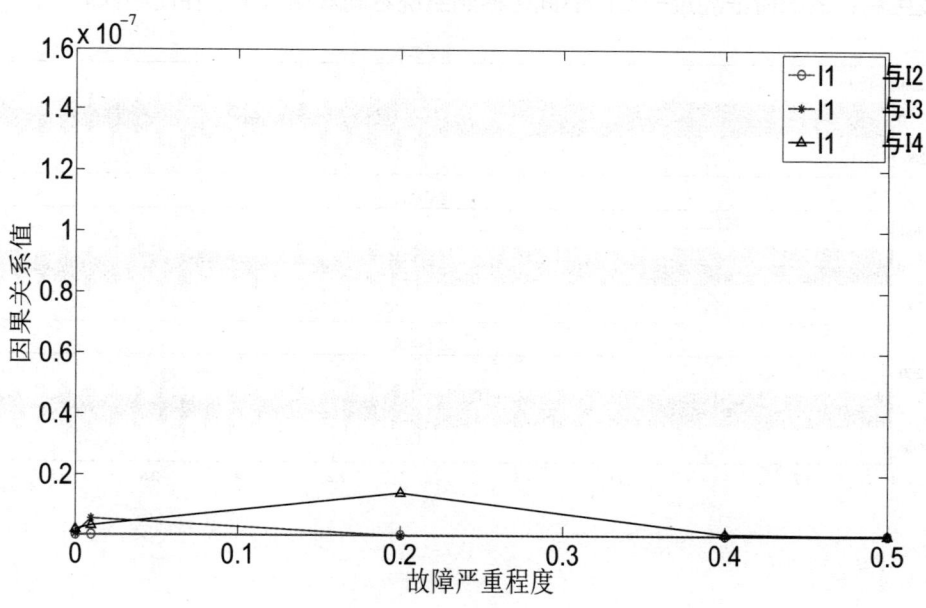

(a)I2、I3、I4 与 I1 因果关系

(b)I1 与 I2、I3、I4 因果关系

图 5-4 观测点电流信号间 Granger 因果关系

高速列车牵引电机微弱故障诊断与溯源研究

Granger 因果关系阈值 G_a 设置为 0.03，由图 5-4 (a) 可以看出，I2、I3、I4 与 I1 的 Granger 因果关系值大于阈值 0.03。因此，I1 是 I2、I3、I4 的 Granger 原因。由图 5-4 (b) 可以看出，I1 与 I2、I3、I4 的 Granger 因果关系值接近零，因此 I2、I3、I4 不是 I1 的 Granger 原因。所以，观测点 1 是引起其他观测点信号变化的原因，观测点 1 也是适合提取信号故障特征用于故障诊断的观测点。通过对其他观测点的 Granger 因果关系判定，此故障情况下适合用于故障诊断的观测点有观测点 1。

当牵引电机在第 2 s 发生转子断条微弱故障时，牵引传动控制系统不同观测点电流时域波形如图 5-5 所示。图 5-5 有牵引传动控制系统 4 个不同观测点的电流时域波形图，各观测点包含上下 2 个波形图，其中上图为 1～3 s 的整体时域图，下图为上图中 1.97～2.04 s 区域的局部放大图。通过局部放大图可以看出转子断条微弱故障发生后，故障特征经过一定的时间传播到系统不同观测点（已在图中标明）。

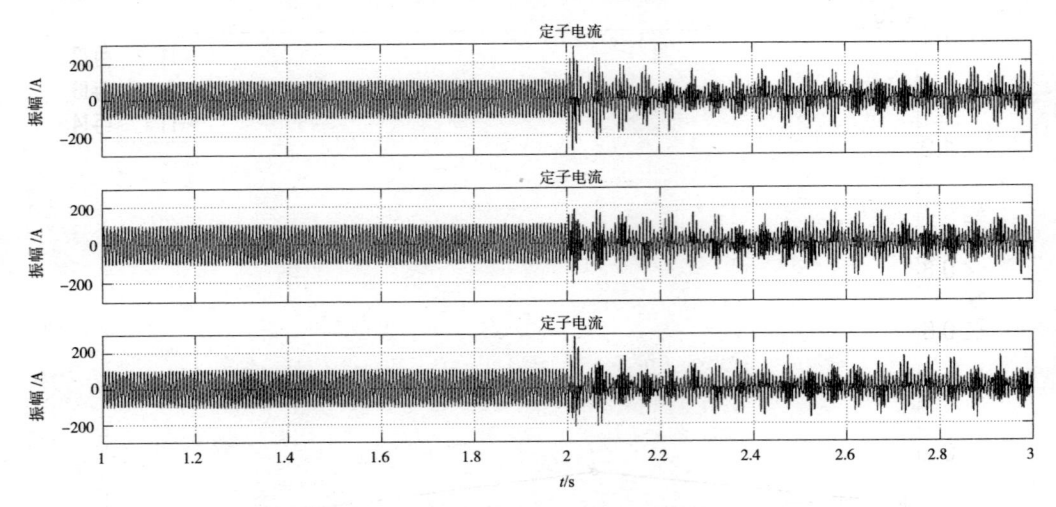

5 基于故障传播与因果关系的牵引电机微弱故障溯源

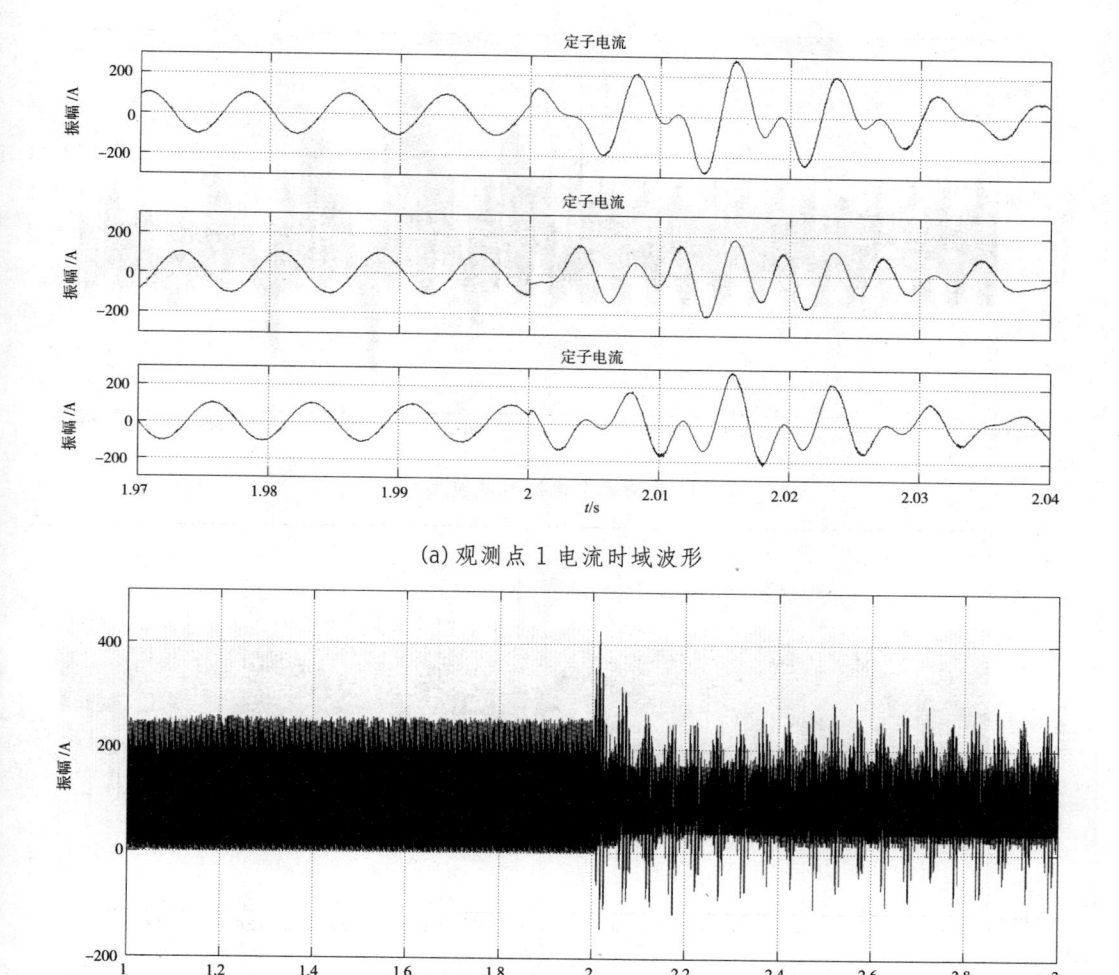

(a) 观测点 1 电流时域波形

157

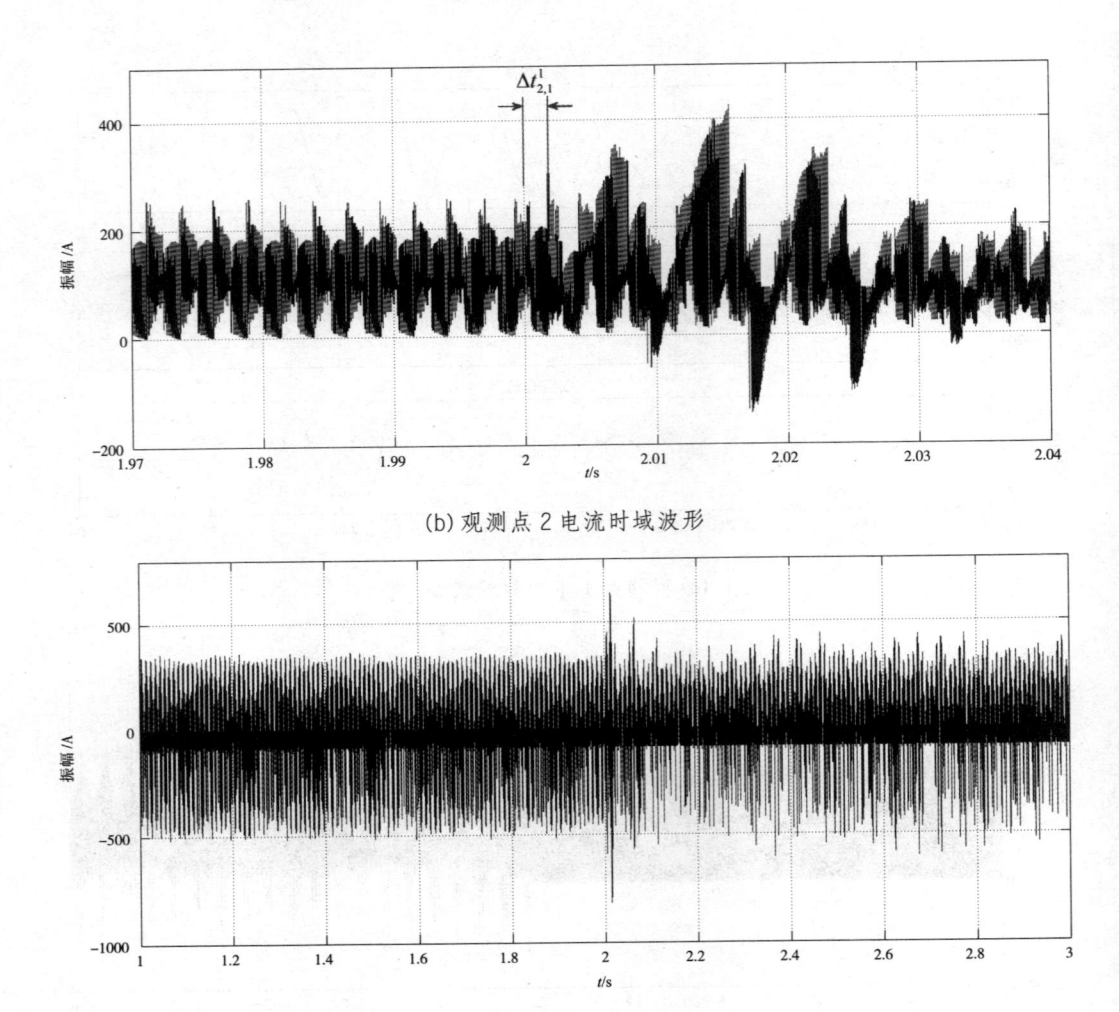

高速列车牵引电机微弱故障诊断与溯源研究

(b) 观测点 2 电流时域波形

5 基于故障传播与因果关系的牵引电机微弱故障溯源

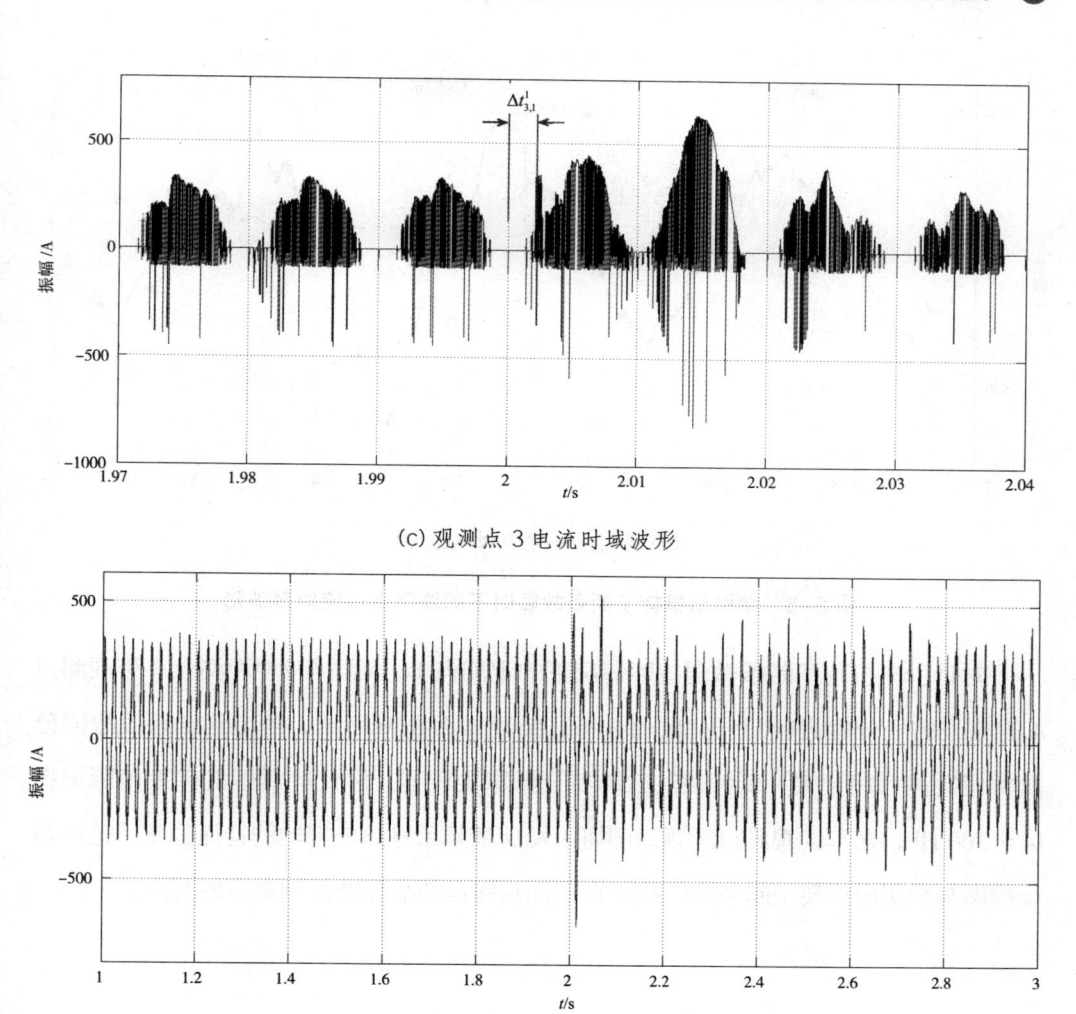

(c) 观测点 3 电流时域波形

(d) 观测点 4 电流时域波形

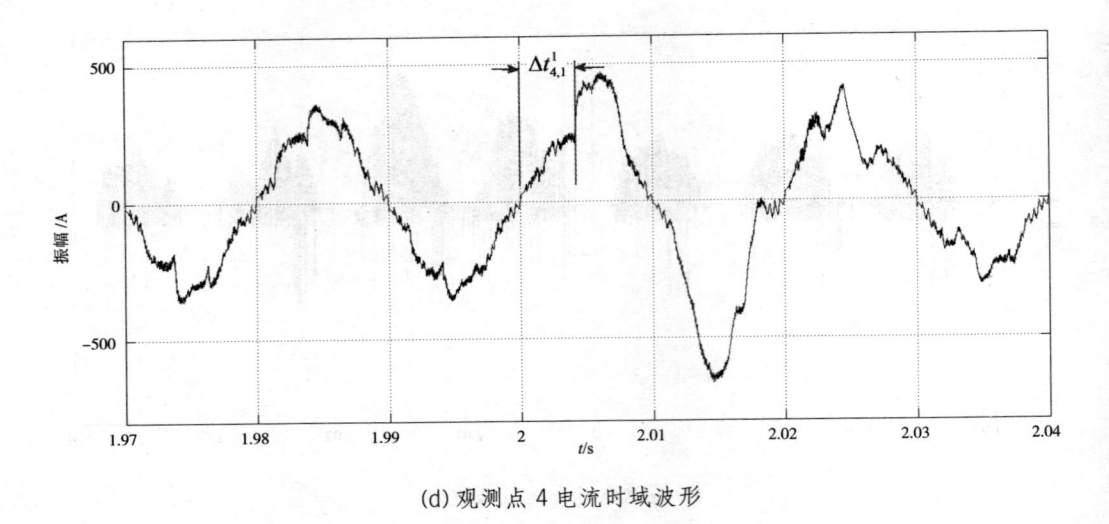

图 5-5 牵引电机转子断条故障时不同观测点电流时域波形

对牵引电机转子断条微弱故障情况下的观测点 1、观测点 2、观测点 3 和观测点 4 的电流信号分别进行归一化频谱分析，结果如图 5-6 所示。考虑到低频段故障分量幅值比高频段更大，低频段的故障特征频率更明显，因此频谱图的频率范围选择 0～300 Hz，在不同观测点的频谱图可以发现基频和基频外其他的特征频率，这些特征频率与牵引电机转子断条微弱故障在不同观测点的故障特征频率正好对应。

5 基于故障传播与因果关系的牵引电机微弱故障溯源

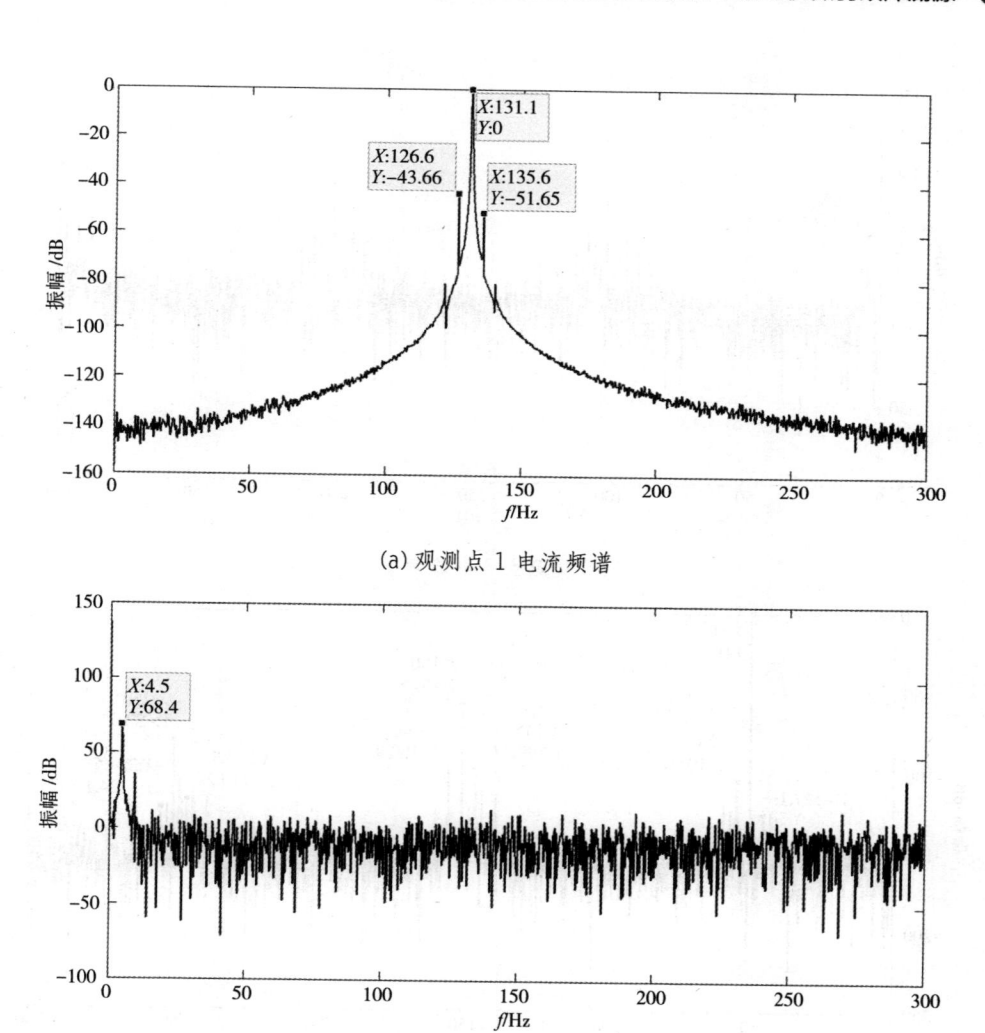

(a) 观测点 1 电流频谱

(b) 观测点 2 电流频谱

(c) 观测点 3 电流频谱

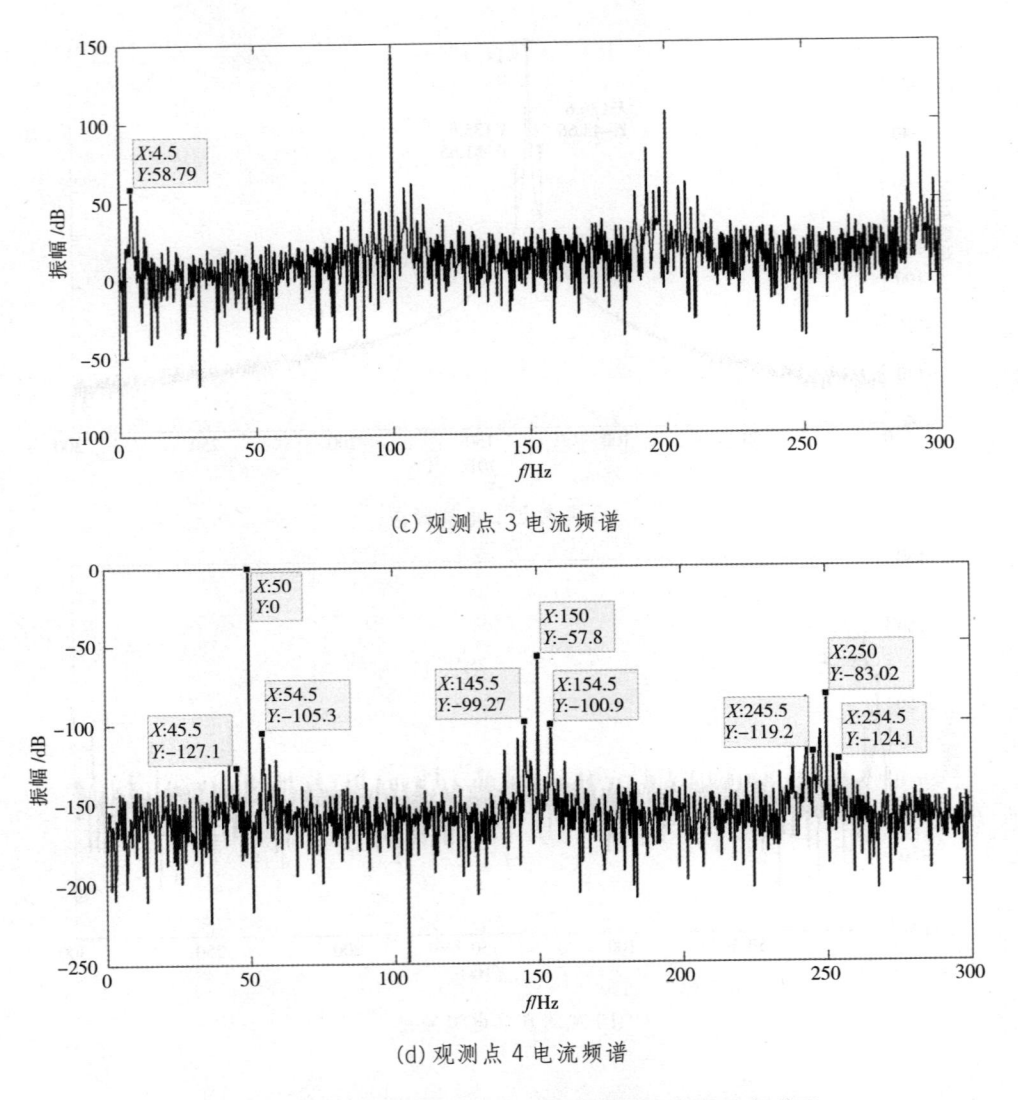

(d) 观测点 4 电流频谱

图 5-6　牵引电机转子断条故障时不同观测点电流频谱图

图 5-5 为牵引电机发生转子断条微弱故障时牵引传动控制系统不同观测点的电流时域波形图，通过局部放大图可以看出转子断条微弱故障发生后，故障特征经过一定的时间传播到系统的不同观测点，微弱故障在第 2 s 发生，观测点 1 在第 2 s 发现异

常，观测点2经过时间$\Delta t_{2,1}^1$发现异常，观测点3经过时间$\Delta t_{3,1}^1$发现异常，观测点4经过时间$\Delta t_{4,1}^1$发现异常，且$\Delta t_{2,1}^1 = \Delta t_{3,1}^1 = 0.002$ s，$\Delta t_{4,1}^1 = 0.004$ s，满足$\Delta t_{4,1}^1 = 2*\Delta t_{2,1}^1 = 2*\Delta t_{3,1}^1$，与表5-2所示的牵引传动控制系统不同故障传播到不同观测点所需时间的描述相符。

从图5-6牵引电机转子断条故障时观测点1至观测点4电流频谱图可以看出，观测点1定子电流基频131.1 Hz两侧存在明显的特征频率126.6 Hz和135.6 Hz，即为故障特征频率$(1±2s)f_1$；观测点2和观测点3存在明显的特征频率4.5 Hz，即为故障特征频率$2sf_1$；观测点4在整流器输入电流基频50 Hz两侧分别存在明显的特征频率45.5 Hz和54.5 Hz，整流器输入电流3倍基频150 Hz两侧分别存在明显的特征频率145.5 Hz和154.5 Hz，整流器输入电流5倍基频150 Hz两侧分别存在明显的特征频率245.5 Hz和254.5 Hz，即为故障特征频率$(4n±1)f±2sf_1$。不同观测点电流信号的频谱分析结果与表5-1所示不同观测点故障特征频率值的理论计算结果一致。

图5-5所示验证了故障传播时间特性，图5-6所示验证了故障传播空间特性，由Granger因果关系所得适合用于故障诊断的观测点1故障特征频率可以判定牵引传动控制系统所发生故障为牵引电机转子断条微弱故障，定位故障发生位置为牵引电机、故障发生元部件为牵引电机转子导条，从而实现了故障溯源。

5.6　本章小结

本章针对牵引电机微弱故障溯源问题，提出了一种基于故障传播与因果关系的故障溯源方法。设置牵引传动控制系统观测点，通过机理分析建立具有时空特性的系统正常与故障传播模型，并分析得到不同故障类型时系统不同观测点的故障特征和故障传播时间。如牵引电机故障时，通过整流器、逆变器等开关函数构建牵引传动控制系统不同观测点电流模型，然后根据牵引电机具体故障类型，演算出不同观测点的故

高速列车牵引电机微弱故障诊断与溯源研究

障特征频率；通过系统对信号的执行时间，推导出故障发生后的故障传播时间；使用 Granger 因果关系对不同观测点的运行数据进行分析，判定观测点间信号变化的因果关系，确定所有观测点中适合用于故障诊断的观测点；提取这些适合用于故障诊断观测点的故障特征和故障传播时间，并与故障传播模型中对应观测点的时空特性结果相匹配，最终定位故障类型和故障发生位置，实现故障溯源。该方法在 CRH2 高速列车牵引传动控制系统半实物仿真平台进行了实验验证，结果表明所提方法可行有效。

6 结论与展望

6.1 结论

本书以高速列车牵引电机微弱故障检测、诊断与故障溯源为研究目标,针对牵引电机微弱故障时故障特征信号微弱,故障特征频率与定子电流基频接近,而电机运行状态信号中往往包含强烈的噪声干扰,体现出故障信号微弱、信噪比低和故障特征难以提取等特征,而且在高速列车特殊运行环境与特定工况下,无法额外安装传感器等特点,对牵引电机微弱故障检测、诊断与溯源方法进行了深入分析与研究,相关研究成果经过了仿真与半实物平台实验的有效验证。研究工作对保障高速列车稳定运行和推进牵引电机微弱故障诊断具有一定的理论意义和工程应用价值。

本书主要研究成果和结论如下。

(1)建立了定子电流故障特征分量与单根导条故障严重程度之间的关系,揭示了牵引电机微弱故障机理。对牵引电机转子断条微弱故障进行了分析,首先通过分析导条金属电阻值在断裂过程中的变化规律,并引入损伤因子,得到单根导条断裂严重程度与牵引电机相电阻间的关系;然后应用迭加原理,将导条故障时的牵引电机看成正常电机在故障导条处迭加反向电流源,得到单根导条断裂时定子电流故障特征分量值;最后根据整数根导条断裂时定子电流故障特征分量幅值与单根导条不同程度故障

高速列车牵引电机微弱故障诊断与溯源研究

时定子电流故障特征分量幅值关系，建立定子电流故障特征分量与单根导条故障严重程度之间关系，并以此揭示牵引电机微弱故障机理。

（2）提出了基于 RVMD 的牵引电机微弱故障检测方法。针对牵引电机微弱故障时故障特征频率与基频接近、故障特征微弱等特点，提出了一种基于 RVMD 的牵引电机微弱故障检测方法。该方法针对存在的端点效应与模态混叠现象，对检测信号构造变分问题，合理选择 RVMD 参数，求解多个模态函数，通过对模态函数进行叠加重构，实现故障检测，有效避免了端点效应与模态混叠，最后使用该方法进行了转子断条、定子绕组匝间短路和气隙偏心微弱故障检测实验，实验结果验证了所提方法的有效性。

（3）提出了基于状态转移自适应随机共振的牵引电机微弱故障诊断方法。针对牵引电机微弱故障时故障特征信号微弱、噪声背景强而信噪比低、故障特征难以准确提取和最佳体现等特点，并考虑电机定子电流信号及故障特征信号具有周期性、正弦性的特点，以及传统随机共振方法固定两个主要参数或固定一个主要参数寻优另外一个主要参数，无法实现最优输出的特点，提出了一种基于状态转移自适应随机共振的故障诊断方法。利用随机共振能将噪声能量转移到微弱故障信号上，在降低噪声的同时使淹没在噪声中的微弱故障特征信号得到共振加强；采用状态转移算法，以输出最大信噪比为优化目标，实现对随机共振参数的全局优化寻优，寻优后的系统参数能实现最优共振输出。最后使用该方法进行了转子断条、定子绕组匝间短路和气隙偏心微弱故障诊断实验，实验结果验证了所提方法的有效性。

（4）提出了基于故障传播分析的牵引电机故障溯源方法。针对牵引传动控制系统故障溯源研究少而牵引传动控制系统具有故障传播特性的问题，提出一种基于故障传播与因果关系的牵引电机微弱故障溯源方法。设置牵引传动控制系统观测点，通过机理分析建立具有时空特性的系统正常与故障传播模型，并分析得到不同故障类型时系统不同观测点的故障特征和故障传播时间，如牵引电机故障时，通过整流器、逆变器等开关函数构建牵引传动控制系统不同观测点电流模型，然后根据牵引电机具体故障类型，演算出不同观测点的故障特征频率；通过系统对信号的执行时间，推导出故障发生后的故障传播时间；使用 Granger 因果关系对不同观测点的运行数据进行分析，判定观测点间信号变化的因果关系，确定所有观测点中适合用于故障诊断的观测点；提取这些适合用于故障诊断观测点的故障特征和故障传播时间，并与故障传播模型中对应观测点的时空特性结果相匹配，最终定位故障类型和故障发生位置，实现故障溯源。该方法在 CRH2 高速列车牵引传动控制系统半实物仿真平台进行了实验验证，结果表明所提方法可行有效。

6.2 展望

本书对牵引传动控制系统牵引电机微弱故障检测、诊断与溯源开展了一系列有意义的研究，后续仍有很多内容有待进一步深入研究。

（1）牵引电机同时发生多种微弱故障类型时，故障特征间可能存在相互影响，给故障诊断带来更大的难度，且单一物理场信号分析可能出现漏诊，有必要融合电信号、振动信号、磁场信号、热感现象和声场信号等多源异构信号特征来进一步开展牵引电机复合微弱故障诊断研究工作，深入研究牵引电机微弱故障间的相互影响，并提出有效解决办法，实现牵引电机复合故障分离与特征提取，是下一阶段的研究重点。

（2）本书对牵引传动控制系统进行故障传播建模时并没有考虑不同工况与环境因素的影响，由此可能产生误差。另外，对牵引传动控制系统故障传播路径的分析还可以更全面，结合系统实际运行时故障发生概率进行故障传播分析，从而更好地提高牵引传动控制系统的安全可靠性。

（3）开展变工况下牵引电机微弱故障研究，本书主要研究平稳工况下典型微弱故障检测与诊断，需要进一步展开变工况及低速工况下牵引电机微弱故障特征的提取方法。

（4）本书采用的状态转移自适应随机共振可实现强背景噪声下的牵引电机微弱故障特征提取，但无法预测故障严重程度，因此可利用故障演变物理模型结合牵引电机实际运行数据，进行牵引电机故障严重程度研究。

参考文献

[1] 贾利民. 高铁：装备制造业的国家名片 [J]. 时事报告, 2015(6): 52-53.

[2] 黄祺. 被铁路改变的中国经济史 [J]. 新民周刊, 2018(50): 48-49.

[3] 关宁宁, 张长青. 国外高速铁路安全立法及其启示 [J]. 法制建设, 2012(2): 11-15.

[4] 戴晨曦, 刘志刚, 胡轲珽. 关于高铁 CRH2 型动车组逆变器故障诊断研究 [J]. 计算机仿真, 2016, 33(4): 217-222.

[5] 张龙. 电力机车电机 [M]. 北京: 中国铁道出版社. 2008.

[6] 宫海彬. 高速列车传动系统可靠性试验方法研究 [D]. 长春: 吉林大学, 2013.

[7] 苟斌. 电力牵引变流器故障诊断与容错控制技术研究 [D]. 成都: 西南交通大学, 2016.

[8] 杨栋. 动车组牵引电机故障诊断方法研究 [D]. 兰州: 兰州交通大学, 2014.

[9] 周东华, 纪洪泉, 何潇. 高速列车信息控制系统的故障诊断技术 [J]. 自动化学报, 2018, 44(7): 1153-1164.

[10] 姜斌, 吴云凯, 陆宁云, 等. 高速列车牵引系统故障诊断与预测技术综述 [J]. 控制与决策, 2018, 33(5): 841-855.

[11] 袁敏. 基于弹复力的列控系统可靠性实时分析方法研究 [D]. 北京: 北京交通大学, 2016.

[12] 魏来. 高速列车相关运行安全性问题研究 [D]. 成都: 西南交通大学, 2016.

[13] 李志星. 基于强噪声背景下随机共振的微弱故障诊断方法研究 [D]. 北京: 北京科技大学, 2017.

[14] 文成林, 吕菲亚, 包哲静, 等. 基于数据驱动的微小故障诊断方法综述 [J]. 自动化学报, 2016, 42(9): 1285−1299.

[15] 刘鸣洲. 微弱机械冲击信号的检测与提取方法研究 [D]. 杭州: 浙江大学, 2018.

[16] 阳同光, 蒋新华. 感应电机故障诊断研究现状与发展趋势 [J]. 微电机, 2010, 47(4): 28−32.

[17] 马宏忠, 姚华阳, 黎华敏. 基于模量频谱分析的异步电机转子断条故障研究 [J]. 电机与控制学报, 2009, 13(13): 371−377.

[18] 邵英. 采用 Park 变换感应电机转子复合故障检测 [J]. 电机与控制学报, 2010, 14(3): 57−62.

[19] 马宏忠. 异步电动机转子绕组故障后转矩转速的分析与计算 [J]. 电工技术学报, 2004, 19(4): 23−28.

[20] 牛发亮, 黄进, 杨家强. 基于电磁转矩小波变换的感应电机转子断条故障诊断 [J]. 中国电机工程学报. 2005, 25(24): 122−127.

[21] 王攀攀, 史丽萍, 苗长新, 等. 利用骨干微粒群算法和 SVM 诊断电机故障 [J]. 电机与控制学报. 2013, 17(2): 48−54.

[22] 胡为, 高雷, 傅莉. 基于最优阶次 HMM 的电机故障诊断方法研究 [J]. 仪器仪表学报. 2013, 34(3): 524−530.

[23] 刘沛津, 谷立臣. 异步电机负序分量融合方法及其在定子匝间短路故障诊断中的应用 [J]. 中国电机工程学报, 2013, 33(15): 119−123.

[24] 罗忠辉, 薛晓宁, 王筱珍, 等. 小波变换及经验模式分解方法在电机轴承故障诊断中的应用 [J]. 中国电机工程学报, 2005, 25(14): 125−129.

[25] 杨江天, 赵明元. 改进双谱和经验模态分解在牵引电机轴承故障诊断中的应用 [J]. 中国电机工程学报, 2012, 32(18): 18, 140−146.

[26] 李娟, 周东华, 司小胜, 等. 微小故障诊断方法综述 [J]. 控制理论与应用, 2012,

29(12): 1517−1529.

[27] 李晗, 萧德云. 基于数据驱动的故障诊断方法综述 [J]. 控制与决策, 2011, 26(1): 1−9, 16.

[28] 刘长良, 武英杰, 甄成刚. 基于变分模态分解和模糊C均值聚类的滚动轴承故障诊断 [J]. 中国电机工程学报, 2015, 35(13): 3358−3365.

[29] 赵怀柏. 基于故障溯源技术的交通设备管理系统设计 [D]. 上海: 复旦大学, 2013.

[30] 赵靓, 柴庆龙. 基于分层模糊符号有向图法的故障诊断方法 [J]. 热力发电, 2015, 44(11): 26−31.

[31] Maria I, 翟持, 孙巍, 等. 基于符号有向图分析的炼油厂中渣油催化裂化危险与可操作性 [J]. 化工进展, 2015, 34(4): 1178−1182.

[32] 王琦. 基于元胞自动机的软件故障传播研究 [D]. 南京: 南京理工大学, 2014.

[33] 莫志军. 基于复杂网络的航空发动机故障传播特性研究 [D]. 湘潭: 湖南科技大学, 2016.

[34] 王政, 孙锦程, 王迎春, 等. 基于复杂网络理论的符号有向图(SDG)化工故障诊断 [J]. 化工进展, 2016, 35(5): 1344−1352.

[35] 史金瑶, 方瑞明, 卢小芬, 等. 基于小世界网络的双馈感应风力发电系统故障传播特性研究 [J]. 高压电器. 2013, 49(2): 25−29.

[36] 肖尧, 郑建风. 复杂交通运输网络上的拥挤与效率问题研究 [J]. 物理学报, 2013, 62(17): 547−552.

[37] 张曙光. CRH2型动车组 [M]. 北京: 中国铁道出版社, 2006.

[38] 沈标正. 电机故障诊断技术 [M]. 北京: 机械工业出版社, 1996.

[39] 李青松. 基于定子电流分析的机车牵引电机轴承故障诊断 [D]. 北京: 北京交通大学, 2011.

[40] 黄亮. 交流牵引电机故障诊断技术研究 [D]. 成都: 西南交通大学, 2009.

[41] 梁霖.基于电流法的鼠笼异步电机故障特征提取及自动诊断[D].成都:西安交通大学,2001.

[42] 辜承林,陈乔夫,熊永前.电机学[M].武汉:华中科技大学出版社,2001.

[43] 吴勇.基于小波分析的高速牵引电机轴承故障诊断研究[D].北京:北京交通大学,2011.

[44] 王亮.基于DSP的滚动轴承故障诊断系统研究[D].大连:大连理工大学,2008.

[45] 杨江天,赵明元,张志强,等.基于定子电流小波包分析的牵引电机轴承故障诊断[J].铁道学报,2013,35(2):32-36.

[46] 尹进田,谢永芳,阳春华.基于RVMD的牵引电机转子初期断条故障监测[J].控制与决策,2018,33(3):497-502.

[47] 尹进田,谢永芳,陈志文,等.基于故障传播与因果关系的故障溯源方法及其在牵引传动控制系统中的应用,自动化学报[J].2020,46,(1):47-57.

[48] 祝洪宇,胡静涛,高雷,等.负载连续变化时鼠笼电机早期转子断条故障诊断[J].仪器仪表学报,2014,35(7):1646-1653.

[49] 贾朱植,杨理践,祝洪宇,等.基于高分辨率谱估计的早期转子断条故障诊断[J].仪器仪表学报,2017,38(2):279-287.

[50] 王潇潇.基于经验模态分解的心电信号压缩研究[D].杭州:浙江大学,2017.

[51] 胡岗.随机力与非线性系统[M].上海:上海科技教育出版社,1994.

[52] 李建龙.随机共振的参数调节方法及其在信号处理中的应用[D].杭州:浙江大学,2005.

[53] 刘锋力.参数调节随机共振与二进制基带数字信号传输[D].杭州:浙江大学,2004.

[54] 龚德纯,秦光戎.由随机共振可获得比最佳线性滤波器更高的信噪比[J].中国科学A辑,1992,(8):828-833.

[55] 梁晓腾. 高密度地震资料弱信号检测与去噪方法研究 [M]. 北京 : 中国石油大学, 2011.

[56] 李亘军, 徐丽杰, 曹玉山. 闭环调节回路过程响应时间对系统实时性影响分析 [C]. 上海 : 第八届工业仪表与自动化学术会议, 2007: 437-442.

[57] GOU B, GE X L, LIU Y C, et al. Load-current-based current sensor fault diagnosis and tolerant control scheme for traction inverters [J]. Electronics Letters, 2016, 52(20): 1717-1719.

[58] MARTIN R G, JOSE A, Antonino D, et al. Advances in electrical machine, power electronic, and drive condition monitoring and fault detection: State of the art[J]. IEEE Transactions on Industrial Electronics, 2016, 62(3): 1746-1759.

[59] XIAO L, ZHANG X H, LU S L, et al. A novel weak-fault detection technique for rolling element bearing based on vibrational resonance [J]. Journal of Sound and Vibration, 2019(438): 490-505.

[60] WANG T T, WANG K C, SU X H, et al. Invariant based fault localization by analyzing error propagation [J]. Future Generation Computer Systems-the International Journal of science, 2019, 94(3): 549-563.

[61] MAOUCHE Y, OUMAAMAR M E, BOUCHERMA M, et al. The propagation mechanism of fault signatures in squirrel cage induction motor drives [J]. Journal of Electrical Engineering & Technology, 2019, 14(1): 121-133.

[62] WANG R X, GAO X, GAO J M, et al. An information transfer based novel framework for fault root cause tracing of complex electromechanical systems in the processing industry [J]. Mechanical Systems and Signal Processing, 2018(101): 121-139.

[63] GAO Z, CECATI C, DING S X. A survey of fault diagnosis and fault-tolerant techniques-part I: Fault diagnosis with model-based and signal-based approaches [J].

IEEE Transactions on Industrial Electronics, 2015, 62(6): 3757-3767.

[64] CHEN Z W, YANG C H, PENG T, et al. A cumulative canonical correlation analysis-based sensor precision degradation detection method[J]. IEEE Transactions on Industrial Electronic, 2019, 66(8): 6321-6330.

[65] ABDELMALEK K, MOHAMED Y K, MOHAMED E K.On the use of slot harmonics as a potential indicator of rotor bar breakage in the induction machine [J]. IEEE Transactions on Industrial Electronics, 2009, 56(11): 4592-4603.

[66] VICENTE C A, JOSÉ A. A D, FRANCISCO V S, et al. Vibration transient detection of broken rotor bars by PSH sidebands [J]. IEEE Transactions on Industry Applications, 2013, 49(6): 2576-2582.

[67] CHENG S W, ZHANG P J, THOMAS G H. An impedance identification approach to sensitive detection and location of stator turn-to-turn faults in a closed-loop multiple-motor drive [J]. IEEE Transactions on Industrial Electronics, 2011, 50(5): 1545-1555.

[68] MHAMED D, ANTONIO J M C. Discriminating the simultaneous occurrence of three-phase induction motor rotor faults and mechanical load oscillations by the instantaneous active and reactive power media sign analyses [J]. IEEE Transactions on Industrial Electronics, 2012, 59(3): 1630-1640.

[69] VINOD V T, KRISHNA V, KUMAR V J. Online cage rotor fault detection using air-gap torque spectra [J]. IEEE Transactions on Energy Conversion, 2003, 18(2): 265-270.

[70] IGNACIO M-D, DANIEL M S, OSCAR D P, et al. Early fault detection in induction motors using adaboost with imbalanced small data and optimized sampling [J]. IEEE Transactions on Industry Applications, 2017, 53(3): 3066-3075.

[71] GEORGE G, VICENTE C A, JOSE A D, et al. The use of a multilabel classification framework for the detection of broken bars and mixed eccentricity faults based on the

start-up transient [J]. IEEE Transactions on Industrial Informatics, 2017, 13(2): 625-634.

[72] KLEITON M S, IGOR B V C, EDNILSON S M, et al. Broken bar fault detection in induction motor by using optical fiber strain sensors [J]. IEEE Sensors Journal, 2017, 17(12): 3669-3676.

[73] MOHAMED A M, MOHAMED B, ABDELMALEK K. A detection method for induction motor bar fault using sidelobes leakage phenomenon of the sliding discrete fourier transform [J]. IEEE Transactions on Power Electronics, 2017, 32(7):5560-5572.

[74] HOU Z W, HUANG J, LIU H, et al. Quantitative broken rotor bar fault detection for closed-loop controlled induction motors [J]. IET Electric Power Applications, 2016, 10(5): 403-410.

[75] MONFARED O A, DOROUDI A, DARVISHI A. Diagnosis of rotor broken bars faults in squirrel cage induction motor using continuous wavelet transform [J]. Compel-the International Journal for Computation and Mathematics in Electrical and Electronic Engineering, 2019, 38(1): 167-182.

[76] OJAGHI M, SABOURI M, FAIZ J. Performance analysis of squirrel-cage induction motors under broken rotor bar and stator inter-turn fault conditions using analytical modeling [J]. IEEE Transactions on Magnetics, 2018, 54 (11): 1103-1112.

[77] ARUN G, TIMOTHY C, LEILA P. Recent advances in modeling and online detection of stator interturn faults in electrical motors [J]. IEEE Transactions on Industrial Electronics, 2011, 58(5): 1564-1575.

[78] GULAMFARUK N S, ZAFAR J K, MAKARAND S B, et al. A simplified frequency-domain detection of stator turn fault in squirrel-cage induction motors using an observer coil technique [J]. IEEE Transactions on Industrial Electronics, 2017, 64(2): 1495-1506.

[79] NAJLA H O, THIERRY B, BABAK N M. Modeling and diagnostic of incipient interturn faults for a three-phase permanent magnet synchronous motor [J]. IEEE Transactions on Industry Applications, 2016, 52(5): 4426-4434.

[80] MANUEL A M, GUILLERMO R B, CRISTIAN H D A, et al. A model-based strategy for interturn short-circuit fault diagnosis in PMSM [J]. IEEE Transactions on Industrial Electronics, 2017, 64(9):7218-7228.

[81] MOHAMMAD Y K, MOSTAFA K, HAMID R N, et al. Hybrid modelling of doubly fed induction generators with inter-turn stator fault and its detection method using wavelet analysis [J]. IET Generation, Transmission & Distribution, 2013, 7(9): 982-990.

[82] HANG J, DING S C, ZHANG J Z, et al. Detection of interturn short-circuit fault for PMSM with simple fault indicator [J]. IEEE Transactions on Energy Conversion, 2016. 31(4): 1697-1699.

[83] BERZOY A, MOHAMMED O A, RESTREPO J. Analysis of the impact of stator interturn short-circuit faults on induction machines driven by direct torque control [J]. IEEE Transactions on Energy Conversion, 2016, 33(3): 1463-1474.

[84] ZHAO W G, LI K, YANG S P, et al. RVM-based adaboost scheme for stator interturn faults of the Induction motor [J]. Engineering review, 2016, 36(2): 123-131.

[85] CAMERON J R, THOMSON W T, DOW A B. Vibration and current monitoring for detecting airgap eccentricity in large induction motors [J]. IEE Proceedings B, Electric Power Applications, 1986, 133(3): 155-163.

[86] MILLER T J E. Faults and unbalanced forces in the switched reluctance machine [J]. IEEE Transactions on Industry Applications, 1995, 31(2): 319-328.

[87] HWANG D H, HAN S B, WOO B C, et al. Detection of air-gap eccentricity and broken-rotor bar conditions in a squirrel-cage induction motor using the radial flux sensor [J].

Journal of Applied Physics, 2008, 103(7): 07F131 (1-3).

[88] CEBAN A, PUSCA R, ROMARY R. Study of rotor faults in induction motors using external magnetic field analysis [J]. IEEE Transactions on Industrial Electronics, 2012, 59(5): 2082-2093.

[89] SEUNGDEOG C, ELHAM P, JEIHOON B, et al. Iterative condition monitoring and fault diagnosis scheme of electric motor for harsh industrial application [J]. IEEE Transactions on Industrial Electronics, 2015, 62(3): 1760-1769.

[90] PARK J K, HUR J. Detection of inter-turn and dynamic eccentricity faults using stator current frequency pattern in IPM-type BLDC motors [J]. IEEE Transactions on Industrial Electronics, 2016, 63(3): 1771-1780.

[91] AHMED H B, NOUREDDINE B, AZEDDINE B, et al. Induction motor bearing fault analysis using a root-mUSIC method [J]. IEEE Transactions on Industry Applications, 2016, 52(5):3851-3860.

[92] SUKHJEET S, NAVIN K. Detection of bearing faults in mechanical systems using stator current monitoring [J]. IEEE Transactions on Industrial Informatics, 2017, 13(3):1341-1349.

[93] ELHOUSSIN E, VINCENT C, YASSINE A, et al. An efficient hilbert-huang transform-based bearing faults detection in induction machines [J]. IEEE Transactions on Energy Conversion, 2017, 32(2):401-413.

[94] HOSSEIN H, JAFAR Z, MOHAMMAD M A, et al. Zslices-based general type-2 fuzzy fusion of support vector machines with application to bearing fault detection[J]. IEEE Transactions on Industrial Electronics, 2017, 64(9): 7210-7217.

[95] LI Y B, XU M Q, LIANG X H, et al. Application of bandwidth emd and adaptive multi-scale morphology analysis for incipient fault diagnosis of rolling bearings [J]. IEEE

Transactions on Industrial Electronics, 2017, 64(8): 6506−6517.

[96] WANG Y, TSE P W, TANG B P, et al. Order spectrogram visualization for rolling bearing fault detection under speed variation conditions [J]. Mechanical Systems and Signal Processing, 2019, 122(2019): 580−596.

[97] YANG B, LEI Y G, JIA F, et al. An intelligent fault diagnosis approach based on transfer learning from laboratory bearings to locomotive bearings [J]. Mechanical Systems and Signal Processing, 2019, 122(2019): 692−706.

[98] KONSTANTIN D, DOMINIQUE Z. Variational mode decomposition [J]. IEEE Transactions on Signal Processing, 2014, 62(3):531−544.

[99] XUE Y J, CAO J X, WANG D X, et al. Application of the variational−mode decomposition for seismic time−frequency analysis [J]. IEEE Journal of Selected Topics in Applied Earth Observations and Remote Sensing, 2016, 9(8): 3821−3831.

[100] BENZI R, SUTERA A, VULPIANi A. The mechanism of stochastic resonance [J]. Journal of Physics A: Mathematical and General, 1981(14): 453−457.

[101] CHEN Z W, STEVEN X D, PENG T, et al. Fault detection for non−gaussian processes using generalized canonical correlation analysis and randomized algorithms [J]. IEEE Transactions on Industrial Electronics, 2018, 65(2). 1559−1567.

[102] LI G, QIN S J, YUAN T. Data−driven root cause diagnosis of faults in process industries [J]. Chemometrics and Intelligent Laboratory Systems, 2016(159): 1−11.

[103] ZHOU C J, HUANG X F, XIONG N X, et al. A class of general transient faults propagation analysis for networked control systems [J]. IEEE Transactions on Systems Man Cybernetics−Systems, 2015, 45(4): 647−661.

[104] YING Y, PETER B L, KRISHNA R P. Fault diagnosis of hvac air−handling systems considering fault propagation impacts among components [J]. IEEE Transactions on

Automation Science and Engineering, 2017, 14(2): 705−717.

[105] WANG R X, GAO X, GAO J M, et al. An information transfer based novel framework for fault root cause tracing of complex electromechanical systems in the processing industry [J]. Mechanical Systems and Signal Processing, 2018, 101(15): 121−139.

[106] WANG P K, CONRAD J M, AMIR M G, et al. An ATPG method for double stuck-at faults by analyzing propagation paths of single faults [J]. IEEE Transactions on Circuits and Systems I: Regular Papers, 2018, 65(3): 1063−1074.

[107] LI J, MARK S, JESUS A P, et al. Fault signal propagation through the PMSM motor drive systems [J]. IEEE Transactions on Industry Applications, 2017, 53(3): 2915−2924.

[108] WANG T, WEI X G, HUANG T, et al. Modeling fault propagation paths in power systems: A new framework based on event SNP systems with neurotransmitter concentration [J]. IEEE Access, 2019(7): 12798−12808.

[109] WANG F, XU T H, TANG T, et al. Bilevel feature extraction-based text mining for fault diagnosis of railway systems [J]. IEEE Transactions on Intelligent Transportation Systems, 2017, 18(1): 49−58.

[110] GREGORY L, XING L D, HANOCH B H, et al. Reliability of series-parallel systems with random failure propagation time [J]. IEEE Transactions on Reliability, 2013, 62(2): 637−647.

[111] BHUSHAN M, RENGASWAMY R. Comprehensive design of a sensor network for chemical plants based on various diagnosability and reliability criteria, Part 1: Framework [J]. Industrial and Engineering. Chemistry Research, 2002, 41(7): 1826−1839.

[112] BHUSHAN M, RENGASWAMY R. Design of sensor location based on various fault diagnostic observability and reliability criteria [J].Computers and Chemical Engineering,

2000, 24(2-7): 735-741.

[113] PETRI C A, REISIG W. Petri net [J]. Scholarpedia, 2008, 3(1): 133-136.

[114] POWER Y, BAHRI P A. A two-step supervisory fault diagnosis framework [J]. Computers & Chemical Engineering, 2004, 28(11): 2131-2140.

[115] CODETTA R D. The conversion of dynamic fault trees to stochastic petri nets, as a case of graph transformation [J]. Electronic Notes in Theoretical Computer Science, 2005, 127(2): 45-60.

[116] CHANG S Y, LIN C R, CHANG C T. A fuzzy diagnosis approach using dynamic fault trees [J]. Chemical Engineering Science, 2002, 57(15): 2971-2985.

[117] SURKOLAY S, RONCKEN M, STEVENS K, et al. Fsimac: A fault simulator for asynchronous sequential circuit [J], proceedings of the 9th Asian Test Symposium, 2000, 12(06): 114-120.

[118] LANG Y, WU C W. Cellular automata for efficient parallel logic and fault simulation [J]. IEEE Transactions on Computer Aided Design of Integrate Circuit and Systems, 1995, 14(6): 740-749.

[119] PRIYANKA D, RACHIT M, FARUK K, et al. Impact of topology on the propagation of cascading failure in power grid [J]. IEEE Transactions on Smart Grid, 2016, 7(4):1970-1978.

[120] BALTHROP J, FORREST S, NEWMAN M E J, et al. Technological networks and the spread of computer viruses [J]. Science, 2004, 304(5670): 527-529.

[121] PRASAD P R, DAVIS J F, JIRAPINYO Y, et al. Structuring diagnostic knowledge for large-scale process systems [J]. Computers Chem. Engineer, 1998, 22(12): 1897-1905.

[122] KAIKAA M Y, HADJAMI M, KHEZZAI A. Effects of the simultaneous presence of static eccentricity and broken rotor bars on the stator current of induction machine[J]. IEEE

Transaction on Industrial electronics, 2013, 5(61): 2942−2948.

[123] JUNG J H, LEE J J, KWON B H. Online diagnosis of induction motor using MCSA [J]. IEEE Transactions on Industrial Electronics, 2006, 53(6): 1842−1852.

[124] YE Z M, WU B. Online rotor bar breakage detection of three phase induction motors by wavelet packet decomposition and artificial neural network[J]. IEEE Transactions on Industry Applications, 2001, 36(6): 2209−2216.

[125] SUN L L. Detection of rotor bar breaking fault in induction motors based on hilbert modulus gyration radius of filtered stator current signal [C] .Electrical Machines and Systems, 2008. ICEMS 2008. International Conference on 17−20 Oct. 2008: 877−881.

[126] IEEE MOTOR RELIABILITY WORKING GROUP. Report on large motor reliability survey of industrial and commercial installations [J]. IEEE Transactions on Industry Applications, 1985, 21(4): 853−872.

[127] MARTIN R G, ANTONINO J A, CAPOLINO G A. Advances in electrical machine, power electronic, and drive condition monitoring and fault detection: State of the art [J]. IEEE Transactions on Industrial Electronics, 2016, 62(3): 1746−1759.

[128] TAHER S A. A novel technique for rotor bar failure detection in single-cage induction motor using FEM and MATLAB/SIMULINK [J]. Mathematical problems in engineering, 2011(4): 1−14.

[129] YIN J T, XIE Y F, PENG T, et al. Current characteristics analysis and fault injection of an early weak fault in broken rotor bar of traction motor[J]. Mathematical Problems in Engineering, 2018(3): 1−8.

[130] JIANG J S, ZHANG W G, GUO Y M, et al. The quantitative research of fatigue damage for metal materials [J]. Materials Science & Engineering, 2000, 18(1): 43−46.

[131] BALAMURALI A, LAI C Y, MOLLAEIAN A, et al. Analytical investigation into magnet

eddy current losses in interior permanent magnet motor using modified winding function theory accounting for pulsewidth modulation harmonics [J]. IEEE Transactions on Magnetics, 2016, 52(7): 1−5.

[132] WILLIAMSON S, SMITH A C. Steady−state analysis of 3 phases cage motors with rotor−bar and end−ring faults [J]. IEEE PROC, 1982, 129(3): 93−100.

[133] FILIPPETTI F, FRANCESCHINI G, TASSONI C, et al. AI techniques in induction machines diagnosis including the speed ripple effect [J]. IEEE Transactions on Industry Applications, 1998, 34(1): 98−108.

[134] YANG C H, YANG C, PENG T, et al. A fault−injection strategy for traction drive control systems [J]. IEEE Transactions on Industrial Electronics, 2017, 64(7): 5719−5727.

[135] PENG T, TAO H W, YANG C, et al. A uniform modeling method based on open−circuit faults analysis for NPC−three−level converter [J]. IEEE Transactions on Circuits and Systems II: Express Briefs, 2019, 66(3): 457−461.

[136] JOAN P L, ANTONINO D J A, MARTÍN R G, et al. Advanced induction motor rotor fault diagnosis via continuous and discrete time−frequency tools [J]. IEEE Transactions on Industrial Electronics, 2015, 62(3): 1791−1802.

[137] YIN J T, XIE Y F, CHEN Z W, et al. Weak−fault diagnosis using state−transition−algorithm−based adaptive stochastic−resonance method [J]. Journal of Central south University, 2019, 26(7):1910−1920.

[138] TAN J Y, CHEN X F, WANG J Y, et al. Study of frequency−shifted and re−scaling stochastic resonance and its application to fault diagnosis [J]. Mechanical Systems and Signal Processing, 2009, 23(3): 811−822.

[139] XIE S F, XIANG B R, DENG H S, et al. Improved stochastic resonance algorithm for enhancement of signal−to−noise ratio of high−Performance Liquid Chromate−Graphic

Signal [J]. Analytica Chimica Acta, 2007, 585(1): 60−65.

[140] Gammaitoni L. Stochastic resonance [J]. Reviews of Moden Physics, 1998, 70(1): 223−287

[141] MCNAMARA B, WIESENFELD K. Theory of stochastic resonance [J]. Phys. Rev. A, 1989: 39(9): 4854−4869.

[142] COLLINS J J, CHOW C, CAPELA A C. Aperiodic stochastic resonance [J]. Physical Review E. 53(4). 1996: 5575−5583.

[143] DUAN F B, XU B H. Parameter−induced stochastic resonance and baseband binary pam signal transmission over an AGWN channel [J]. International Journal of Bifurcation and Chaos, 2003, 13(2): 411−425.

[144] ZHOU X J, YANG C H, GUI W H. State transition algorithm [J]. Journal of Industrial of Industrial and Management Optimization. 2012, 8(4): 1039−1056.

[145] ZHOU X J, YANG C H, GUI W H. Nonlinear system identification and control using state transition algorithm [J]. Applied Mathematics and Computation, 2014(226):169−179.

[146] ZHOU X J, GAO D, YANG C H, et al. Discrete state transition algorithm for unconstrained integer optimization problems [J]. Neurocomputing, 2016, 173(Part 3): 864−874.

[147] WANG G W, YANG C H, ZHU H Q, et al. State−transition−algorithm−based resolution for overlapping linear sweep voltammetric peaks with high signal ratio [J]. Chemometrics and Intelligent Laboratory Systems, 2016, 151: 61−70.

[148] GEORGE G, VICENTE C A, JOSE A D, et al. The use of a multilabel classification framework for the detection of broken bars and mixed eccentricity faults based on the start−up transient [J]. IEEE Transactions on Industrial Informatics, 2017, 13(2): 625−634.

[149] MOHAMED A M, MOHAMED B, ABDELMALEK K. A Detection method for induction motor bar fault using sidelobes leakage phenomenon of the sliding discrete fourier transform [J]. IEEE Transactions on Power Electronics, 2017, 32(7): 5560−5572.

[150] GRANGER C W J. Investigateing causal relations by econometric models and cross-spectral methods [J]. Econometrica, 1969(37): 424−438.

[151] HU S, LIANG H. Causality analysis of neural connectivity: new tool and limitations of spectral granger causality [J]. Neurocomputing, 2012, 76(1): 44−47.

[152] PAOLO C, JOHAN S, ISTVÁN K, et al. Measuring the noise cumulative distribution function using quantized data [J]. IEEE Transactions on Instrumentation and Measurement, 2016, 65(7): 1540−1546.